Collection MOTS CLÉS

25 mots clés de la philosophie, Hervé Boillot.

24 mots clés de l'économie et de la gestion, Christian Romain.

25 mots clés de la psychologie et de la psychanalyse, Pascale Marson.

25 mots clés de la culture scientifique, Jean Rosmorduc et Dominique L'Elchat.

Collection MOTS CLÉS
dirigée par Paul Desalmand

25 mots clés de la psychologie et de la psychanalyse

par
Pascale Marson

Du même auteur

Pour comprendre la psychanalyse. Vingt-cinq livres clés, www.lepublieur.com.

Le Guide des religions et de leurs fêtes, Presses de la Renaissance et Pocket.

Grammaire illustrée du français moderne, Maxi-Livres, en collaboration avec Paul Desalmand.

Sous la direction de l'équipe de la Centrale d'achats Maxi-Livres
Direction : Alexandre Falco
Responsable des publications : Françoise Orlando-Trouvé
Responsable de la collection : Stéphanie Bogdanowicz
Fabrication : Guillaume Bogdanowicz

INTRODUCTION

Ce livre doit être considéré comme un guide en vingt-cinq étapes. En effet, il propose un itinéraire de la psychanalyse et de la psychologie en partant de vingt-cinq mots clés. Le choix de nombre d'entre eux procède d'un parti pris ou, du moins, peut être considéré comme tel.

Notre démarche a consisté à sélectionner des mots carrefours qui, de notre point de vue, sont pratiquement inévitables quand on aborde ces deux disciplines. Il faut savoir que, pour la clarté de l'explication, chacun de ces termes en implique et en recouvre d'autres. Chaque mot choisi a donc fait l'objet d'un balayage lexical aussi large que possible pour éclairer les termes de son environnement immédiat utiles à sa compréhension.

Nous avons pris en compte le fait que la pensée de Freud avait évolué au fil du temps. Dans le domaine de la psychanalyse, nous avons donc évoqué d'autres écoles, d'autres approches, d'autres noms que celui de Freud, à commencer par ceux de ses disciples, mais aussi de ses dissidents. Dans le domaine de la psychologie, nous avons procédé de même.

Notre souci premier a été de privilégier la clarté pour rendre accessibles au plus grand nombre certains concepts majeurs dont la signification plonge trop souvent le profane dans l'interrogation et parfois même le désarroi.

Ces vingt-cinq mots clés de la psychologie et de la psychanalyse s'adressent à un très large public : celui des lycéens, des étudiants, tant à l'université que dans des écoles professionnelles. Ils s'adressent également à tous ceux qui ont considéré jusqu'à ce jour la psychologie et la psychanalyse comme des territoires qui leur étaient interdits en raison de la complexité de certains termes dont ils ne maîtrisaient pas très exactement la signification. Or il paraît effectivement impossible de s'initier à des disciplines comme la psychanalyse ou la psychologie, qui, il faut bien en convenir, ont une place prédominante dans l'histoire de la pensée contemporaine, si les mots qui les constituent représentent un obstacle.

Ce livre doit être considéré avant tout comme un outil en même temps qu'un élément de base qui permettra à ceux qui le souhaitent de poursuivre leurs recherches et de développer leurs connaissances dans des ouvrages spécialisés.

LISTE DES ENTRÉES

Dans certains cas, des mots qui ne constituent pas des entrées sont définis ou commentés à l'intérieur des articles. Ces mots figurent en maigre dans la liste ci-dessous.

L'ordre choisi pour ces entrées repose sur le souci d'amener le lecteur à une découverte progressive du vaste domaine étudié. Mais cet ouvrage peut être aussi un outil de consultation. Dans ce cas, on utilisera l'index qui figure en fin d'ouvrage.

Les mots PSYCHOLOGIE et PSYCHANALYSE ne sont pas pris en compte pour la numérotation dans la mesure où ils ont une fonction d'introduction.

Topiques

Personnalité

Les grands concepts

Troubles et soins

Quelques courants

Techniques d'évaluation

La psychologie

Selon les auteurs, le terme de « psychologie » daterait du XVIe siècle. On l'aurait trouvé, entre autres, dans les écrits du théologien allemand Melanchton dès 1560. Son emploi devient courant à partir du XVIIIe siècle quand Wolff (philosophe allemand, 1679-1754) l'utilise dans son ouvrage *Psychologia rationalis*.

La psychologie a longtemps été envisagée comme la science de la « vie mentale, de ses phénomènes et de ses conditions » ainsi que la décrivait le philosophe et médecin William James (1842-1910) en 1890. Aujourd'hui, la psychologie s'élève au rang de science des « conduites ». Cela signifie qu'elle s'intéresse en particulier au comportement de l'homme, à son action sur son entourage, aux relations, aux influences pouvant s'établir entre l'organisme et le milieu, au rôle des processus physiologiques conscients ou inconscients sur le corps…

La psychologie fut d'abord très liée au courant philosophique qui s'attachait à l'âme. Mais, depuis la moitié du XIXe siècle environ, elle a pris peu à peu ses distances pour endosser le manteau scientifique. Dès lors, elle multiplie ses recherches sur l'être humain. Elle pose le verre grossissant aussi bien sur ses caractères généraux que sur ses différences. Ainsi placera-t-elle la loupe de la connaissance sur l'enfant et l'adulte, mais aussi sur l'homme sain comme sur le malade.

Nous avons souvent du psychologue l'image d'une personne qui tantôt mesure notre degré d'intelligence, tantôt analyse nos rêves ou bien nous vient en aide lorsque nous rencontrons des difficultés scolaires, sociales, professionnelles, familiales, conjugales… ou encore mettant au jour notre personnalité, analysant les processus d'apprentissage, de perception, de comportement… La psychologie, c'est un peu tout cela à la fois. Elle n'obéit donc pas à une méthode unique. Sur la grande voie de la psychologie, il existe des chemins de traverse. Un même fait analysé par un clinicien ou par un partisan du comportementalisme ne sera pas éclairé sous un jour identique. La psychologie est donc un terme qu'il convient d'envisager au pluriel puisqu'il recouvre des aspects aussi variés que le béhaviorisme, le gestaltisme, les tests, la psychologie sociale, différentielle, clinique et génétique. Au cours de cet ouvrage, nous avons accordé une large part aux quatre premiers aspects. Nous nous contenterons donc ici d'en faire un panorama très rapide pour accorder plus d'importance à la psychologie clinique et génétique.

Afin de bien se différencier de la psychologie philosophique, la psychologie, qui apparaît comme une nouvelle discipline, s'enrichit du vocable d'« expérimentale ». On voit là son désir d'être reconnue comme une science. Elle s'est longtemps consacrée à l'étude de l'homme normal dans des situations variées, mais elle dut se plier aux contraintes du laboratoire. Parallèlement, les connaissances concernant le système nerveux et même le cerveau font un bond en avant. Elles serviront de détonateur à la psychologie. C'est ainsi que Gall (1758-1828), père de la phrénologie, remporta un immense succès en prétendant connaître les facultés d'un individu grâce à la forme de son crâne. Si cette théorie s'avère fortement discutable sur le plan scientifique, elle reste néanmoins profondément ancrée dans notre langage avec des expressions comme : « avoir la bosse des maths ».

Fechner (1801-1887), physicien et mathématicien, a le mérite d'avoir introduit la mesure, dans ce nouveau domaine qu'est la psychologie expérimentale, en ce qui concerne les « seuils » sensoriels : quel est le plus petit stimulus perceptible, quelle est la plus petite différence identifiable entre deux stimuli, par exemple, deux poids. Le physicien Helmoltz (1821-1894) s'intéresse à la perception des couleurs et à celle des sons. Mais c'est Wundt (1832-1920) qui a vraiment donné à la psychologie expérimentale ses lettres de noblesse en créant à Leipzig, en 1879, le premier laboratoire consacré à cette discipline. Il orienta ses travaux en particulier sur les sensations et les perceptions visuelles. Ebbinghaus (1850-1909), philosophe allemand, sera le premier à s'intéresser à la mémoire, selon les méthodes expérimentales. En faisant apprendre à des personnes des listes de syllabes dénuées de sens, il évalue, grâce au nombre de répétitions nécessaires pour retenir parfaitement une liste en partie oubliée, la trace laissée par le premier apprentissage.

La perception visuelle a continué à faire couler beaucoup d'encre. Des psychologues comme Wertheimer (1880-1943), Koehler né en 1887, Koffka (1886-1941), débattent sur l'organisation des formes des « gestalten », sur la façon dont elles se distinguent du fond. Et c'est la naissance de la gestaltthéorie. Dès lors, on remet en question l'introspection. Elle apparaît, aux yeux de certains, bien fragile par rapport aux méthodes objectives, comme celles de la physiologie, notamment, qui semblait faire de la psychologie une science.

Ainsi Claude Bernard (1813-1878) affirmait-il à propos de la physiologie qu'elle « veut expliquer les phénomènes intellectuels au même titre que tous les autres phénomènes de la vie ». Les travaux de Pavlov (1849-1936) apportent à la psychologie la notion de *réflexe conditionné*. D'ailleurs, il appelle lui-même la salivation du chien provoquée par le tintement de la sonnette : « la sécrétion psychique ».

On constate alors que les physiciens et les psychologues se sont réunis pour faire progresser la recherche. Ce sera également le cas en France de Beaunis, médecin qui prendra la direction du laboratoire de psychologie expérimentale à la Sorbonne (1889). Henri Pierron, célèbre psychologue (1881-1964), s'intéressera à la physiologie, Richet (1850-1935) exercera les deux disciplines... Ainsi les recherches porteront-elles d'une façon très marquée sur le comportement. Le behaviorisme sera fondé avec Watson en 1913. Ses méthodes et ses applications sont largement développées dans les pages qui lui sont consacrées. Parfois critiquable, il a cependant le mérite de donner à la psychologie une impulsion objective difficilement contestable.

Physiologie et psychologie

La *physiologie* étudie la physique, donc le corps. La *psychologie* étudie ce qu'on nommait autrefois l'âme et que l'on appelle aujourd'hui le « psychisme ».

Le lien entre ce qui tient à la physiologie et ce qui se rapporte à la psychologie préoccupait déjà les philosophes avant la naissance de ces sciences.

La psychologie s'est efforcée d'annexer certaines méthodes de la physiologie, mais elle n'a pu le faire qu'incomplètement puisqu'il n'est pas possible de procéder à des expériences du même type que celles en usage dans l'étude physique des organismes vivants.

La psychologie clinique

La psychologie clinique naît d'une réaction contre les méthodes expérimentales. Elle pose un doigt accusateur sur les expériences menées en laboratoire, qu'elle estime artificielles. Elle s'élève également contre les calculs statistiques de Galton (1822-1911), sur la mesure du degré de « génie » d'un individu, qu'elle juge superficielle. En effet, les psychologues cliniciens souhaitent une connaissance approfondie de l'individu et des circonstances ou des situations qui l'ont amené à consulter. Car, pour comprendre un fait, on ne peut pas, selon eux, le dissocier de son contexte.

Les pionniers de la psychologie clinique sont fort imprégnés de philosophie. Ainsi Ribot (1839-1916) obtient-il l'agrégation en cette matière. Proche de Freud, il défend la primauté de la vie affective, dont certaines tendances inconscientes peuvent s'exprimer de diverses manières au cours de l'existence. Il devient de tradition de conjuguer la formation médicale avec des études philosophiques. C'est le cas de Janet (1859-1947) pour qui l'action est à l'origine de la pensée, et de Dumas (1866-1946) qui se consacra plus particulièrement à l'étude des émotions et du rôle joué par le système nerveux. N'oublions pas dans cette mouvance le service de la Salpêtrière sous la direction du neuropathologiste (médecin soignant le système nerveux) Charcot (1825-1893) qui traite les hystériques par le biais de l'hypnose. Il reçoit, à cet effet, Janet, Binet (1857-1911) et Freud.

Certains psychologues sont attachés à la phénoménologie, méthode philosophique qui vise, par-delà les êtres, à la connaissance des essences (ce qui constitue leur nature). La phénoménologie a pour précurseur Brentano (1838-1917). Il s'élève contre la psychologie expérimentale, prétextant qu'on ne peut soigner l'homme comme l'animal, car la caractéristique de l'homme, c'est sa conscience. Pour Brentano, la conscience est le premier phénomène sur lequel se construit la psychologie. Elle est partout présente. C'est par elle que l'homme se représente le monde et lui-même. Husserl (1859-1938) reprend cette idée sous forme d'*intentionnalité*. Il veut dire par là que la conscience est ouverte sur le monde. Elle va vers le monde comme le monde vient à elle. Enfin, Heidegger (1889-1976) nomme le fait d'exister pour l'homme *dasein* ce qui, en allemand, signifie « être là ». Pour Heidegger, être au monde et être présent correspondent à la même réalité.

La psychologie clinique a donc une origine philosophique et médicale. Elle doit son nom à l'Américain Lightner Witmer (1842-1913). Il la définit comme une méthode de recherche consistant à utiliser les résultats d'examens de cas particuliers en vue d'application à des cas normaux. Il enseigne la psychologie génétique et travaille sur les enfants « anormaux ». Mais son influence reste très limitée, sans doute, en partie, parce qu'il n'a pas su se détacher des méthodes de laboratoire avec lesquelles il a fait ses premières armes.

Le psychologue clinicien soumet son patient à un examen approfondi afin de le connaître le mieux possible. Ses méthodes d'investigation sont diverses. Cela va de l'interview aux dossiers biographiques en passant par les questionnaires ou les tests de performance comme de mesure intellectuelle ou encore de personnalité. Il établit ensuite « la synthèse clinique ». Elle repose sur l'interprétation qui, très schématiquement, emprunte deux directions.

L'une se rattache à une sorte de « tradition dynamique » dans la mouvance de Ribot, Janet ou Freud… et l'autre à une tradition psychométrique proche de Wundt ou de Galton.

La psychologie génétique

La psychologie génétique voit le jour au cœur d'un débat sur les fondements de la raison humaine, entre les partisans de l'inné (caractères de naissance liés au patrimoine génétique) et ceux de l'acquis (venant du savoir, de l'expérience, de l'événement).

Les études sur l'enfant se multiplient. Les psychologues vont observer l'évolution de leurs propres enfants de façon attentive et minutieuse parce que ce sont les seuls avec lesquels ils ont des contacts quotidiens. Ils vont essayer de comprendre les influences subies par les petits et leurs réactions. Mais ils s'intéresseront également à d'autres enfants. On appelle *transversales* les observations portées sur des groupes d'enfants du même âge. On nomme *longitudinales* les études prolongées sur le, ou les, mêmes enfants. C'est ainsi que Gesell (1880-1961) s'intéresse à la motricité, au langage, à l'adaptation et aux réactions, face à des adultes, d'enfants de 4 à 6 mois, qu'il reçoit en consultation de façon répétée. Cette observation permet de déterminer la « normalité », « l'avance » ou le « retard » d'un bébé par rapport aux autres.

Deux maîtres de la psychologie génétique s'imposent en même temps qu'ils s'affrontent : Piaget et Wallon.

Pour Piaget (1896-1980), l'enfant progresse par stades successifs qui marquent le passage à une forme plus évoluée de la pensée. Très schématiquement, le développement de l'enfant est, selon Piaget, continu. Il chemine sur une route toute tracée, et les stades seraient comme des carrefours qu'il doit inéluctablement traverser. À chaque croisée de chemins, il franchirait une étape nouvelle. Ses progrès proviennent de la stimulation, de l'inadaptation de ses conduites. C'est ainsi que, lorsqu'il veut quelque chose, l'enfant trouve les moyens de l'obtenir en réfléchissant et en agissant. C'est la marche vers l'état d'adaptation et d'équilibre de l'adulte.

Wallon (1879-1962), au contraire, voit le développement de l'enfant discontinu, marqué de « crises », de « conflits » qu'il compare à des révolutions dans l'*Évolution psychologique de l'enfant* (1941).

L'évolution de l'enfant est encore suivie par des enquêtes, des questionnaires (qui permettent de toucher un nombre de jeunes infiniment plus important que par le simple biais de l'observation) et par la méthode des tests (de personnalité comme de mesure de l'intelligence). Il ne faut pas omettre l'évolution sexuelle de l'enfant étudiée par Freud ni la théorie des névroses puisque, selon le maître de la psychanalyse, les troubles psychologiques de l'adulte puiseraient leurs sources dans la dysharmonie de la sexualité de l'enfant.

La psychologie différentielle

La psychologie différentielle refuse de placer l'ensemble de l'espèce humaine sous les mêmes « lois ». Les hommes et les femmes, par exemple, ne réagissent pas de la même façon aux situations, ne s'adaptent pas de manière identique aux changements de milieu. Il y a donc des différences entre les groupes, et c'est ce que se propose d'analyser la psychologie différentielle avec en tête de file Galton (1822-1911). Celui-ci applique les statistiques à la psychologie, méthode dont on se sert aujourd'hui encore dans l'étalonnage des tests. Il crée le laboratoire anthropométrique où il mesure de dix-sept façons différentes les personnes qui s'y présentent. Il jette donc des ponts entre le physique et le mental par le biais de la mesure des différences. Il ne tarde pas à établir des supériorités et des infériorités qu'il conjugue aux lois de l'hérédité. À partir de ces données, Bertillon (1821-1883) cherche, dans ces mensurations, les moyens de reconnaître les criminels. Mais Galton trouve plus judicieux la prise d'empreintes digitales longtemps présentes sur nos cartes d'identité.

Les différences entre les individus sont dues à la fois à l'hérédité et à l'influence du milieu. C'est dans cette optique que vont se développer des travaux sur les jumeaux vrais afin de juger du rôle du milieu. En effet, ces enfants ayant le même patrimoine héréditaire ne seront pas pour autant deux adultes identiques. Peu à peu, la psychologie différentielle s'élabore en s'enrichissant d'échelles, de tests, terme utilisé pour la première fois par Catell (1860-1944). Il les fait porter sur les processus élémentaires comme la perception, les sensations, les temps de réaction. Binet et Henri, quant à eux, s'intéressent aux « facultés supérieures » comme la mémoire, par exemple. Ce travail débouche sur l'*échelle de Binet et Simon* avec la notion d'*âge mental* et de *quotient intellectuel* (QI) largement développés dans les pages consacrées aux tests. Ces méthodes sont encore en vigueur aujourd'hui, dans la sélection du personnel notamment.

Enfin, il nous reste un domaine à aborder, celui de la psychologie sociale que nous avons étudiée avec le *psychodrame*. Elle se définit comme l'étude des interactions entre les individus et les groupes auxquels ils appartiennent.

Ce tour d'horizon de la psychologie n'a pas la prétention d'être exhaustif. Il met l'accent sur la difficulté de définir un domaine fort morcelé, tant sur le plan des idées que sur celui des méthodes et des techniques, entre lesquelles l'écart semble se creuser au fur et à mesure qu'elles se perfectionnent. Cette remarque ne doit pas être prise comme une critique. En effet, unifier la psychologie, ne serait-ce pas dresser un obstacle à ses progrès ?

La psychanalyse

La psychanalyse est une méthode *thérapeutique* (visant à soulager les souffrances psychiques qui, bien souvent, entravent la vie de l'individu).

Qu'il s'agisse de complexes d'infériorité, d'angoisses, de phobies, de névroses (trouble mental), de déviations, d'obsessions... les atteintes de l'âme humaine sont multiples. La psychanalyse se propose de faire remonter du gouffre de l'inconscient les causes, l'origine du mal-être. C'est une méthode de recherche destinée à révéler des éléments que l'on croit oubliés, à les faire réapparaître au grand jour afin de les identifier et de les comprendre, un peu à la manière des ethnologues qui sortent précieusement de leurs fouilles un objet fécond en informations.

Mais la tâche s'avère souvent longue et difficile. Les chemins de la connaissance ne s'ouvrent pas aisément à nous car, en général, nous refusons de nous avouer à nous-mêmes les préoccupations de notre inconscient, nous les refoulons dans les abysses de notre esprit. Telles les épaves de l'océan, les événements, les situations que nous repoussons sombrent dans les profondeurs et disparaissent, ou le laissent croire.

Leur exploration, comme leur remontée à la surface, représente un travail long, pénible mais indispensable, car la prise de conscience, pour la psychanalyse, est la clé de la guérison. L'investigation psychanalytique n'est pas une recherche de surface ; elle s'adresse au plus intime, au plus caché de l'âme humaine, d'où sa première appellation de *psychologie des profondeurs*.

De découvertes en découvertes

En 1885, le médecin autrichien Sigmund Freud (1856-1939) devient l'élève du célèbre professeur Charcot (1825-1893) de l'hôpital de la Salpêtrière à Paris. Charcot venait de démontrer, grâce à ses traitements par l'hypnose, les relations existant entre les paralysies hystériques et les chocs émotionnels. Quelques années plus tard, Freud se rend à Nancy, dans le service du Dr Bernheim (1840-1919) où il découvre les effets thérapeutiques de la suggestion. De son côté, le médecin neurologue Janet (1859-1947) optait pour une action pathogène (propre à entraîner des maladies) d'un souvenir oublié, lié à une émotion violente. C'est dans ce creuset fertile en réflexions qu'évolue le futur maître de la psychanalyse. Les observations faites par Freud au cours de ces années semblent confirmer l'expérience qu'il avait menée avec le psychiatre Breuer (1842-1925) sur une malade hystérique traitée sous hypnose. Cette jeune femme était libérée de ses symptômes (cécité, toux...) chaque fois qu'elle faisait resurgir à sa conscience, sous l'influence du sommeil hypnotique, un souvenir obsédant, douloureux. Ainsi on venait de découvrir que le fait de ramener à la conscience un souvenir ayant sombré dans les profondeurs de l'inconscient pouvait entraîner la guérison. Freud et Breuer donnèrent le nom de « *cathartique* » à cette méthode qui « purifiait » l'inconscient. Mais Freud, qui avait des difficultés à mettre ses patients sous hypnose, préféra bientôt recourir à la suggestion à l'état de veille. Elle devait être le tremplin à la méthode psychanalytique proprement dite.

Pendant une dizaine d'années environ, Freud se trouve pratiquement seul à défricher le terrain broussailleux de la psychanalyse qui commence à se développer à partir de 1905. Son esprit fécond le conduit de découverte en découverte. C'est la première théorie de l'appareil psychique composé du *conscient*, du *préconscient* et de l'*inconscient*, avec la notion de censure. Il la reprit en 1923 par la deuxième théorie de l'appareil psychique comprenant le *Ça*, siège des pulsions ; le *Moi*, médiateur au contact de la réalité ; le *Surmoi*, gendarme, gardien de la morale inculquée par les parents, notamment. Puis c'est la notion de *pulsion* qui fait également progresser la théorie psychanalytique. Ces poussées entraînent une tension de l'organisme vers un but, la satisfaction de leur objet. Mais les pulsions sexuelles, animées par une énergie, la *libido* (l'essence qui fait fonctionner le moteur du véhicule), sont parfois l'objet de *refoulement*, de rejet dans les profondeurs de l'esprit, lorsqu'elles sont accompagnées d'un sentiment de culpabilité, ou bien si elles choquent la morale ou le Moi. D'où l'importance, dans l'appareil psychique, de la *sexualité*, c'est-à-dire des désirs de tout être sexué, et de la notion de conflit déclaré entre le désir et l'interdit de sa réalisation. Il mène tout droit à l'*angoisse* qui s'exprime dans les symptômes d'une *névrose* ou d'une *psychose* (maladies du psychisme). En conséquence, d'immenses difficultés s'élèvent lorsque l'on décide de retrouver l'origine de ces symptômes : telle personne peut avoir peur du noir, des espaces ou des chiens sans pour autant qu'il existe, par exemple, un rapport direct avec la nuit, l'immensité ou les représentants canins. Cette notion de pulsion sera enrichie par la description de la cohabitation dans l'esprit de la *pulsion de vie* et de la *pulsion de mort* qui reste un point difficile à élucider dans la dynamique freudienne.

Puis Freud établit une chronologie des pulsions qu'il met en parallèle avec la maturation du corps humain. D'où sa thèse du *déplacement* des zones érogènes (dont l'excitation procure du plaisir) avec les stades *oral, anal, phallique*.

Telles sont les grandes lignes de la théorie freudienne qui sera critiquée, développée, enrichie, modifiée au fil du temps et en fonction des auteurs. Les termes auxquels nous avons fait référence sont expliqués dans les chapitres correspondants.

À quoi sert la cure psychanalytique ?

Le but de la cure psychanalytique est le même que celui de la méthode « cathartique », mais il ne s'y réduit pas. La cure consiste à donner du sens ou à transformer en état conscient quelque chose que nous conservons dans les profondeurs de notre esprit et qui nous fait du mal. La guérison passe donc par une prise de conscience de ce qui nous perturbe, des souvenirs que nous croyons endormis mais qui, en réalité, s'actualisent, agissent en nous et nous rongent. Cependant, à l'inverse de la méthode « cathartique » exclusive, l'hypnose est peu à peu abandonnée. Le patient doit retrouver lui-même, sans être endormi, les préoccupations de son inconscient. Il est l'acteur principal de son analyse. Il est l'*analysant*. Celui qui l'écoute est l'*analyste*. L'action entreprise est l'*analyse* dite aussi *cure analytique*.

Comment se déroule une cure ?

Une cure psychanalytique n'est pas le fruit du hasard. Elle est menée par une personne qui a suivi une solide formation fondée sur des connaissances positives. La psychanalyse est avant tout l'application d'un savoir, même si l'interprétation donne parfois lieu à des tâtonnements qui peuvent paraître intuitifs au profane. Le psychanalyste n'a rien d'un devin ni d'un sorcier tout-puissant, pas plus que d'un magicien. Le patient, lors du premier contact, formule sa demande, se fait connaître, doit raconter son histoire, du moins celle qu'il a dans sa conscience. Ainsi, il entrebâille la porte de l'analyse, celle-ci débouche sur l'escalier qui descend vers la cave.

Des règles à respecter

La première règle, dite fondamentale, à respecter est celle de la *libre association*. Le patient doit parler librement de « tout ce qui lui passe par la tête », même si cela lui paraît absurde ou incohérent. Il doit appliquer la règle de *non-omission*, c'est-à-dire ne rien dissimuler, même si cela lui paraît ridicule, voire inconvenant. En réalité, personne ne peut parler sans choisir le thème de son discours. Mais ces règles ont pour but d'éliminer tout ordonnancement, toute progression volontaire déterminée à l'avance par le patient. De plus, à la faveur de l'association, de l'évocation automatique, spontanée, une préoccupation inconsciente peut passer à travers le filtre et parvenir à la conscience.

Quelles sont les réactions du patient ?

Il est difficile de parler seul. Et même si le psychanalyste intervient, comme pour relancer la recherche quand elle semble s'essouffler, le patient s'arrête souvent. Tout se passe comme si une force cachée s'opposait à la remontée du souvenir obsédant, surtout s'il évoque une scène ou une situation ayant provoqué un traumatisme. C'est un peu comme si quelqu'un replongeait, pour la noyer, la tête d'une personne dans l'eau à chaque fois qu'elle réapparaît à la surface. Ces silences, ces freins, ces retards dans l'analyse constituent ce que l'on appelle des *résistances*. Le patient s'oppose à lui-même, à son propre effort. Le *Moi* se défend contre ce qui remonte à la surface. Ce qui a été longtemps caché ne peut pas se dévoiler brutalement. Le masque que l'on a porté des années nous colle au visage, et l'arracher fait mal. Cette résistance est en quelque sorte la persistance du refoulement.

Quelle est l'attitude du psychanalyste ?

Le patient (l'analysant) est allongé sur un divan. Le psychanalyste est souvent assis derrière lui. Il observe, il écoute pour comprendre. Généralement il se tait.

Il n'intervient pas. Parfois son silence peut déconcerter ou décevoir, car le patient attend, en général, un réconfort, un encouragement. Mais conseiller ou diriger le patient serait rompre avec la règle de spontanéité de la cure en établissant une relation concrète. De plus, cela risquerait de provoquer l'opposition du patient ou bien encore de lui faire perdre son autonomie, de le mettre en état de dépendance, un peu à la manière de ceux qui ne peuvent rien entreprendre sans consulter leur voyant.

Mais, en aucun cas, le psychanalyste ne demeure passif. Il part à la découverte des fissures propres à ébranler la forteresse de l'inconscient. Il guette, afin de les saisir comme par surprise, les manifestations de l'inconscient dans la vie quotidienne même quand elles se cachent derrière des lapsus, des actes manqués (erreurs de lecture ou d'écriture...), des mots d'esprit ou lorsqu'elles se déguisent en se parant des costumes des symboles, ou encore quand elles subissent des *déplacements* comme dans les rêves nocturnes (pour plus de précisions, se reporter à ces termes). En revanche, le psychanalyste ne porte pas de jugement et jamais il ne se pose en moralisateur. Il fait part de ses interprétations au patient au moment choisi par lui et qu'il estime favorable.

Des passages obligés

Au cours de toute psychanalyse se tisse une relation entre le patient et le thérapeute. On ne se met pas facilement à nu devant quelqu'un, et lorsqu'on y parvient, ce n'est pas sans réaction. Le patient modifie son comportement. Il déplace sur son psychanalyste des sentiments, des attitudes émotionnelles, hostiles ou amicales, qu'il avait entretenus à l'égard de ses parents ou de ses proches pendant son enfance. C'est le cas notamment lorsqu'une patiente se croit amoureuse de son psychanalyste. Elle manifeste en réalité un besoin de sécurité, de protection. Elle projette sur son médecin, telle une bande filmée sur un écran blanc, l'image de son père et les relations qu'elle avait avec lui quand elle était enfant. C'est le *transfert* qui, selon Freud, est indispensable à la guérison. Il fait resurgir à la conscience des préoccupations pénibles refoulées, repoussées dans le fond de la cave en créant une véritable « névrose de transfert ». Tout ce qui s'oppose à l'établissement d'un tel transfert est de l'ordre « contre-transférentiel ». Mais cela peut également alimenter le travail psychanalytique.

Combien de temps dure une cure ?

La progression dans les mystères de l'inconscient est lente et difficile. L'accélérer serait une erreur, car alors surgirait le cortège des oppositions et des résistances au traitement. Lorsque nous avons marché plusieurs années avec des béquilles et qu'on nous les enlève brutalement, nous ne pouvons plus avancer et nous nous écroulons. Il en est de même pour le patient. Pour lui, ses béquilles sont des moyens de compenser, par une névrose, un complexe… une adaptation à la vie qu'il n'a pas réussie. Vouloir lui ôter rapidement ces compensations risque de le faire s'effondrer. Il faut donc progresser par petites touches, lui laisser le temps de se « rééduquer ». De plus, les symptômes qui amènent à la consultation sont souvent sans rapport direct avec leur cause profonde, ce qui rallonge d'autant les recherches. Mais la longueur de l'analyse est bien peu de chose par rapport aux années de souffrance que l'on a connues.

Que peut-on attendre d'une analyse ?

Plus qu'une démarche purement intellectuelle, l'analyse est avant tout une expérience personnelle. Elle se vit. Le patient change. Il ouvre les attaches de son corset dans lequel l'avaient maintenu ses angoisses, ses complexes… Il se réalise, se révèle à lui-même et aux autres sous son vrai jour, sous son véritable aspect qu'il maintenait en sourdine dans la prison de sa souffrance. Il libère sa personnalité inconnue de lui et des autres, et son changement est en quelque sorte une renaissance avec un réajustement des défenses de meilleure qualité, et d'investissement sublimant les pulsions de vie.

TOPIQUES

1. Conscience, conscient
2. Préconscient
3. Inconscient
4. Rêve

Introduction

Le terme de *topique* signifie littéralement « théorie des lieux » en grec. Chez les Anciens, notamment chez Aristote, cette notion de topique se retrouvait dans des domaines variés comme la logique, la rhétorique (l'art de la parole), la mémoire… Elle aidait à échafauder les discours, à les mémoriser, en accordant à chaque argument un lieu particulier, celui d'une maison, par exemple, ou d'un tout autre décor. Mais dans l'Antiquité ces repères partaient d'espaces réels, ce qui permettait aux orateurs d'élaborer leur argumentation.

Le mot *topique* est repris par Freud dans le contexte de travaux scientifiques de neurophysiologie qui accordent une importance primordiale à l'idée des localisations cérébrales. Toutefois Freud, face à cette théorie qui prédominait dans la seconde moitié du XIXe siècle, prit une position critique, notamment dans son premier ouvrage : *L'Aphasie* (1891). Il y remet en cause un schéma anatomique (reposant sur le physique) et propose l'idée que des fonctions psychiques différentes impliquent un appareil fonctionnel qui leur est propre. C'est dans ce sens qu'il use du mot *topique*.

Il faut bien comprendre que, pour Freud, cette notion de topique reste une métaphore pour désigner des lieux psychiques à l'origine de fonctions différentes, et non de zones du cerveau.

On parle couramment de « topiques freudiennes ». Elles sont au nombre de deux et ont été élaborées d'une façon successive.

La première topique

La division des phénomènes psychiques, en conscient d'une part, et en inconscient d'autre part, paraissait trop rudimentaire à Freud. C'est dans cette première topique qu'il a envisagé un appareil psychique plus complexe composé de trois systèmes allant du plus profondément enfoui au plus superficiel : l'*inconscient*, le *préconscient*, et le *conscient*. Ces lieux psychiques n'existent pas dans la réalité ; ils ne servent qu'à comprendre plus facilement le fonctionnement de l'esprit. Chaque système possède sa fonction, son type de processus et son énergie d'investissement. Une circulation de leur contenu respectif s'effectue de l'un à l'autre selon une succession ordonnée. Mais le passage des frontières est soumis à une censure qui opère un contrôle vigilant.

Exemple : au réveil, on peut se souvenir que l'on a rêvé sans pouvoir retenir le contenu du rêve. Comme si une partie inconsciente de la pensée avait fait une tentative d'émergence vers la conscience, mais était refusée ou non intégrée par celle-ci.

La seconde topique

« À l'origine tout était Ça. Le Moi s'est développé à partir du Ça sous l'influence persistante du monde extérieur. »

Freud, *Abrégé de psychanalyse.*

Freud commence à élaborer la seconde topique, ou seconde théorie de l'appareil psychique, à partir de 1920. Il la développe en 1923 dans *Le Moi et le Ça*.

Tout comme la première, la seconde topique se présente sous la forme d'une trilogie dont les trois instances sont le *Ça* (réservoir des pulsions qui contient les désirs refoulés), le *Moi* (intermédiaire entre le *Ça* et le *Surmoi*) et le *Surmoi* (expression des interdits issus de l'éducation parentale et des influences sociales. Il est à la fois juge et critique).

Dans la seconde topique, Freud n'insiste pas sur l'aspect topographique. Le *Ça*, le *Moi* et le *Surmoi* revêtent un aspect anthropomorphique (humain). En effet, entre ces trois instances s'établissent des relations proches de celles qui existent parfois entre des personnes. Ainsi le *Surmoi* peut, par exemple, avoir un comportement sadique envers le *Moi*. Cette théorie est donc plus proche que la première de la représentation imaginaire ou fantasmatique selon laquelle l'être se compare et se conçoit.

Enfin, dans la seconde topique, Freud insiste sur la genèse de ces trois instances : le *Moi* est né du *Ça* et de l'influence du monde extérieur.

Conscience, conscient

La conscience (ou le conscient) perçoit des phénomènes intérieurs tout comme les informations venues du monde extérieur, car elle se situe à la partie supérieure de l'appareil psychique.
Dans la conscience, les informations ne séjournent pas durablement, à l'inverse du préconscient et de l'inconscient.

La conscience est le siège manifeste des processus de pensée. La psychophysiologie l'assimile à la vigilance et la différencie de la « pensée onirique », celle du rêve.

Le terme de *conscience* n'est pas d'origine psychanalytique. Utilisé d'abord en philosophie, il a pour étymologie le mot latin *conscientia*, de *scientia*, « la connaissance », et *cum* « avec » ; donc, « qui accompagne nos impressions, nos actions ». Cette distinction a abouti à la conscience morale, c'est-à-dire à la connaissance par le sujet de la valeur morale de ses actions.

Cette notion de conscience fut reprise par Freud. Mais elle subit de multiples modifications, notamment depuis la découverte de l'existence de l'inconscient. Dès lors, la conscience ne fut plus considérée par la psychanalyse comme l'essence même de la vie psychique. D'ailleurs, Freud déclarera lui-même, non sans sarcasme, son éloignement d'avec la notion philosophique de conscience dans *Essais de psychanalyse* :

> **« La plupart des gens possédant une culture philosophique sont absolument incapables de comprendre qu'un fait psychique puisse n'être pas conscient, et ils repoussent cette idée comme absurde et en contradiction avec la saine logique. Cela tient, à mon avis, à ce que ces gens n'ont jamais étudié les phénomènes de l'hypnose et du rêve qui, abstraction faite de ce qu'ils peuvent avoir de pathologique, nous imposent la manière de voir que je viens de formuler. »**
>
> **(« Le *Moi* et le *Ça* », ch. 1)**

La division du psychique en *psychique conscient* d'une part, et en *psychique inconscient* d'autre part représente la clé de voûte de la psychanalyse.

Conscience et psychanalyse

Si la psychanalyse accorde une importance considérable à l'inconscient, il serait faux de croire qu'elle néglige pour autant la place qu'occupe la conscience dans la vie psychique.

Sur le plan topique

À tous moments, notre esprit travaille. Même lorsque nous voulons faire le vide dans notre tête, notre pensée ne cesse de fonctionner. « Je pense donc je suis » (« Cogito ergo sum »), affirmait déjà Descartes au XVIIe siècle, qui pourrait s'énoncer « Sum, ergo cogito » (« Je suis, donc je pense »). L'endroit où nous pensons s'appelle la conscience. Cette conscience vagabonde sans cesse et passe successivement de l'évocation d'une personne à celle d'un lieu, d'un événement ou d'une situation, par exemple… Notre conscience laisse défiler à l'état de veille tout un réseau de pensées auxquelles viennent s'ajouter des messages apportés par les sens. Elle les reçoit, les enregistre et en tire profit pour une meilleure adaptation à la situation du moment.

La conscience se situe à la surface, à la périphérie de l'appareil psychique. Elle a donc une position intermédiaire entre le monde extérieur et les éléments engrangés dans la mémoire.

Les représentations stationnent-elles dans la conscience ?

Les éléments ne restent pas conscients de façon permanente. Ils disparaissent, deviennent inconscients. Mais ils peuvent redevenir conscients dans certaines conditions, un peu à l'image d'un objet rangé dans un tiroir, provisoirement oublié, mais que l'on sait où aller chercher quand on en a besoin.

Entre deux passages dans la conscience, on ignore ce que devient la représentation. Freud précise alors dans « Le *Moi* et le *Ça* » qu'elle est latente, ce qui caractérise son aptitude à revenir à la conscience.

Il s'agit d'une sorte de réminiscence d'un phénomène conscient, traumatisant sur le plan psychique, oublié, mais qui réapparaît à la faveur d'un événement sans rapport apparent avec lui.

La conscience perçoit également ce qui se passe à l'intérieur de l'individu. Elle reçoit aussi bien les tensions que les décharges, et ceci sous forme de « plaisir-déplaisir ». Sa place charnière entre le monde intérieur et le monde extérieur lui alloue un rôle dynamique parce qu'elle orchestre les oppositions, les conflits, les tensions pouvant avoir lieu entre les excitations internes et externes. Ainsi les mécanismes psychiques de refoulement, de résistance, de défense proviennent principalement de la conscience, car elle trie, déforme ou encore censure tout ce qui ne correspond pas à son ordre. C'est pourquoi ce qui siège dans la conscience se trouve modifié et interprété. C'est un *contenu manifeste* : on peut le raconter, ce qui n'est pas le cas du *contenu latent*. Ce contenu latent est constitué d'*engrammes*, de traces de l'enregistrement des informations qui se présentent comme une trame sur laquelle tout ce que nous apprenons laisse un schéma, une configuration appelée « pattern » en anglais, un peu comme des motifs sur une tapisserie. Il en est ainsi de la sensibilité nerveuse du corps et des organes dès avant la naissance.

La conscience est également le siège des processus de pensée. Ils dépendent du développement du système nerveux mais aussi de la qualité des relations, qu'il s'agisse des raisonnements ou encore de la reviviscence des souvenirs.

Conscience et psychologie

La psychologie envisage la conscience comme l'expression la plus évoluée de la pensée.

De la conscience dépendent également, lorsqu'ils parviennent à elle, tous les phénomènes automatiques ou les réflexes qui appartiennent traditionnellement au domaine physiologique inconscient.

Les professeurs Jean Delay et Pierre Pichot distinguent la *conscience vigilance* et la *conscience de soi.*

La conscience vigilance

Sept niveaux différents de conscience caractérisent la vigilance. Elle s'inscrit entre deux extrêmes : les émotions fortes pour le niveau I, où la *vigilance* est *excessive*, et le *coma* pour le niveau VII où les stimulations n'entraînent plus de réactions motrices, c'est-à-dire de mouvements. Des échelles internes d'appréciation de la profondeur des comas rendent compte de la complexité du phénomène de vigilance.

Entre ces deux extrêmes se situent, du plus élevé au plus bas : la *vigilance attentive*, la *vigilance détendue, l'endormissement*, le *sommeil léger* et le *sommeil profond.* À partir du niveau IV (l'endormissement), malgré une perception de plus en plus faible des stimulations du monde extérieur, l'état de conscience ne disparaît pas puisqu'au réveil on se souvient de ses rêves. On parvient à identifier ou à reconnaître des bruits sans se réveiller réellement.

La conscience de soi

C'est l'image que nous élaborons de notre personne, de notre existence, de nos actes, du monde extérieur par rapport à l'idée que s'en font les autres. C'est *l'image de soi* dont parlait, en 1917, le médecin français Jean Lhermitte (1877-1959).

Quand on est réveillé, la pensée se concentre essentiellement sur l'adaptation de l'organisme au monde extérieur. Un peu à l'image des membres d'une équipe se regroupant dans un même élan pour défendre une cause commune, tout ce qui se déroule dans notre esprit ayant trait par exemple aux idées, à la mémoire, au registre de l'affectif converge vers l'adaptation de notre organisme à la situation du moment comme à celle à venir.

La pensée onirique, celle qui se manifeste dans le rêve, pour les psychologues revêt des caractéristiques très différentes. Quand nous dormons, elle ne se trouve plus sous l'emprise de la pensée vigilante qui contrôle les activités de l'esprit et les place dans un corset social avec lequel nous devons composer. Libérée de sa prison, la pensée onirique se laisse envahir par des pulsions ou des éléments affectifs. Elle brise les chaînes, les règles instaurées par la société, en adoptant des symboles, c'est-à-dire en opérant une transposition qui correspond au « souci » de contourner la censure présente même à ce niveau. Mais la pensée onirique est fragile. Si l'on se souvient de bien des rêves au réveil, très vite les incitations de la conscience vigile encombrent les réseaux de la vigilance.

Préconscient

Première topique
Le préconscient se situe entre l'inconscient et le conscient dont il est séparé par la censure.
Ses contenus restent disponibles à la conscience.

Deuxième topique
Le préconscient représente ce qui échappe à la conscience sans pour autant être véritablement inconscient.

Le terme *préconscient* a été utilisé par Freud dans la « première topique », c'est-à-dire dans la première conception de l'appareil psychique dont il fait partie, au même titre que le conscient et l'inconscient.

Qu'est-ce qui caractérise le préconscient ?

Le préconscient se situe, selon la description élaborée par Freud dans *L'Interprétation des rêves* (1900), entre l'inconscient et le conscient. Le préconscient est séparé du premier par une censure dont le rôle consiste à interdire aux éléments situés dans l'inconscient le passage vers le préconscient et le conscient, à moins de subir une transformation. C'est un peu comme la chenille qui, avant de voler, doit subir des transformations pour, finalement, devenir papillon. Entre le conscient et le préconscient se situe une seconde censure qui opère une sélection, empêchant l'accès à la conscience de tout ce qui peut la perturber.

Pour bien comprendre la pensée de Freud, imaginons des pièces en enfilade. La première, celle de la conscience, est séparée de la seconde, celle du préconscient, par une porte fermée mais qui s'ouvre en fonction des besoins. La troisième pièce, celle du fond, de l'inconscient où tout ce que nous avons connu se trouve emmagasiné, est aussi isolée des deux autres. Seules des pensées peuvent passer pour s'engranger dans l'inconscient. Le conscient, quant à lui, ne peut pas pénétrer dans la pièce du fond. C'est pourquoi l'inconscient demeure encore pour nous une boîte à mystères. L'image de la cave est encore plus explicite. On y enfouit tout ce dont on ne veut pas ou dont on ne se sert qu'occasionnellement. Ces objets sont souvent oubliés d'une génération à l'autre. Ils excitent la curiosité des non-initiés. On en remonte certains qui tomberont de nouveau dans l'oubli ou seront obsolètes. Mais la cave peut aussi représenter le lieu de tous les mystères consciemment enfouis.

Le système préconscient-conscient

Les contenus qui se trouvent dans le préconscient sont différents de ceux qui séjournent dans l'inconscient. Les éléments du préconscient restent accessibles à la conscience. Ils sont disponibles et ne deviennent que momentanément inconscients par le fait que l'activité mentale se trouve incapable de saisir un grand nombre d'éléments à la fois. Par exemple, vous rencontrez un ami que vous n'avez pas vu depuis quelques années. Passé l'effet de surprise, vous commencez à parler avec lui. Très vite vous évoquez des souvenirs anciens, des événements que vous avez partagés, des situations vécues en commun. Tous ces souvenirs avaient quitté la sphère de votre conscience. Toutefois ils sont restés disponibles. Dès que vous en avez eu besoin, à l'instant où vous avez fait appel à eux, ils sont réapparus sans aucune difficulté.

Les contenus du préconscient et ceux du conscient sont donc très voisins les uns des autres puisqu'ils ont la faculté de passer d'un état de conscience à un état d'inconscience et réciproquement. C'est ce que Freud a décrit sous le nom de *système préconscient-conscient* (Pcs-Cs en abrégé).

Dans la « Deuxième topique », le mot *préconscient* est utilisé par Freud sous forme d'adjectif qualificatif et non plus de nom. Il désigne tout ce qui, sans être inconscient au sens strict du terme, ne peut resurgir au niveau de la conscience. Il est rattaché au Moi et de façon moindre au Surmoi.

L'énergie du système préconscient-conscient est dite « liée ». Elle ne circule pas librement, elle est contrôlée sous l'effet du processus secondaire (processus en jeu dans la « pensée », le « raisonnement », l'« attention », le « jugement »).

Inconscient

La philosophie a longtemps négligé la notion d'inconscient telle que nous la connaissons aujourd'hui. Elle a fondé ses démarches sur le sujet conscient et a relégué l'inconscient dans le registre du physiologique, du fonctionnement de l'organisme. C'est ainsi que, pour Descartes (1596-1650), tout ce qui échappe à la pensée de l'homme s'explique par des mécanismes. Le philosophe et essayiste français Alain (1868-1951) s'inscrit dans ce courant d'idées. Pour lui, seul l'acte de pensée appartient au conscient et ce qui dépend du corps reste inconscient.

Avec le philosophe allemand Schopenhauer (1788-1860), cette discipline allait connaître un tournant important. Pour lui, le monde se trouve sous l'emprise d'une volonté agissante qui nous pousse dans nos actes comme le vent entraîne dans sa course un cerf-volant. Pour cet auteur, nos décisions ne résultent pas d'une réflexion consciente et claire, mais de l'effet de cette volonté. Schopenhauer avait ouvert la voie à une notion paradoxale qui n'allait cesser de s'affirmer : l'homme agit sans toujours connaître les motifs de ses entreprises.

Selon le médecin et philosophe allemand Carus (1789-1869), l'inconscient se situe à une croisée de chemins entre l'organisme et la vie spirituelle. Il distingue un inconscient absolu, dont les contenus ne peuvent jamais monter à la conscience, et un inconscient relatif qui renferme les éléments sortis de la conscience, comme un objet qu'on place au fond d'une armoire et auquel on ne songe plus. Cet aspect préfigure le système conscient-préconscient de Freud.

Pour le philosophe allemand Hartmann (1842-1906), l'inconscient joue un rôle décisif dans la vie de l'homme car il influence nos actions de tous les jours.

C'est dans cette voie, ouverte par la philosophie, qu'allaient cheminer les premiers psychanalystes.

Comment les psychologues conçoivent-ils l'inconscient ?

Pour le psychologue, tout ce qui relève du domaine physiologique, du fonctionnement de l'organisme, ne peut être ni conscient, ni inconscient. On ne doit dès lors parler d'inconscient qu'au sujet d'éléments ayant un rapport avec l'esprit. Les spécialistes, dès la seconde moitié du XIXe siècle, allaient orienter leurs recherches dans une optique scientifique.

Le neurologue et psychologue français Pierre Janet (1859-1947) se compte parmi les maîtres de la recherche expérimentale sur l'inconscient. Il en définit les aspects à partir de travaux effectués sur l'hystérie. Nous allons exposer brièvement le résultat de ses observations.

L'inconscient réfléchit et possède une existence psychologique

L'inconscient existe et réfléchit. Janet en arrive à cette conclusion après avoir remarqué que certains hystériques, tout en entretenant une conversation avec quelqu'un, pouvaient, sous la dictée d'un tiers, écrire des pages entières sans s'en apercevoir. Cette capacité de distraction qui caractérise cette maladie provient notamment de l'impossibilité des malades de se concentrer longtemps sur quelque chose. Or la distraction, par opposition à l'attention, représente justement un « moment d'inconscience ». Pourtant les écrits obtenus dans ces conditions ont un sens. C'est pourquoi on peut affirmer que l'inconscient réfléchit.

L'inconscient perçoit

Dans l'expérience précédente, si le malade écrit de façon automatique les mots qu'on prononce à son insu, c'est que son inconscient demeure capable d'entendre. De la même manière, il peut obéir à un ordre. Si, dans ce contexte, on lui demande de porter la main à son épaule, il exécutera ce geste sans même s'en rendre compte. Il en va de même pour les personnes non malades quand elles obéissent, sous hypnose cette fois, à des ordres. Un hypnotisé peut exécuter un grand nombre d'actions qu'on lui suggère et ceci d'une façon totalement inconsciente. Le médecin français Hippolyte Bernheim (1837-1919) a utilisé la suggestion dans un cadre thérapeutique. Il est parvenu, en mettant ses patients sous hypnose, à guérir certaines maladies, nerveuses notamment.

L'inconscient se souvient

Dans l'écriture automatique, c'est-à-dire inconsciente, se glissent parfois des souvenirs. Sous l'effet de l'hypnose, on peut retrouver des souvenirs éloignés, enfouis dans son inconscient à l'intérieur duquel ils s'étaient incrustés un peu comme des fossiles dans une roche.

L'inconscient et la persistance d'une pensée

L'inconscient perçoit et il est sensible à la suggestion. Nous avons vu comment, dans un sommeil hypnotique, nous sommes capables d'exécuter ce que l'on nous ordonne. La vérification de la subsistance d'une pensée dans l'inconscient tient à des expériences du type de la suivante. Bernheim, en présence de l'un de ses collègues, M. Charpentier, suggère à un homme en état d'hypnose de prendre à son réveil le parapluie (appartenant à M. Charpentier) accroché au pied du lit. Il lui commande d'aller ensuite dans la galerie et d'en faire deux fois le tour, le parapluie ouvert. À son réveil, l'homme en question exécute les ordres sans même se poser de questions. Lorsque le Dr Bernheim lui demande ce qu'il fait, l'homme prétend prendre l'air. Quant au parapluie, il l'a pris pour le sien. Il ignore la raison réelle de son acte.

Voilà une belle preuve, selon Janet, qu'une pensée située dans le subconscient (terme utilisé autrefois par les philosophes pour nommer ce que Freud appelle l'inconscient) persiste dans le temps. Elle ne disparaît pas après le réveil, même si la personne concernée n'a aucune conscience de la raison pour laquelle elle agit.

L'inconscient comme envers de la conscience

L'inconscient apparaît comme l'envers de la conscience alors qu'il est embusqué, prêt à jaillir dès que fléchit la contention consciente, c'est-à-dire dès que la conscience lâche prise.

Pierre Janet explique les phénomènes d'inconscient par une perte d'énergie mentale, ou encore par une baisse de l'énergie psychique. La conscience ne peut plus coordonner les phénomènes psychologiques. Cette action de coordination s'apparente à une synthèse. Dans la vie courante, nous sommes capables de lire un journal tout en répondant à une personne qui nous parle. Nous contrôlons nos pensées ; nous percevons parfaitement nos faits et gestes et les activités de notre esprit. Lorsque notre conscience se fatigue, nous exécutons des actes d'une façon automatique. L'étudiant, par exemple, peut continuer à prendre des notes correctes sans s'appliquer, sans prêter réellement attention à ce qu'il écrit. Mais l'hystérique, dans l'écriture automatique, ne sait même pas qu'il écrit ! Il ne dispose plus de ressources psychiques suffisantes pour rester conscient de plusieurs actes de pensée à la fois.

Une découverte qui bouleverse les certitudes

Le terme d'inconscient, comme celui de conscience, appartenait donc à la philosophie bien avant que Freud ne le reprenne à son propre compte. Depuis Platon, l'homme était représenté comme un « animal raisonnable » mais qui véhiculait passions et animalité. Or sa raison semblait vouloir dominer les instincts, un peu comme pour le rassurer. La tête du sage commandait au cœur et au ventre.

Mais quoi de plus déstabilisant que l'existence d'une pensée ou d'une volonté inconsciente ? N'est-ce pas perdre la maîtrise de soi ?

De quelle manière vit cette énergie qui, *ici*, est en éveil et, *là*, fait défaut ?

Depuis la découverte de l'inconscient par Freud, une véritable révolution dans le domaine moral s'est produite. L'homme doit maintenant admettre, sans en accuser le diable ou les démons d'opérer en lui, qu'il ne commande pas tout. Ses désirs, par exemple, lui sont insufflés sans même qu'il sache comment, ni d'où ils proviennent. Pire, il a dû convenir que cet inconscient représentait la face cachée de lui-même la plus importante. Ainsi les raisons pour lesquelles nous croyons agir ne sont-elles que des mobiles apparents. Nous ignorons la cause de nos actes car notre inconscient nous reste aussi difficilement sondable que ne le serait, pour nous, le psychisme d'un autre.

La pratique de la cure psychanalytique a permis à Freud de découvrir que la conscience n'était pas le seul élément du psychisme. Comment ? En remarquant que certains contenus, pour avoir accès à la conscience, devaient surmonter des résistances.

Le travail sur l'hypnose rompt la synonymie entre conscience et psychisme. Comme nous l'avons déjà vu avec les expériences de Janet, le sujet hypnotisé n'a plus sa conscience vigilante. Pourtant, quand on lui donne des ordres, il les exécute à son réveil sans savoir pourquoi. C'est bien la preuve qu'autre chose existe hors du champ de la conscience, et peut même enregistrer des informations.

Freud a encore vu une preuve irréfutable de l'action dans le psychisme de quelque chose d'autre que la conscience grâce à l'*association libre*. Cette méthode, qui consiste à dire spontanément tout ce qui nous passe par la tête sans faire intervenir la raison, laisse resurgir à la conscience des événements oubliés.

Prenons un exemple : vous regardez une photo de vacances, elle vous rappelle la plage, la plage vous fait penser au sable, le sable au verre, le verre à une personne de votre entourage, cette personne à un événement de votre enfance… Parfois ce jeu d'associations paraît ridicule à celui qui s'y adonne parce que, en apparence, il n'a pas de cohérence. De plus, les causes d'associations entre deux idées sont souvent très diverses. Toutefois cela permet, alors que la conscience se tait, de retrouver des traumatismes à l'origine de maladies ou, tout simplement, de troubles. Ces traumatismes sont engrangés au plus profond de la mémoire, et l'association libre agit comme un serviteur qui ferait franchir aux souvenirs issus des profondeurs le grand portail permettant d'accéder à la conscience.

Comment les psychanalystes conçoivent-ils l'inconscient ?

Dans son livre intitulé *Métapsychologie*, Freud nous apporte un élément de réponse :

> **« On peut aller plus loin et avancer, pour étayer la thèse d'un état psychique inconscient, que la conscience ne comporte à chaque moment qu'un contenu minime si bien que, mis à part celui-ci, la plus grande partie de ce que nous nommons connaissance consciente se trouve nécessairement, pendant les plus longues périodes, en état de latence, donc dans un état d'inconscience psychique. »**

L'inconscient est la clé de voûte de la psychanalyse. Sa définition, d'une grande complexité, prend ses sources dans la philosophie. Nous n'avons pas la prétention d'être exhaustif dans notre approche de l'insondable. Nous nous bornerons donc à un panorama, aussi clair que possible, des différentes facettes de l'inconscient selon Freud, puis selon Jung, Adler, Mélanie Klein et Lacan. Nous insisterons davantage sur l'approche freudienne de l'inconscient. En effet, tous ceux qui poursuivirent des recherches dans ce domaine après le maître furent tantôt des disciples, tantôt des dissidents, mais ils bénéficièrent tous des premières pierres que Freud avait posées pour élever l'édifice de l'inconscient.

L'inconscient selon Freud

Freud envisage l'inconscient sous différents aspects.

L'inconscient, c'est tout ce qui se situe hors de la conscience

L'inconscient comprend des pensées, des représentations qui ne figurent pas parmi les contenus de la conscience, soit d'une façon temporaire, soit d'une façon durable.

L'inconscient se construit

L'inconscient se constitue au cours de la vie psychique et surtout pendant l'enfance, peut-être même avant la naissance.

L'inconscient : siège des actes refoulés

Si toutes les pensées ne sont pas inconscientes, elles siègent malgré tout, à un moment donné, dans l'inconscient. Un acte psychique appartient dans une première phase au système inconscient. Pour passer dans le système conscient, il subit l'épreuve de la *censure*. Si cette dernière lui refuse le passage, l'acte psychique doit rester dans l'inconscient ; on dit qu'il est refoulé.

Ainsi le refoulement est une force qui exerce un mouvement contraire à celui de l'inconscient qui, lui, se dirige toujours vers la surface par sa tendance spontanée à se manifester. Ces deux mouvements donnent à l'inconscient son aspect dynamique. C'est ainsi que les notions d'*énergie* (de désir) et de *censure* (opposition à l'énergie de désir) sont inséparables de l'élan vital biologique qui existe en chacun d'entre nous, mais aussi de sa satisfaction et de sa répression exercées par des « forces » opposées, des « obstacles ».

Des processus psychiques particuliers

Pour Freud, tout processus psychique — dont nous constatons les manifestations mais dont nous ignorons tout — fait partie de l'inconscient. Ainsi certains gestes ou certaines paroles qui nous échappent, que nous prononçons involontairement, révèlent des intentions, des désirs profondément ancrés en nous et dont nous ne connaissons pas l'existence. Pourquoi m'arrive-t-il de dire ou de faire l'inverse de ce que je voudrais consciemment dire ou faire ? Qu'est-ce qui m'y pousse ? Ces « bêtises », ces « absurdités » prennent désormais un sens depuis la découverte de l'inconscient.

Un contenant et des contenus

Freud voit dans l'inconscient un contenant des « représentations » des pulsions : poussées ou charges énergétiques impliquant une tension qu'il faut résoudre pour obtenir une satisfaction, d'où l'existence d'un principe de plaisir. On conçoit même qu'il y ait satisfaction d'un plaisir inconscient à dire ou à faire le contraire de ce que nous voulons consciemment, de ce que nous pensons vouloir.

Sur le plan topique

L'inconscient représente donc l'un des systèmes de l'appareil psychique qui, décrit dans la « Première topique », se situe en deçà du conscient et du préconscient, d'où le nom de *psychologie des profondeurs* conféré un temps à la psychanalyse.

Le système de l'inconscient

Le système de l'inconscient se caractérise par deux mécanismes : la *condensation* et le *déplacement* que Freud décrit notamment dans *L'Interprétation des rêves*. C'est en prenant des exemples dans nos visions nocturnes que nous essaierons d'expliquer ces deux processus.

La *condensation* est la représentation en une unité de plusieurs éléments. C'est le cas, par exemple, lorsqu'on rêve d'une personne qui occupe à elle seule le rôle de plusieurs, et dans plusieurs situations. « Condenser » vient donc ici de son sens premier : réduire, rendre plus petit, « télescoper ».

Le *déplacement* est un procédé qui se traduit par la transposition d'un fait secondaire en un fait important. Lorsqu'une personne raconte un rêve, par exemple, un détail qu'elle trouve insignifiant lors de son récit va revêtir, au moment de l'interprétation, une importance considérable. En effet les rêves présentent la plupart du temps des éléments majeurs de la vie sous forme d'images anodines qui n'ont souvent rien à voir, au premier abord, avec leur signification dans la réalité.

Ces deux processus de *condensation* et de *déplacement* existent dans certains comportements considérés parfois comme maladies du psychisme lorsqu'ils dominent la scène quotidienne. Tel individu « obsessionnel » va manipuler un objet sans intérêt aux yeux des autres mais qui, pour lui, sera capital dans la mesure où cet objet condense une charge émotionnelle, des désirs inavoués et intimes. Cet individu déplace, par cette activité qui paraît étrange quand on en ignore la signification, une pulsion réprimée.

Les processus de l'inconscient et le temps

Aucune relation, aucun rapport n'a lieu entre les processus de l'inconscient et le temps. Dans *Métapsychologie*, Freud nous dit : « *Ils ne sont pas ordonnés dans le temps, ils ne sont pas modifiés par l'écoulement du temps.* » La notion de temps n'intéresse que la conscience. Les processus de l'inconscient peuvent resurgir à n'importe quel moment, portant à la connaissance du présent des éléments du passé et pouvant préfigurer l'avenir.

Les processus de l'inconscient et le réel

Les processus de l'inconscient, dans le rapport au réel, répondent au principe du plaisir évoqué plus haut et substituent, c'est-à-dire remplacent la « réalité extérieure » par la « réalité psychique » ou intérieure.

Quelles sont les relations entre conscient et inconscient ?

Si l'on admet que l'inconscient représente le siège des actes refoulés, c'est-à-dire rejetés par la conscience parce qu'ils risqueraient de la troubler, on délaisse une dimension : le *refoulement* n'est pas conscient. Ce n'est pas volontairement que l'on décide de renvoyer un acte psychique dans l'inconscient. On n'ordonne pas à la censure de barrer le passage à une pensée. Ce n'est donc pas la conscience qui « refoule » ce qui, dans l'inconscient, représente les conséquences déplaisantes du danger, de la répression, de l'interdit.

L'inconscient a donc la capacité de penser tout seul. D'ailleurs, affirmer le contraire risquerait de bloquer le processus analytique. En effet, il existe une partie inconsciente de notre personnalité qui est comme écartée, disqualifiée, car elle intègre des pressions extérieures qui dressent un barrage autoritaire à la satisfaction des désirs. Or l'envie de transgresser cet ordre reste le propre du sujet « homme ».

L'inconscient et le *Ça*

Dans la « Deuxième topique », l'inconscient et le *Ça* (pôle des pulsions, des poussées de l'appareil psychique) ont un fond commun avec les deux autres instances, le *Moi* (médiateur) et le *Surmoi* (juge) sans qu'ils se confondent pour autant dans une sorte de magma indistinct. Ils jouent, en quelque sorte, dans l'antichambre de la conscience en attendant qu'un éclairage extérieur donne sens à leur jeu.

Les effets de l'inconscient dans la vie de tous les jours

Qui n'a pas oublié un mot, un nom propre resté « sur le bout de la langue » ? Qui ne s'est pas trompé au cours d'une conversation en prononçant un mot pour un autre, c'est-à-dire en faisant un lapsus ? Qui n'a pas lu autre chose que ce qui était écrit en réalité ? Qui n'a pas vu glisser sous sa plume une lettre parasite, un mot différent de celui qu'il voulait écrire ? Pas vous, peut-être ! Ces petites « bêtises » de la vie de tous les jours arrivent à chacun d'entre nous. La plupart du temps on n'y prête pas attention. On se contente de les nier, de s'énerver ou de s'en amuser, selon les étourderies commises, sans chercher à analyser ou à comprendre. Ces « glissades », nous les mettons sur le compte d'une mémoire lacunaire, d'une fatigue ou d'un effet de notre inattention. Nous refusons de nous attarder sur ce que nous estimons être des détails. Pourtant ces petits « ratés » surviennent également chez des personnes dotées d'une excellente mémoire comme chez celles qui ont l'habitude de s'exprimer en public. Les journalistes, mais aussi les hommes politiques ou encore les artistes, ne sont pas épargnés. Vous en avez déjà été le témoin. D'ailleurs certains journaux ne manquent pas de relever les « perles » des célébrités. Alors, ces « bêtises » sont-elles le fruit d'un pur hasard ? En fait, personne n'y échappe. Celui qui les relève est sans doute le plus sensible, le plus attentif à n'en point laisser paraître.

Dans *Psychopathologie de la vie quotidienne*, Freud s'est longuement penché sur ce problème. Ce maître de l'inconscient refuse de voir dans ces erreurs l'effet d'un pur hasard. Cet aspect sera longuement développé à propos des *actes manqués*. Toutefois nous évoquerons ici quelques exemples, car ils témoignent tous de l'existence de l'inconscient.

— *À propos de l'oubli d'un mot*

Lorsqu'un mot nous échappe, nous le recherchons avec obstination. Malgré tous nos efforts, nous ne le retrouvons pas toujours. Rien de fortuit avec l'inconscient. Il y a sûrement une explication à ce phénomène.

Parmi les exemples célèbres relatifs à l'oubli d'un mot, il y a l'histoire de la dame de Bâle dont Freud fait état. Il s'agit d'une dame qui habite Bâle. Elle apprend que son amie d'enfance Selma X arrive de Berlin. Selma, en voyage de noces, ne peut passer qu'une journée en Suisse.

Les deux femmes se rencontrent le matin à l'hôtel où est descendue la Berlinoise. Elles conviennent d'un rendez-vous dans l'après-midi.

La Bâloise oublie le rendez-vous. À l'heure où elle devait rencontrer son amie, elle se trouve en visite chez des personnes et discute du mariage récent d'une célèbre chanteuse d'opéra de Vienne. La Bâloise portait sur ce mariage un regard critique. Lorsqu'elle voulut prononcer le nom de la chanteuse, qu'elle connaissait pourtant très bien, elle se trouva confrontée à un trou de mémoire. Cet oubli la contraria beaucoup.

Le soir même, cette dame se rend chez de nouveaux amis. À la faveur du premier sujet de conversation, l'occasion lui est donnée de parler de la chanteuse d'opéra et, dans un automatisme, elle prononce le nom de Selma Kurz. C'est alors que, soudainement, l'image de son amie berlinoise lui revint en mémoire en même temps que son rendez-vous manqué.

Cet exemple nous montre le rôle que peut jouer notre inconscient dans nos « pertes de mémoire ». Cette dame avait-elle réellement à cœur de retrouver son amie berlinoise ? Si elle s'était souvenue du nom de la chanteuse d'opéra dans l'après-midi, elle n'aurait sûrement pas laissé passer l'heure du rendez-vous !

— *Un mot en cache un autre : le lapsus*

Commettre un lapsus, c'est prononcer involontairement un mot à la place d'un autre. Freud décèle dans cette erreur un tour de l'inconscient. Quant à Jung, il précise qu'il « *ne se passe pas un seul jour sans que nous commettions tel ou tel lapsus* » (*Dialectique du Moi et de l'Inconscient*). Le lapsus appartient à la palette des symptômes de l'activité inconsciente.

Dans le chapitre qu'il consacre aux lapsus dans son livre sur la *Psychopathologie de la vie quotidienne*, Freud raconte des événements de la vie de tous les jours tels que nous en avons tous connus.

Une personne a déclaré : « Il fait un beau sommeil »

pour « Il fait un beau soleil », ce qui révèle son besoin de dormir. Une dame, qui manifeste une tendance au bavardage très marquée, a demandé d'une façon spontanée à son épicier « du lait longue conversation » au lieu de « longue conservation ».

Un exemple (tout frais) de lapsus

L'auteur de ce livre est en train de travailler à l'ultime mise au point de son manuscrit avec le directeur de collection. Le problème est de savoir si l'on travaille jusqu'au soir ou si elle reste sur l'idée d'un déplacement en province qui l'obligerait à partir à 16 heures.

Tout en paginant, elle pèse, à haute voix, les deux termes de l'alternative. Ce faisant, elle commence un développement dont la conclusion ne peut être que « Dans ce cas, il vaut mieux que je *reste.* » Mais elle se trompe et dit « Dans ce cas, il vaut mieux que je *parte.* »

Il va de soi que le directeur de collection n'a pas besoin qu'on lui fasse un dessin pour comprendre qu'il vaut mieux la laisser partir prendre l'air dans sa maison de campagne.

— *Pas d'erreur puisque c'est écrit !*

Il nous arrive parfois, lorsqu'on lit un journal ou un livre, de déchiffrer un mot autre que celui qui se trouve imprimé en réalité. C'est encore notre inconscient qui a projeté devant nos yeux un terme parasite. Il en est de même pour les erreurs d'écriture. Nous inscrivons parfois des mots dictés par notre inconscient. Ainsi un étudiant en lettres, sur sa copie, alors qu'il citait d'une façon fort judicieuse l'ouvrage d'Albert Camus intitulé *Le Mythe de Sisyphe* — livre qu'il connaissait bien pour l'avoir lu, relu et étudié —, a écrit, à un moment de son devoir : « Le mythe décisif ! » Ce qu'il y a de curieux, et qui montre bien que la méconnaissance n'était pas responsable de cette erreur, c'est que partout ailleurs dans sa copie l'étudiant avait bien écrit le titre du livre de Camus. Interpréter un tel lapsus revient tout simplement à le relier à son contexte et à la vie de cet étudiant.

— *Le rêve et l'inconscient*

Le rêve survient pendant notre sommeil, c'est-à-dire au moment où notre conscience s'« endort ». Les images qui se projettent sur l'écran de nos nuits viennent de notre inconscient. C'est pourquoi elles ne respectent pas toujours les règles de la logique et nous paraissent incohérentes.

Le rêve est le fruit de nos désirs. Mais certains d'entre eux sont inavouables. Alors le songe se pare de symboles. Il déplace, il condense ou encore il réduit le scénario. L'article **RÊVE** (p. 68) apporte plus de précisions sur ce point.

— *Les mots d'esprit, encore un tour de l'inconscient !*

Nous faisons tous des mots d'esprit, plus ou moins épais, plus ou moins bons. Certains d'entre nous marquent, pour ce genre de jeu, des prédispositions particulières. En tout cas, nous les apprécions beaucoup pour le plaisir franc qu'ils procurent. Qu'ils provoquent l'éclat de rire ou le sourire, c'est pour eux toujours l'éternel succès. Et nous nous déplaçons en foule pour applaudir les comiques qui jonglent avec les mots.

Freud, dans *Le Mot d'esprit et ses rapports avec l'inconscient*, distingue deux sortes de jeux de langage :

— les *inoffensifs*, qui se fondent notamment sur les ressemblances sonores telles qu'on en trouve de nos jours dans la publicité : « chat alors ! » pour « ça alors ! » ;

— les *tendancieux*, qui marquent une intention cachée, non révélée par celui qui parle. C'est le cas, par exemple, lorsque, innocemment en apparence, on joue avec les syllabes du patronyme d'une personne. Bien souvent, dans la réalité, on se moque d'elle par l'intermédiaire de son nom. Nous avons tous vécu des situations de ce genre au cours de notre scolarité, soit pour en avoir été la victime, soit comme un simple témoin, soit encore comme l'instigateur.

Faire de l'esprit, c'est exprimer une hostilité en critiquant quelqu'un, en l'attaquant, ou au contraire en se défendant contre cette agression verbale.

Mais pourquoi sous forme de jeu de mots et rarement de manière directe ?

Parce que depuis l'enfance on nous apprend, à l'âge où nous manifestons de puissantes dispositions à l'hostilité, qu'il n'est pas convenable d'avoir recours à l'injure pour se distinguer, pour exister, pour remporter une victoire ! Le mot d'esprit représente donc un moyen pour l'adulte de soulager son envie d'insulter ou de crier sa haine de manière détournée. Quand nous brossons, d'un individu que nous n'aimons pas, un portrait tendant à le ridiculiser, à le caricaturer, nous éprouvons un plaisir certain à faire rire à ses dépens. Imaginons que nous disions d'un homme : « *Il est savant* », nous marquons pour lui de l'estime, voire de l'admiration. Mais si l'on déteste cet homme, on peut parler de lui en terme de « *singe savant* ». Cette formule change considérablement le sens du mot « savant » et révèle, d'une façon insidieuse, faussement sympathique, et banale dans l'apparence, la médiocre estime portée à cette personne.

Faire de l'esprit, c'est aussi s'exprimer parfois de façon obscène.

Pour Freud, on n'adresse pas des propos grivois à n'importe qui. En d'autres termes, les paroles inconvenantes, déguisées sous un voile comique, n'ont que le reflet de l'innocence. Elles prouvent que la personne à qui nous destinons ces « plaisanteries » ne nous laisse pas de glace physiquement. Et notre intention est bien de la troubler à son tour. Que l'on suscite par ce jeu le rire ou l'embarras, on provoque dans les deux cas l'aveu de l'excitation sexuelle. La grivoiserie représenterait donc une tentative de séduction.

> **« La grivoiserie déshabille, pour ainsi dire, la personne de l'autre sexe à qui elle s'adresse. Les propos obscènes forcent la personne à s'imaginer les parties respectives ou les actes correspondants et donnent à penser que le conteur les a lui-même devant les yeux. Incontestablement, le plaisir de voir à nu les parties sexuelles est le thème primordial de la grivoiserie. »**

Il ne faut pas non plus systématiser les propos de Freud ! Mais, plus l'homme ou la femme fait des mots d'esprit tendancieux ou obscènes, plus il craint qu'on les lui interdise, et plus son attention se polarise sur des détails qui, chez son interlocuteur ou chez lui-même, peuvent les susciter.

— *Quels sont les rapports entre le mot d'esprit et l'inconscient ?*

Le mot d'esprit est subit, involontaire : « *On ignore l'instant d'avant le trait d'esprit que l'on décochera...* » On peut donc dire que le mot d'esprit ne se prépare pas dans notre conscience.

Le mot d'esprit est concis, ramassé tout comme le rêve. Ne dit-on pas d'eux que les plus courts sont les meilleurs ? Ils suggèrent beaucoup de choses en très peu de termes, ce qui est « un signe de leur élaboration inconsciente ». On les condense de façon automatique, sans la volonté de la conscience. Ils jaillissent de la bouche, réduits, sans les avoir mûrement préparés. C'est ce phénomène de *condensation* qui provoque le plaisir. Il cache une multitude de sens derrière la réduction.

Le mot d'esprit se présente sous des aspects admissibles par les autres. Qu'il endosse le paletot de la plaisanterie pure ou celui de l'ingéniosité lourde de sous-entendus, il se déguise souvent pour dissimuler son intention réelle. Tout comme le rêve utilise des symboles, les mots d'esprit posent un masque sur leur véritable finalité. Ils *déplacent* leur intention réelle sur l'effet comique.

Ce petit tour à travers les mots d'esprit nous prouve, une fois de plus, que nous sommes l'instrument, le porte-parole de notre inconscient.

Jung et l'inconscient

Jung (1875-1961) est un disciple de Freud. Mais il se sépara du maître, après cinq années de collaboration, à cause des divergences de vue qui s'élevèrent entre les deux hommes.

L'une des grandes différences qui opposèrent Jung et

Freud réside, notamment, dans leur conception de l'inconscient. Nous avons vu que, pour Freud, l'inconscient figure en quelque sorte le réservoir des désirs refoulés, des actes psychiques rejetés par la conscience. De plus, pour Freud, l'inconscient se construit au fur et à mesure de notre vie. Jung ne partage pas ce point de vue. Selon lui, l'inconscient se divise en deux couches : *l'inconscient personnel* et *l'inconscient collectif*.

L'inconscient personnel

Les contenus de l'inconscient personnel ont un lien direct avec le passé de l'individu. Ils font partie de sa personnalité. Ils représentent l'ensemble des expériences de sa vie. Ils peuvent devenir conscients. Si l'un des éléments constitutifs de la personnalité manque au conscient, la personne concernée le ressent gravement. Elle éprouve un sentiment d'infériorité qui provient d'un conflit de l'individu avec lui-même.

L'inconscient personnel est la partie qui, chez un individu, peut présenter des troubles, devenir malade, avoir des blocages qui constituent autant d'obstacles empêchant l'accès à l'inconscient collectif.

L'inconscient collectif

Pour bien comprendre ce que représente l'inconscient collectif, il faut s'imaginer une sorte de réservoir des instincts de vie comme la conservation ou encore la reproduction.

Mais, pour ceux qui croient à l'inconscient collectif, le réservoir contient également des éléments de l'hérédité. On ne naît pas la tête vide. Le cerveau est porteur de l'histoire du monde. Il contient, imprimé en lui, les reflets d'un passé lointain.

L'inconscient collectif se trouve constitué d'éléments universels qui peuvent puiser leur source très loin, dans les siècles passés, dans l'histoire de l'humanité. Ils sont des forces agissantes à l'origine de symboles, de religions ou de créations artistiques notamment.

L'inconscient collectif, dans son universalité, demeure impersonnel, même s'il existe en chacun de nous. On en hérite tous, mais il ne s'altère pas au cours des siècles. Il ne peut donc transparaître de lui ni troubles, ni maladies. Il constitue le tronc commun qui réunit les hommes entre eux, en dépit des différences de race ou de religion.

L'inconscient collectif comprend la multitude d'images psychiques qui se sont déposées dans notre cerveau en couches successives au cours des siècles, constituant le fonds de l'humanité, immuable, inchangé, mais vivant et actif. Un « limon », dit Jung.

Si Jung admet, comme Freud, que les éléments refoulés hors de la conscience trouvent refuge dans l'inconscient, il les place dans l'inconscient personnel qui est seul susceptible de les recevoir. Rien de rejeté par la conscience ne vient se loger dans l'inconscient collectif, élément précieux par excellence. Pour Jung, cette part impersonnelle de nous-mêmes joue un rôle fondamental dans notre existence. C'est l'analyse des rêves de ses patients qui lui a permis de découvrir l'influence de l'inconscient collectif dans la vie. Pour Jung (*Dialectique du Moi et de l'Inconscient*) : « *L'apparition de motifs mythologiques ou religieux au cours d'un rêve témoigne également de l'inconscient collectif.* » C'est aussi la partie inconsciente du Surmoi (le juge). Pour illustrer cette affirmation, nous ferons état d'un cas emprunté à Jung.

Une femme malade manifestait pour sa mère une immense passion. Elle en était restée très dépendante. Pourtant, malgré toute l'affection qu'elle lui portait, à chaque fois que la jeune femme rêvait de sa mère, elle la voyait apparaître sous la forme d'une sorcière, d'un fantôme ou encore d'une marâtre qui lui faisait subir toutes sortes de persécutions.

L'analyse dévoila que la mère avait gâté sa fille d'une façon excessive. De cette manière, elle avait détérioré chez la jeune femme toute possibilité de la critiquer. Aussi l'inconscient exprima ce que la jeune fille taisait en donnant à la mère le rôle d'une « sorcière », qui est une image collective. La jeune femme a emprunté inconsciemment le prétexte de la littérature pour donner à sa mère le déguisement approprié à ce qu'elle pensait d'elle. La jeune fille était prisonnière de la sollicitude, la trop grande gentillesse d'une mère à la fois aimée et rejetée.

L'inconscient collectif, sorte de « joyau » de notre esprit, inconscient supérieur en quelque sorte, ne perd donc pas en activité au fil du temps. Il possède en lui des contenus psychologiques dont nous n'imaginons même pas l'existence. Au fur et à mesure qu'il gagne en influence, il prend le pas sur le conscient qui, de dirigeant, devient dirigé. Pour Jung,

> **« La personnalité consciente, sans trop remarquer ce qui lui arrive, se trouve être devenue une pièce parmi d'autres de l'échiquier d'un joueur invisible. Et c'est ce dernier, non plus le conscient et ses intentions, qui mène le jeu dont dépend le destin de la partie. »**

Freud et Jung s'opposent à propos de l'inconscient collectif. Pour le premier, les activités de l'inconscient émanent essentiellement de réactions face à une situation insatisfaisante. Jung ne nie pas cet aspect. En revanche, il accorde à l'inconscient une part d'autonomie nettement supérieure. Pour lui,

> **« de nombreuses expériences semblent prouver non seulement que l'inconscient est capable de spontanéité, mais qu'il peut même aussi s'approprier la direction des opérations ».**

Mais Jung, que nous citons toujours dans sa *Dialectique du Moi et de l'Inconscient*, nuance ses propos quand il précise que l'inconscient n'agit pas de façon calculée, réfléchie. Il est poussé, comme par instinct, par la réalisation de soi-même.

Nous avons vu que, selon Freud, faire taire les réactions de l'inconscient consistait à porter à la conscience les éléments qu'elle avait rejetés, exclus, refoulés. Or Jung s'oppose à cette conception. Pour lui, ce procédé n'obtient pas les résultats espérés par Freud. Même quand les éléments refoulés réintègrent la conscience, Jung, toujours dans le même livre, précise que

> **« … l'inconscient continue imperturbablement à créer ses rêves et ses fantasmes alors que ceux-ci, à en croire la théorie fondamentale de Freud, devraient tarir puisqu'ils sont censés provenir de refoulements personnels qui ont déjà été défoulés ».**

La publicité, tout comme la politique d'ailleurs, dont l'objectif consiste à faire passer certains messages dans l'esprit du plus grand nombre, use de toutes les stratégies de communication pour créer un besoin, une manière de penser, de choisir, de se comporter. La publicité, par le biais des médias, va puiser certaines images stéréotypées de notre société dans le grand réservoir de l'inconscient collectif. Prenons un exemple, celui de l'homme symbole de la force, de la protection familiale, de la non-participation à tous travaux ménagers. En effet, certains messieurs auraient vécu, encore vers les années 1970, le fait de langer un bébé, ou de s'adonner aux joies de la lessive et du repassage, comme une humiliation suprême. Il s'agit là d'un stéréotype que la publicité a longtemps exploité.

Mais aujourd'hui, avec la place de plus en plus importante occupée par la femme dans la vie sociale, dans l'économie du pays, avec la promotion intellectuelle dans une mixité qui n'existait pas autrefois, avec l'évolution des mœurs, l'homme, à son tour, s'est mis aux tâches domestiques. L'image du mari a changé. Un nouveau système de valeurs, par un effet rétroactif, s'incruste dès lors dans notre inconscient collectif.

La publicité illustre très bien ce tournant social, le renforce même en offrant à nos regards des pères de famille qui changent leur bébé ou qui retroussent les manches pour plonger les mains dans un liquide vaisselle miraculeux. Mais certains, comme les socio-biologistes, s'opposent à cette thèse. Selon eux, l'inconscient collectif, fruit d'un atavisme lié à des milliers d'années, ne peut être aussi rapidement modifié.

Les archétypes

L'inconscient collectif, cette sagesse millénaire que chacun porte en soi, cette fonction psychique transmise de génération en génération, se manifeste par des *archétypes*. Pour bien comprendre ce que Jung entend par « archétype », imaginons un diamant étincelant. Cette pierre précieuse, d'une extraordinaire pureté, laisse jaillir des éclats. L'inconscient collectif ressemble à ce diamant. Mais, au lieu d'éclats, il produit des énergies vivantes : les archétypes ou forces héréditaires, qui s'expriment au niveau du conscient sous forme d'images, ou de symboles, ou de mythes comme celui de la création, du serpent, de la sorcière…

Les archétypes qui habitent notre inconscient collectif sont identiques pour chacun d'entre nous, quelle que soit notre condition sociale ou professionnelle. Que nous soyons artisan, cadre, commerçant ou scientifique renommé, les archétypes représentent, entre les hommes, le dénominateur commun. Ils ne connaissent pas de différences raciales. Ils se ressemblent sous toutes les latitudes. L'inconscient collectif se distribue avec justesse et équité. Il dépasse les considérations mesquines des humains, les hiérarchies, les strates sociales ou intellectuelles.

En fait, nous partons tous dans la vie avec un bagage initial qui contient la mémoire du monde. On peut dire que les archétypes vivent en nous au même titre que les cellules de notre corps. Ils ne sont pas passifs. Ils forgent en nous des idées, des décisions qui prennent place dans notre conscient. Ils sont la source à laquelle notre conscient vient puiser l'eau vitale qu'il recueille sous forme d'images. Il provoque en nous certaines réactions en réponse à des situations données.

Sur le plan de la collectivité humaine, les archétypes déterminent des actes, des grands courants de pensée, des mouvements religieux et artistiques. L'archétype ressemble donc à un joyau qui gagne à être découvert. Cette richesse lovée au plus profond de notre esprit mérite que l'on ne la gaspille pas. Pour qu'elle fructifie, il faut d'abord la connaître, prendre conscience de son existence. On ne tire profit des choses, notamment sur le plan de la pensée, que lorsque l'on estime leur valeur réelle. En d'autres termes, pour traiter l'or comme un métal précieux, il ne faut pas le prendre pour du plomb et réciproquement.

La méthode psychanalytique de Jung commence par la révélation de la présence de l'inconscient collectif. Elle se poursuit par la possibilité d'entrer en contact avec ce trésor inconnu jusque-là. Il faut, dans un troisième temps, l'intégrer à sa personnalité. Les rêves constituent dès lors la manière la plus sûre de s'ouvrir la voie accidentée des symboles de l'inconscient collectif.

Les archétypes sont nombreux. Ils constituent une véritable réserve de forces. Les plus puissants d'entre eux sont sans doute ceux des parents. Mais attention ! Il ne s'agit pas de personnes en chair et en os. Car les archétypes appartiennent au domaine de l'invisible. Les parents charnels ne seraient que des représentations des éclats du diamant. L'archétype de Dieu, dont notre approche restera volontairement modeste, se compte sans doute parmi les plus anciens. Il possède pour double celui du père. L'un et l'autre sont des guides qui éclairent la route de la vie et dont on mérite, en tant que fils, l'amour, le châtiment, l'approbation ou la désapprobation par exemple.

Ainsi l'archétype de Dieu se manifeste-t-il par de multiples symboles :

— *la hauteur* ; il siège sur un trône, dans le ciel, sur un nuage…
— *la puissance* ; il crée, détruit, punit, il voit tout, il sait tout ce que nous faisons, il pénètre même à l'intérieur de nos pensées ;
— *l'autorité* (et la culpabilité).

L'archétype de Dieu se manifeste selon les étapes de notre histoire. C'est aussi bien les grands fléaux (inondations, séismes, épidémies…) que la frayeur de la nuit ou que la foudre…

Pour donner une identité tangible à un Dieu abstrait,

l'homme, de tous les temps, a juxtaposé sur l'idée qu'il se faisait de lui des manifestations concrètes, perceptibles par les sens. Ainsi l'image de Dieu demeure très vivace dans les esprits par le biais de ses archétypes.

Anima-Animus

Deux archétypes caractérisent plus particulièrement la conception de l'inconscient chez Jung : l'*anima* et l'*animus*. Ils introduisent du fond de l'inconscient dans l'ensemble des phénomènes psychiques, qui forment l'unité personnelle ou la psyché, l'image du sexe opposé.

Un homme ne possède pas 100 % de masculinité. De même que la femme ne renferme pas que des qualités féminines :

> **« Aucun homme, en effet, n'est si totalement masculin qu'il soit dépourvu de tous traits féminins. En fait, au contraire, des hommes précisément très mâles possèdent une vie du cœur, une vie intime très tendre et très vulnérable (que, certes, ils protègent et cachent de leur mieux, bien qu'on ait souvent tort de voir en elle une "faiblesse fémininoïde" » (*Dialectique du Moi et de l'Inconscient*).**

Ainsi la « faiblesse féminine » qui se caractérise notamment par la sentimentalité, l'irrationnel, la douceur, la tendresse, ou l'intuition, fait partie intégrante, sous forme d'anima, de la psychologie de l'homme. De même que la force masculine autoritaire, agressive... exerce sa puissance, par le biais de l'animus, dans la psyché de la femme.

Mais précisons que les qualités féminines (anima) sont inconscientes chez l'homme alors que ses qualités masculines appartiennent à sa psyché consciente.

À l'inverse, chez la femme, les points féminins sont conscients, alors que l'archétype animus, un des éclats du diamant, brille dans les profondeurs.

L'anima et l'animus appartiennent au non-révélé, constituent la face dissimulée de l'individu. C'est en quelque sorte la vie privée de notre esprit. L'anima et l'animus sont cachés par le rôle social adopté par chacun d'entre nous dans la vie courante, c'est-à-dire par l'image de soi que nous offrons aux autres. Le rôle social appelé par Jung *persona* recouvre d'un masque notre vie privée. Mais « l'admirable façade » est en fait compensée par « une vie privée ».

— *Les influences de l'animus et de l'anima*

L'anima brise l'univers rationnel de l'homme.

Elle compense l'image idéale de l'homme par une faiblesse intérieure féminine. L'anima est aussi séduction, extravagance, fauteur de trouble.

Tant qu'elle reste inconsciente, l'anima est projetée :

> **« Le premier réceptacle de l'image de l'âme pour l'homme est pratiquement toujours la mère ; plus tard, les réceptacles qui apporteront à l'homme un reflet vivant de son anima seront les femmes qui font vibrer les sentiments de l'homme » (*Dialectique du Moi et de l'Inconscient*).**

Alors l'anima peut être projetée sur une femme qui ressemble à la mère. L'homme, dans ce cas, d'après Jung, devient servile, sentimental, puéril ou au contraire tyrannique dans sa préoccupation à prouver sa supériorité masculine.

Mais l'anima peut également pousser l'homme à épouser une femme qui sera la représentation vivante de la partie féminine, intime de lui-même. Souvent négative, l'anima aliène celui qu'elle entraîne dans son tourbillon. La mythologie grecque a, sous forme de légende, illustré la puissante mainmise que peut avoir l'anima sur l'homme dans l'*Odyssée*. Le chant des sirènes captivait les navigateurs par sa douceur. Il les entraînait malgré eux sur des écueils. Circé (magicienne), anima symbolique, transformait les malheureux tombés dans le piège de la mélodie en pourceaux. De cette manière, elle pouvait les garder sous son emprise.

Plus proche de nous, c'est la fascination de la femme fatale qui aliène certains cœurs masculins par le biais de leur anima.

Cependant l'animus et l'anima n'exercent pas leur

influence uniquement sur la vie sentimentale. Ces deux archétypes expriment également leur tendance dans notre choix professionnel, dans nos goûts, nos hobbies, dans notre attirance pour certains objets, dans nos décisions, nos activités, nos réactions face à des situations données.

Une femme chef d'entreprise, par exemple, projette son animus sur son métier. Elle doit en effet, pour réussir à mener à bien ses objectifs, faire preuve d'autorité, de rationalité, de combativité et parfois même de dureté. Il en est de même pour celles qui s'épanouissent dans des domaines comme la politique, l'économie, la technique ou la science.

Lorsque l'animus et l'anima deviennent conscients, la projection cesse. Un équilibre se crée : ce qui passionnait hier devient tout juste intéressant. On imagine le résultat de cette transformation dans la vie amoureuse ! L'harmonie naît du désordre. L'anima n'enchaîne plus mais montre le chemin.

L'inconscient selon Adler

Adler (1870-1937) explique par le complexe d'infériorité et par la compensation tout ce que Freud avait envisagé à partir du refoulement. Toutefois il s'éloigne du maître en contestant le rôle de la sexualité.

Pour Adler, l'inconscient est une sorte de force intérieure qui se manifeste en nous par le besoin que nous avons de nous affirmer, de dominer. Quand un enfant commande ses camarades ou lorsqu'une personne prend rapidement des directives et se place à la tête d'un groupe, c'est sous l'effet de cette force intérieure. Ceci est donc facilement repérable dans la vie de tous les jours, et nous avons tous, un jour ou l'autre, été le témoin d'un tel comportement. Mais, pour Adler, il s'agit là d'une réaction contre nos points faibles.

Ainsi les problèmes psychiques de l'homme proviennent-ils d'un sentiment d'infériorité, physique plus particulièrement. Les symptômes, les attitudes qui traduisent les troubles dissimulent, compensent cette infériorité.

Selon une interprétation à la manière d'Adler, on peut expliquer le fait de se comporter en don juan propre à lord Byron (1788-1824) par la *compensation* de sa malformation congénitale : ce poète anglais avait en effet un pied bot. Les hommes qui tombent amoureux des femmes dont ils essuient un refus illustrent assez bien la théorie de complexe d'infériorité. En effet, la blessure d'amour-propre qu'ils ont éprouvée en se faisant éconduire provoque en eux d'une part le besoin de s'affirmer, et d'autre part leurs sentiments pour la dame en question.

Et pour Mélanie Klein, qu'est-ce que l'inconscient ?

L'inconscient vu par Mélanie Klein (1882-1960) résulte de la persistance, à l'âge adulte, de fantasmes (images mentales) issus du premier âge.

Pour cette psychanalyste autrichienne, le bébé, dès les premières semaines de sa vie, trouve dans le sein de sa mère un objet de pulsion (poussées, énergies). L'apparition de la pulsion s'accompagne de l'image du sein maternel que le nourrisson vit comme *bon objet* lorsqu'il gratifie, c'est-à-dire quand il apporte du lait, ou comme *mauvais objet* s'il refuse de donner la nourriture.

Les images mentales associées au bon objet s'accompagnent de pulsions de désir ou sexuelles. Au contraire, le mauvais objet se trouve lié à des pulsions dévastatrices. Le sein, que s'imagine le bébé, est donc à la fois idéal ou persécuteur, vie et mort. Cette double vision du sein entraîne chez l'enfant une attitude contrastée : d'une part, il a envie de le défendre, d'autre part, il a en même temps le désir de le détruire, c'est pourquoi certains enfants mordent le sein de leur mère.

Toutes ces images mentales, très schématisées ici, construisent étape par étape l'inconscient de l'adulte et s'impriment profondément en lui. L'adulte continue tout au long de sa vie à différencier, dans ses rapports avec son environnement, les bons et les mauvais objets. Les premiers, comme dans sa petite enfance, sont source de ses désirs, alors que les seconds restent à l'origine de ses anxiétés.

Jacques Lacan ou l'inconscient structuré comme un langage

La conception de l'inconscient s'avère d'une très grande complexité chez Lacan (1901-1981). À cet effet, nous nous contenterons de brosser un aperçu de la façon dont cet auteur envisage l'insondable. Nous ne prendrons de ses pensées que les grands axes, négligeant volontairement les circuits secondaires bien qu'ils soient également riches de réflexion.

Avec Lacan, c'est un retour à Freud qui s'opère en quelque sorte. S'il rend hommage à son prédécesseur, il ne manque pas de compléter, d'apporter sa vision personnelle à des phénomènes psychiques décrits par le maître.

Lacan établit un rapport direct entre l'inconscient et le langage. Il s'appuie pour cela sur le fait que, d'une part, l'inconscient parle en chacun d'entre nous. D'autre part, la parole représente le seul moyen dont dispose la psychanalyse pour sonder ce qui se trouve enfoui tout au fond de notre esprit. C'est pourquoi Lacan va puiser dans la linguistique (étude des langues) des termes qu'il estime propres à éclairer ce qui se passe dans notre esprit, à déchirer le voile des mystères qui nous habitent.

Afin de comprendre la démarche de Lacan, révisons un peu nos cours de français.

La *métaphore* consiste à désigner un objet, une idée par un terme qui normalement est réservé à autre chose. Prenons un exemple : l'aube de la vie est une métaphore. Cette expression remplace le nom : la jeunesse. Cette figure de style repose sur une analogie (ressemblance) entre le début d'une journée et celui d'une vie.

La *métonymie* désigne le contenant pour le contenu, la cause pour l'effet, le physique pour le moral. Quand un ami vous dit : « Allons boire un verre », il utilise une *métonymie*. Car ce n'est pas le verre (le contenant) mais le liquide (le contenu) qui est bu. Il existe entre les deux éléments une relation autre que la ressemblance.

Mais quel rapport existe-t-il entre ces tournures de style et la psychanalyse ?

Selon Lacan, la *condensation* ou représentation en une seule unité de plusieurs éléments, un peu à l'image des mots qui adoptent un sens différent en fonction du contexte dans lequel on les emploie, est une *métaphore*. On peut comparer cette idée au geste du couturier qui taille une même robe dans des tissus divers.

Le *déplacement* correspond à la *métonymie*. Le désir inconscient ne trouve pas de satisfaction. Il erre d'un symbole à l'autre comme une personne seule qui cherche en vain une main tendue.

Vu sous cet angle, il est difficile de donner un sens à la *condensation* ou au *déplacement* comme on traduirait un texte formulé dans une langue étrangère. La *métaphore* et la *métonymie* renvoient à des mots, à leur sonorité, leur prononciation, sans tenir compte d'un sens en particulier. Car vouloir les interpréter entraîne dans un domaine si vaste que l'on n'a jamais vraiment la possibilité de le parcourir dans sa totalité.

Enfin, pour Lacan, les éléments refoulés sont ceux que le malade ne peut exprimer avec ses mots. Ils se manifestent alors autrement, dans un langage différent inconnu de la personne. L'inconscient, c'est « *un discours qui s'articule en dehors du sujet* » (*L'Express*, 31 mai 1957). La psychanalyse se fixe pour tâche de faire parler son patient afin qu'il traduise dans un récit simple, accessible à tous, le langage confus, inintelligible de son inconscient. Ceci permet de donner un sens aux troubles qui ont été à l'origine de l'analyse.

Rêve

Depuis la plus haute Antiquité, l'homme a cherché à comprendre les songes qui venaient peupler ses nuits. Les Romains, les Grecs mais aussi les Égyptiens et les Perses, pour ne citer que ceux-là, attachaient aux représentations oniriques une importance considérable. L'homme, intrigué par les images qui défilent sur son écran intérieur, a tenté de trouver une grille de décryptage. Les rêves prenaient des allures de signes du destin, de marques de l'avenir. La mythologie grecque foisonne de rêves. C'est par ce biais que les dieux entraient en communication avec les héros.

Tour à tour devins, magiciens, ont tenté de posséder la clé des songes. En maintes occasions, la littérature s'est emparée du rêve comme thème d'inspiration.

Quant à la science, elle allait rejeter les songes dans le domaine de l'absurde, surtout depuis l'instauration, au XIXe siècle, du positivisme (doctrine qui se réclame d'une connaissance rigoureuse des faits et de l'expérience scientifique) dans les disciplines médicales. Dès lors le rêve ne veut rien dire puisqu'il n'entre dans aucun des cadres que propose la science. Il ne mérite donc pas que l'on s'y attarde.

On trouve alors des raisons concrètes à son existence. Le rêve proviendrait de sensations internes, inhérentes à notre corps comme la digestion, les troubles circulatoires, la faim ou la soif notamment. Il résulterait encore de perceptions externes comme les bruits, par exemple.

Freud veut s'en tenir au psychique. Pour lui, le rêve résulte du travail de l'inconscient. Il est un discours des profondeurs qui profite de l'assoupissement des instances qui, surtout à l'état de veille, le censurent.

Tout le monde rêve ! Même ceux qui prétendent le contraire. Ils sont tout simplement trahis par leur mémoire. L'homme, de toujours, cohabite avec le rêve qui fait partie de son bagage initial. Cette expérience a quelque chose d'unique dans la mesure où le rêve appartient au dormeur et à lui seul.

Le rêve survient pendant le sommeil, c'est-à-dire au moment où le conscient se trouve endormi. Le rêve, c'est aussi le moment où l'inconscient va s'animer, s'exprimer, où les pensées n'ayant plus, apparemment, aucune contrainte s'agitent dans tous les sens. Dans *Dialectique du Moi et de l'Inconscient*, Jung affirme que

> **« les rêves renferment des images, des constructions et des enchaînements d'idées qui ne sont point fabriqués à grands coups d'intentions conscientes ».**

Bien entendu, les images qui vont défiler sur l'écran intérieur de notre esprit n'ont souvent aucune cohérence. Le rêve paraît absurde, embrouillé, ce qui rend son récit difficile à raconter, incommunicable en quelque sorte. Parfois il nous étonne, surtout lorsque nous nous voyons tenir un rôle étrange, qui ne nous ressemble pas, ou encore quand nous nous retrouvons « dans la peau » d'une autre personne ou, mieux encore, dans celle d'un animal. Des rêves de ce type suscitent notre frayeur et notre angoisse. C'est le cas du cauchemar.

Il n'existe pas d'anthologie du cauchemar ! Il est vrai que ce domaine peut se décliner de multiples manières. Les cauchemars se suivent et ne se ressemblent pas.

Dans certains cas, les images défilent sans ordre logique. Telle personne, qui se voyait en rêve en train de déjeuner avec des amis dans son appartement, s'est retrouvée brutalement dans un musée à la recherche d'un dessert à donner à ses invités. Cette incohérence, cette peur, cet illogisme, nous en avons tous fait l'expérience.

Le travail de notre inconscient, pendant notre sommeil, se déroule sans que nous le sachions. Toutefois l'inconscient se trahit en laissant, dans notre mémoire, des traces des activités psychiques nocturnes, un peu comme des empreintes de doigts sur un verre. Et le matin, au réveil, nous nous souvenons de nos rêves, même si ce n'est pas pour longtemps.

Rêver sert à quoi ?

Le rêve réalise avant tout un désir qui existe dans l'inconscient

Si le rêve réalise en images nocturnes un désir issu de l'inconscient, le film prend parfois un aspect paradoxal en se présentant sous forme d'échec ou encore de cauchemar.

Chez les enfants, les images nocturnes sont souvent moins complexes que chez les adultes. Une fillette, par exemple, que l'on a privée de gâteaux va se voir, en rêve, manger le dessert tant convoité dans la journée. Elle a apaisé son envie, réalisé sur le plan imaginaire son désir.

Jung, qui a analysé de nombreux rêves avec Freud, s'accorde sur ce point avec le maître à penser de la psychanalyse. Dans la *Dialectique du Moi et de l'Inconscient*, il déclare que « *l'inconscient compense les relations conscientes* ». En effet, on peut dire que l'inconscient exerce, par le biais du rêve, une action compensatrice. L'anecdote qui suit nous permettra de mieux comprendre ce phénomène.

Un homme arrogant se présente dans le cabinet de Jung. Il explique qu'il travaille avec son frère cadet avec lequel il a des relations très tendues. Il brosse de ce dernier un portrait fort négatif. Or, au cours de ses rêves, son jeune frère lui apparaît sous les traits de Bismarck, de Napoléon ou de Jules César. Quant à la maison du frère, elle ne pouvait être que le Vatican ou un palais !

Pourquoi de telles transformations par rapport à la réalité ? Dans son inconscient, le patient de Jung éprouvait le besoin de valoriser son frère, de lui donner de la dignité parce que, dans son conscient, il le mésestimait trop.

« Le rêve est le gardien du sommeil »

Lorsque nous nous endormons, notre intérêt à l'égard de la réalité, du monde extérieur, décroît. Les besoins, les désirs de la journée, s'affaiblissent pour laisser s'exprimer les excitations intérieures et, en particulier, celles qui proviennent des désirs insatisfaits de la journée. Comment se fait-il alors que nous ne nous réveillions pas ? Parce que le rêve transforme ce qui peut perturber le sommeil en faisant dérouler dans notre esprit une sorte de film. La petite fille déguste le gâteau qui lui a été refusé. Ainsi tout rêve provient d'abord du besoin de dormir. Et l'envie de dormir doit l'emporter sur les autres.

Imaginons maintenant que son désir de manger le gâteau ne se réalise pas pendant le sommeil. L'envie du dessert deviendra alors plus forte que son besoin de dormir, et la fillette se réveillera. C'est ce qui se passe au cours des fameuses nuits blanches ! Les excitations extérieures l'emportent sur les excitations intérieures. Ainsi, rêver, c'est aussi protéger son sommeil !

Comment se fabriquent nos rêves ?

Pour Freud, nos rêves proviennent de désirs refoulés, rejetés, qu'il s'agisse des plus lointains, enracinés dans notre enfance, ou des plus proches, ceux de la veille. Ces désirs refoulés doivent franchir, comme tout ce qui surgit de l'inconscient, l'incontournable censure. Cette dernière correspond au jugement du rêveur éveillé qui repousserait dans le domaine de l'irréalisable tout élément répréhensible sur le plan moral. Pour franchir la censure, les désirs refoulés vont user de subterfuges, se masquer, se transformer et adopter une apparence aussi anodine que possible. Ce déguisement s'avère d'autant plus nécessaire quand le rêve libère des instincts sexuels.

Le rêve se « condense » en exerçant une sorte de compression. Ainsi que nous l'avons vu dans le fonctionnement de l'appareil psychique, il « déplace » des pensées importantes en éléments insignifiants et inversement puisque l'inconscient ne se soumet pas à la logique.

Il figure, c'est-à-dire qu'il met en image, des pensées, il élabore des mises en scène. Ces opérations désorganisent, brouillent, mêlent les éléments qui constituent le rêve. Ces pensées transposées, développées ou rétrécies, ces paysages tronqués ou écartelés, ces visages parfois méconnaissables, ces événements compressés, imprévisibles, qui peuplent nos nuits, relèvent du quotidien. Il s'agit de perceptions, de faits, de situations ou d'émotions, joies ou chagrins, que l'on comprend parfaitement puisqu'ils appartiennent à notre vie de tous les jours, mais que l'on ne reconnaît plus tant ils sont déformés.

Le rêve et ses symboles

Le langage du rêve ne s'exprime pas ouvertement. Il prend la forme de symboles. Freud, dans *L'Interprétation des rêves*, les a répertoriés, grâce aux confidences de ses patients, par fréquence d'apparition.

Schématiquement, les objets allongés comme les bâtons, les couteaux, les pies par exemple, représentent l'organe génital masculin. En revanche, les boîtes, les vases, les armoires, les tiroirs et tous les objets creux figurent le corps féminin. Les symboles rendent souvent les rêves difficilement déchiffrables. Leur liste est longue, certes, et il faut éviter coûte que coûte la systématisation de leur interprétation. L'âme humaine ne dévoile pas facilement tous ses secrets. Le caractère imprévisible des rêves interdit l'élaboration d'un catalogue des symboles, d'un code qui permettrait de comprendre et d'interpréter, sans se tromper, ce que veut dire le rêve. La clé des songes n'ouvre pas toute grande la porte de l'interprétation universelle. Il y a autant de rêves qu'il existe de dormeurs !

Jung reproche à Freud de réduire les rêves à la simple expression de désirs refoulés. Il insiste davantage que le maître sur leur caractère spontané. C'est pourquoi il voit en eux l'existence d'un psychisme objectif, la révélation de certaines tendances profondes de l'esprit et celle d'une sagesse naturelle, facteur de régulation de la pensée.

Les images symboliques qui jalonnent le rêve ne sont pas uniquement des signes, des réactions de l'inconscient contre ce qui ne va pas, mais des éléments autonomes, surgissant librement dans la pensée aussi spontanément que les coquelicots poussent, sans avoir été semés, au milieu d'un champ de blé. Le symbole met en contact le conscient avec l'inconscient comme une prise de courant relie un appareil à l'électricité qui l'alimente.

L'autonomie du symbole oblige à analyser le rêve non plus par la connaissance ou l'expérience personnelle du dormeur, mais par le contexte des images nocturnes. C'est le rêve qui s'éclaire lui-même. La lumière brille en lui. Le rêveur doit examiner toute la portée de la scène qui s'est déroulée dans son esprit et rechercher les contenus historiques qui s'y rapportent, car l'inconscient collectif, celui que nous avons en commun, envoie, lui aussi, ses images.

Comment analyser un rêve ?

La méthode que Freud a utilisée pour déchiffrer les rêves consiste à mettre en relation les symboles empruntés par les images nocturnes avec la vie et la personnalité du rêveur. Ce dernier raconte le film qui s'est déroulé dans son esprit pendant son sommeil. Il expose l'histoire, c'est-à-dire le *contenu manifeste* du rêve. Ensuite il faut décomposer les éléments oniriques, les isoler, et soumettre chacun d'entre eux à l'analyse. Vous avez rêvé, par exemple, que vous déambuliez dans un corridor de château. Il vous faudra trouver le sens de votre marche, celui du corridor et la signification du château. Mais attention ! Le psychanalyste n'interprète pas le rêve lui-même ! Il laisse ce travail au rêveur qui en est le propriétaire ! Et il s'agit bien d'une tâche ardue.

Pour comprendre ce qui se passe, imaginons un puzzle dont les morceaux sont en vrac. Pour les assembler, il faut mettre bord à bord les formes communes qui se complètent. Il faut les relier entre elles. Il en va de même pour l'interprétation des rêves. Mais les pièces du puzzle sont cette fois des images. Pour tisser le réseau de relations qui les réunit, il faut passer par les associations d'idées. Cette méthode, qui consiste à dire spontanément tout ce qui vous passe par la tête, tout ce à quoi les éléments du rêve vous font penser, a pour avantage de tirer de l'ombre, de l'inconscient, des personnes, des situations, des événements, enfin des épisodes de la vie de tous les jours sous le sceau de la jouissance ou de l'angoisse. Car les souvenirs suscités comptent bien plus que la scène nocturne ! Cette démarche correspond, dans la construction du puzzle, à l'observation des pièces et au repérage des formes qui doivent s'épouser entre elles.

Maintenant, il faut remettre les pièces dans l'ordre. En ce qui concerne le rêve, ce rangement, ce réordonnancement, est dit d'*organisation secondaire*. Il consiste à effacer définitivement l'enchevêtrement du rêve pour en comprendre le sens, celui profond du *contenu latent*, c'est-à-dire de la force obscure qui se manifeste sous forme d'images, de symboles. Dans l'élaboration du rêve, le mouvement est allé du contenu latent au contenu manifeste. À l'inverse, dans son interprétation, on essaie, à partir du contenu manifeste, de remonter au contenu latent.

PERSONNALITÉ

5. Ça
6. Moi
7. Surmoi

Ça

Le Ça ressemble à l'inconscient car, comme lui, il contient des éléments refoulés, rejetés par la conscience.

Il représente un véritable « réservoir » de pulsions, d'instincts qui sont tout prêts à se libérer, à se satisfaire sans tenir compte des règles de la morale.

Dans le Ça, pulsion de vie et pulsion de mort cohabitent sans se détruire.

Le Ça se trouve coupé du monde de la réalité. Le Ça ressemble à l'inconscient. Il en possède certains aspects. Il contient une partie des refoulés, mais il n'est pas tout l'inconscient.

« Ça m'a échappé » ; « Ça m'a fait mal » ; « Ça a été plus fort que moi » ; « Ça m'a dépassé »... sont autant d'expressions que nous utilisons fréquemment dans la vie courante. Elles illustrent parfaitement ce que Groddeck (1866-1934) appelait le *Ça*. Il s'agit d'une force impersonnelle, inconnue de nous, et que nous ne parvenons pas à maîtriser. En effet, ce médecin allemand décrit le *Ça* en ces termes :

> **« Je pense que l'homme est vécu par quelque chose d'inconnu. Il existe en lui un "Ça", une sorte de phénomène qui préside à tout ce qu'il fait et à tout ce qui lui arrive » (*Le Livre du Ça*, 1923).**

Quand je dis « Ça me démange », c'est vraiment l'envie de friction sur ma peau qui se fait sentir. Y a-t-il une cause réelle à cela telle que l'effleurement d'une graminée ? S'agit-il d'une irritation provoquée par quelque substance ? Est-ce l'éruption vers l'extérieur du corps de quelque bouleversement intérieur dû à la présence d'un virus, par exemple ? Ou bien est-ce la trace sur mon « corps-peau » de quelque souvenir irritant d'un contact avec un autre, irritation dont mon corps est le symptôme de la relation désagréable ? Le *Ça* parle malgré moi : « Ça n'a pas de sens, Ça me comble d'aise, Ça m'est égal... » C'est donc par moi et en moi que le *Ça* parle.

L'homme est donc en quelque sorte l'instrument du *Ça*. Son *Moi* reste passif, il ne réagit pas contre les assauts du *Ça*. Ainsi, pour Georg Groddeck, le *Ça* englobe la totalité de l'individu. Tout ce qui se passe dans notre vie : maladies, tant sur le plan organique qu'intellectuel, accidents, et bien sûr manifestations sexuelles, provient du *Ça*.

Dans *Le Livre du Ça*, on note également un sens métaphysique avec le Ça-Dieu/Nature, créateur de l'homme dans sa totalité physique et morale. D'où le lien important établi par Groddeck entre les maladies de l'état psychologique. Il se refuse, dès lors, à dissocier l'un de l'autre, à séparer l'organique du psychique.

Voici un exemple qui représente très bien ce que nous venons d'expliquer.

« Les maladies organiques sont des créations du Ça, voulues et suscitées par le Ça. »

On admet volontiers que les affections nerveuses proviennent de troubles psychiques. Mais on tend à placer dans l'armoire du réel, du tangible, du concret, les maladies organiques, celles qui atteignent notre corps. On néglige parfois l'aspect psychologique qu'elles peuvent recouvrir ou dont elles sont le symptôme, la manifestation extérieure.

Une dame, à Berlin, entre faire ses emplettes dans une boutique de produits exotiques. Tout à coup, elle glisse et se casse le bras en tombant. Au moment de sa chute, elle pose les yeux sur une corbeille d'asperges. Plus tard, en réfléchissant à son accident, la dame se souvient d'une histoire relatant la ressemblance flagrante entre ces légumes et le pénis. Il lui revient également en mémoire un pari secret qu'elle avait fait en rapport avec cette similitude d'apparence.

« La fracture du bras était une tentative réussie pour venir au secours d'une moralité chancelante. Avec un bras cassé, on ne songe guère à certaines envies. »

Voici un autre exemple, de trouble psychique cette fois, apporté, selon l'interprétation de Groddeck, par le *Ça*.

On connaît ce que l'on appelle communément une grossesse nerveuse. Il s'agit, pour une femme, d'éprouver tous les symptômes de la grossesse sans être enceinte. Certainement encore un des tours de son *Ça*.

Le même phénomène survenant chez l'homme existe. L'abdomen saillant au-dessus de la ceinture peut même être considéré comme un signe extérieur de grossesse. Certes l'homme ne porte pas d'enfant, mais :

> **« … son Ça se procure ce gros ventre par la nourriture, la boisson, des ballonnements, etc., parce qu'il désire concevoir, et en conséquence se croit en période de gestation ».**

La mythologie grecque n'avait-elle pas évoqué cet accouchement symbolique de l'homme en faisant surgir du crâne de Zeus la déesse Athéna ? Car il faut bien admettre que ce type de grossesse se situe dans la tête.

Le *Ça* selon Freud

Entre Groddeck et Freud, la relation n'est pas vraiment au beau fixe.

Freud reconnaît avoir emprunté le terme « Ça » à Groddeck. Mais il donne à ce mot une autre signification que nous nous proposons d'éclaircir.

Le *Ça* et l'inconscient

Freud introduit le « *Ça* » dans sa deuxième topique qu'il élabore dans les années 1920-1923.

Le *Ça*, décrit par Freud, possède de multiples points communs avec le système inconscient de la première topique, soit de sa première version de l'appareil psychique.

Tout comme Groddeck, Freud pense qu'il existe en nous des forces inconscientes, aveugles, exerçant leur action sur l'individu. Freud définit le *Ça* comme le pôle de nos pulsions, des poussées de forces prêtes à se libérer, à se décharger. Ainsi le *Ça* ressemble-t-il à l'inconscient parce qu'il contient comme lui les éléments refoulés. Mais il s'en éloigne car il détient également des éléments refoulants puisés dans le *Moi*, cette instance qui exerce des mécanismes de défense inconscients, une résistance notamment au cours de la cure psychanalytique.

On voit dès lors que, sur le plan topique, si l'on dessinait un schéma de l'appareil psychique, il n'y aurait ni mur ni porte entre les instances comme on en trouvait entre l'inconscient, le préconscient et le conscient. Les frontières, les séparations entre les instances deviennent floues, perdent en netteté puisqu'une partie du *Moi* et une partie du *Surmoi* (le juge) appartiennent à l'inconscient. La différence entre les systèmes constituant le psychisme n'est donc plus aussi tranchée, ainsi que le précise Freud dans « Le *Moi* et le *Ça* ».

> **« Il n'existe pas entre le Moi et le Ça de séparation tranchée dans la partie intérieure de celui-là, où ils tendent à se confondre. »**

Le *Ça* ne se mêle pas de la morale

Le *Ça* n'a pas de morale. Il est dominé par les passions et fonctionne en terme de plaisir « qui seul affirme son pouvoir dans le *Ça* ». Il veut réaliser tout ce qui lui plaît sans s'occuper si cela est bien ou mal. « L'instinct et les penchants sont au *Ça*. »

Le *Ça* expression de notre corps

Le *Ça* est animé par l'instinct sexuel. Il est le « grand réservoir » de la libido (énergie de la pulsion sexuelle). Il a un rapport avec le corps que ne connaissait pas l'inconscient. Il se mêle au biologique par le biais des pulsions érotiques ou l'instinct de vie qui représentent pour lui un besoin impérieux et trouvent dans le *Ça* un moyen de résonner dans notre esprit.

Le *Ça* est animé aussi par l'instinct de mort et possède

des forces de destruction qui jouent un rôle prépondérant dans cette instance.

Comment fonctionne le *Ça* ?

Le *Ça* est peu organisé. Rempli de pulsions, il ne manifeste aucune volonté précise. Il ne craint pas la contradiction. Il conserve, dans ses sphères, des pulsions qui s'opposent sans pour autant se neutraliser ou se supprimer. La pulsion de vie cohabite avec celle de la mort sans qu'aucune des deux ne s'affaiblisse.

Le *Ça* est régi, comme l'inconscient, par le processus primaire, soit par une énergie libre provenant des pulsions qui se logent en lui. Cette énergie vise à une décharge immédiate sans tenir compte du temps, du lieu ou d'éventuelles contraintes physiques.

Le *Ça* n'entretient pas de relation directe avec le monde extérieur. Il ne peut exercer sur lui aucune influence. Pour entrer en contact avec la réalité, il doit avoir recours au *Moi*, élément médiateur. Il se sert pour cela de la partie du *Moi* qui lui appartient, qui se trouve dans l'inconscient et a déjà subi des transformations sous l'effet du monde extérieur. Ainsi le *Moi* communique avec le *Ça*.

Dans « Le *Moi* et le *Ça* », Freud présente le *Moi* comme un cavalier maîtrisant le cheval fougueux de l'instinct.

> **« Dans ses rapports avec le Ça on peut le comparer au cavalier chargé de maîtriser la force supérieure du cheval, à la différence près que le cavalier domine le cheval par ses propres forces, tandis que le Moi le fait avec des forces d'emprunt. Cette comparaison peut être poussée un peu plus loin. De même qu'au cavalier, s'il ne veut pas se séparer du cheval, il ne reste souvent qu'à le conduire là où il veut aller, de même le Moi traduit généralement en action la volonté du Ça comme si elle était sa propre volonté. »**

Si le *Moi* communique avec le *Ça*, il n'accepte de lui que les désirs qui pourront trouver satisfaction dans la réalité.

Le *Ça* sans Freud

Max Schur (médecin de Freud) accorde au *Ça* une plus grande autonomie qu'il n'en avait dans les théories du maître. Réceptacle des facteurs innés (présents à la naissance), le *Ça* est capable néanmoins de s'adapter en fonction de l'expérience de l'individu.

Quant à Hartmann, il s'éloigne de Freud dans la mesure où il accorde beaucoup moins d'importance au *Ça* que son prédécesseur.

Enfin, pour Lacan, l'inconscient et le langage convolent en justes épousailles.

Moi

Le Moi*, c'est notre personnalité. Elle est constituée d'un ensemble d'éléments difficiles à comprendre. Le* Moi *se construit au fur et à mesure de notre vie, de notre expérience, comme les murs d'une maison s'élèvent pierre par pierre.*

Le Moi*, c'est la conscience logique, le raisonnement, mais paradoxalement il appartient en partie à l'inconscient.*

Le Moi *joue un rôle de médiateur. Il trouve un compromis entre les forces qui proviennent du* Ça *(du pôle des passions) et celles qui sont issues du* Surmoi *(le juge).* Le Moi *permet de dire oui ou non à des événements, des situations, des circonstances de la vie. Grâce à lui, je peux me connaître.*

Le Moi *assure la stabilité de la personne en la défendant contre les instincts.*

Le Moi *souffre parfois d'un* Surmoi *trop sévère. C'est aussi la partie de la personne qui entre le plus en conflit avec les pulsions sexuelles.*

Qui d'entre nous n'a pas entendu ou même prononcé des phrases comme : « Cette voix au magnétophone, ce n'est pas Moi ! », « Ce n'est pas Moi qui parle là ! » ; « C'est Moi, ça ? » dit-on devant une photo ancienne ; « C'est toi sur la photo ? » remarque l'autre avec ironie ; « C'est Moi, cette tête-là, devant la glace ce matin ? »

Le *Moi*, c'est notre personnalité. Il évolue : quand nous regardons une photo de nous enfants, nous avons du mal à réaliser que cet être-là c'est bien nous. Lorsque nous relisons un texte que nous avons écrit quelques années plus tôt, nous nous demandons comment nous avons eu de telles idées. Le *Moi* n'est pas statique. Il se modifie au fil du temps et des expériences. Il est constitué d'éléments divers qui donnent un ensemble complexe difficile à comprendre de soi et des autres.

Le *Moi*, c'est mon identité : « Moi, je m'appelle X », c'est aussi le personnage que je suis, qui me différencie des autres. C'est moi-même dans mes traits caractéristiques, dans mes désirs, mes aspirations dans le personnage que je souhaite incarner, mais également dans ce que je représente aux yeux des autres. Ne sommes-nous pas étonnés parfois de certains surnoms dont on nous affuble ? « Je ne comprends pas pourquoi ils m'appellent comme ça », déclarent certains professeurs quand ils apprennent comment les élèves les ont baptisés. Pourtant ces surnoms illustrent l'image que les autres possèdent de nous.

Et *Moi*, cette synthèse d'éléments complexes, nous intrigue, nous intéresse. Nous aimons à nous découvrir nous-mêmes. « Parlez-moi d'moi, y'a qu'ça qui m'intéresse », tel est le refrain révélateur d'une chanson. Mais s'initier à soi-même n'est pas une tâche aisée, car nous ne possédons pas la clé du coffre-fort de notre personnalité. Pourtant il est important pour notre équilibre de nous connaître le mieux possible, ce qui nous aide aussi à comprendre les autres. C'est d'ailleurs sur ce postulat que Montaigne (XVIe siècle) a bâti sa philosophie. Mais parfois notre *Moi* nous gêne, alors nous avons besoin de consulter un psychanalyste ou un psychologue.

Si Freud parle du *Moi* dès le début de ses travaux, il ne le considère comme un des éléments différenciés de l'appareil psychique que dans sa deuxième topique au même titre que le *Ça*, ou réservoir des instincts, et le *Surmoi*, ou juge.

À chacun son *Moi* !

Notre *Moi* ne ressemble à aucun autre puisque les êtres sont tous différents. Il y a autant de *Moi* qu'il existe d'individus.

Le *Moi* est également la partie consciente de nous-même. Freud le superpose au système préconscient-conscient de sa première conception de l'appareil psychique. Il représente donc le règne de la pensée logique et du raisonnement. Dans « Le *Moi* et le *Ça* », Freud précise :

« Le Moi représente ce qu'on appelle la raison et la sagesse. »

Une partie du *Moi* reste inconsciente. Freud tire ce constat de certaines résistances qui se produisent au cours de la cure psychanalytique. Certains malades, en effet, redoutent la guérison. Souvent, précise Freud, « il s'agit d'un facteur pour ainsi dire "moral", d'un sentiment de culpabilité qui trouve sa satisfaction dans la maladie et ne veut pas renoncer au châtiment représenté par la souffrance ». On peut voir également dans les obsessions une autre preuve de l'existence d'une partie inconsciente du *Moi*. L'individu, dans ce cas, ne connaît ni les motifs ni les mécanismes de son comportement.

De quelle façon se construit le *Moi* ?

À la naissance, la personnalité du bébé n'est pas encore édifiée. Petit à petit, son *Moi* va s'ébaucher à partir de son inconscient, un peu à la manière du peintre qui esquisse son dessin avant de donner les coups de pinceau définitifs au portrait qu'il a entrepris. Le *Moi* naît en quelque sorte de l'inconscient comme le tableau se façonne sur l'ébauche. Mais ce *Moi*, cette personnalité que l'enfant se forge, ne va pas demeurer intacte. Ce portrait va subir des transformations.

D'abord le *Moi* s'édifie sous l'influence du monde extérieur qu'il perçoit parce qu'il est en contact avec lui. Ensuite d'autres peintres, incarnés par les parents, la société, les coutumes, la religion, les éducateurs, les enseignants… vont apporter des retouches successives à ce portrait. Le *Moi* se construit donc en fonction du contexte socioculturel et en fonction de l'entourage notamment. Chacun de ces éléments apportant sa pierre à l'édifice du *Moi*.

Comment cela se passe-t-il ?

Lorsque l'on est enfant, l'instinct domine en nous. Nous ne naissons pas avec une morale taillée sur mesure. Nous n'arrivons pas au monde muni d'un bagage de règles sociales. Nous les acquérons au fil du temps.

Ainsi, spontanément, dès les premiers mois de la vie, nous laissons s'exprimer librement nos désirs, et nous voulons obtenir satisfaction immédiatement. C'est ce qu'on appelle le *principe de plaisir* que l'on peut résumer schématiquement en termes de bien-être physique, de confort. Nous sommes mus par des désirs, des pulsions qui viennent de notre inconscient. Mais, conjointement, nous apprenons de notre mère que certains gestes sont « vilains », que certaines choses ne se font pas, comme rester sale, par exemple. Nous ne pouvons pas faire ce que nous voulons. Nous nous heurtons aux premières interdictions de la vie et nous sommes face aux premiers déplaisirs.

La mère, qui représente le pilier sur lequel on peut s'appuyer, auprès de laquelle on peut se réchauffer, se sentir bien, être rassuré, nourri, aimé, se dérobe à nous. Le *Moi* accepte alors de se soumettre aux interdictions, de peur de perdre l'amour de la mère. L'enfant apprend à renoncer à certaines satisfactions instinctives pour ne pas cesser d'être aimé.

Mais cela ne se passe pas sans difficulté. Le désir ne renonce pas facilement à sa satisfaction. C'est pourquoi l'enfant peut, sous la poussée des forces instinctives de son inconscient, réagir en devenant agressif envers l'adulte, la mère par exemple, qui fait obstacle à la satisfaction d'une pulsion. Il s'agit en quelque sorte d'une réponse spontanée à l'angoisse que procure chez lui le refus maternel.

L'enfant se trouve alors aux prises avec un sentiment inconnu de lui avant cela : la culpabilité. Il se sent coupable d'avoir éprouvé de l'agressivité à l'égard de sa mère. Le *Moi* doit donc se construire entre les exigences instinctives, les interdictions et les permissions des adultes. Le portrait de départ, pour reprendre notre image, existe toujours, mais modifié. Et ces changements s'avèrent indispensables à l'élaboration de l'individu social que nous devons tous devenir un jour. Mais ils doivent s'opérer convenablement sous peine d'obtenir un *Moi* disloqué, qui ne peut plus trouver son équilibre et risque de tomber malade.

Il ne faut pas, par un coup de pinceau malencontreux, gâcher la beauté du tableau, réduire les traits de caractère du portrait pour en faire un visage plaisant, qui correspondra bien aux normes fixées par la société, mais qui aura perdu toute personnalité.

Pour Lacan, le *Moi* résulte d'un processus d'identification à autrui. Le *Moi* se forme au moment de ce que cet auteur appelle le *stade du miroir*.

Entre 6 et 18 mois, l'enfant n'est pas encore capable de coordonner ses mouvements. L'image qu'il possède de son corps provient du fait qu'il l'identifie à celle des autres. Lorsque l'on place un bébé devant un miroir, on est frappé par la joie que lui procure la découverte de son reflet. Il sourit et s'amuse devant son image. Pourquoi ? Parce qu'en se regardant dans une glace l'enfant saisit de lui une forme analogue à celle des individus qu'il connaît. Il ne perçoit pas encore son corps dans son unité, mais il anticipe dans son esprit l'image qui lui fait défaut, d'où sa satisfaction, sa « jubilation ». Il se voit donc à travers l'image de son semblable. Selon Lacan, le *Moi* se forme à partir de l'imaginaire, d'une idée fausse, d'une erreur de départ. Ceci explique pourquoi le *Moi* envisagé par Lacan reste à jamais uni au leurre comme à la méconnaissance.

Le rôle du *Moi*

Le *Moi* médiateur

Pour bien comprendre le rôle tenu par le *Moi*, imaginons l'appareil psychique comme une maison à trois étages. Au premier se trouve le *Ça*, c'est-à-dire le pôle des pulsions et des désirs soumis au principe du plaisir, de la satisfaction immédiate. Au second se situe le

Moi. Au troisième habite le *Surmoi*, le juge. Les trois instances sont donc au voisinage les unes des autres. Mais comment communiquent-elles ? Quelles sont les réactions du *Moi* ?

D'en bas viennent les pulsions des instincts qui tentent d'entraîner le *Moi* dans leur élan. D'en haut descendent les pressions de la morale qui réfrènent les instincts, refusent de leur laisser libre cours. Le *Moi* est donc pris en tenailles entre deux volontés violemment opposées. Il va tenter de les réconcilier en jouant le rôle de médiateur. On peut le comparer à un ambassadeur chargé de rencontrer deux chefs d'État prêts à se déclarer la guerre et désireux de trouver avec eux des solutions pour maintenir la paix.

Le *Moi* défenseur

Le *Moi* assure la stabilité et l'identité de la personne. Il nous défend contre les pulsions qui nous assaillent. En rapport avec le monde extérieur, il veut faire subir au *Ça*, « réservoir » des passions, les influences de l'environnement, c'est-à-dire du réel. Sorte de tampon entre les forces instinctives et le monde extérieur, il veut concilier les divergences qui existent entre les pulsions et les exigences du réel. Il veut donc transformer le *principe de plaisir* en *principe de réalité*. L'enfant, par exemple, doit apprendre à différer la satisfaction de ses instincts. Il doit supporter la nécessité du déplaisir. Le bébé qui veut être dans les bras de sa mère doit savoir prendre patience et parfois même renoncer à son plaisir car on ne peut pas le bercer toute la journée. Il doit apprendre à supporter les tensions pénibles de l'attente. Il faut également qu'il trouve des moyens de tromper ce moment désagréable par une satisfaction artificielle qui le calmera. S'il a faim ou s'il a soif, la tétine qu'on lui met dans la bouche lui permettra de supporter un moment l'attente du biberon. En remplaçant le lait par la sucette, on n'apaise pas la faim de l'enfant, mais on retarde la satisfaction. Le *principe de réalité* n'exclut pas le principe de plaisir. Au contraire, il l'intensifie. Le bébé qui a attendu son lait ressent davantage de plaisir à téter son biberon. N'éprouve-t-on pas plus de joie à obtenir quelque chose dans la difficulté plutôt que dans la facilité ?

Si nous avons puisé nos exemples dans le monde de l'enfance, c'est parce qu'ils nous semblaient mieux illustrer nos explications. Toutefois le *Moi* de l'adulte joue le même rôle de médiation et de défense. Il doit également faire preuve d'une grande faculté d'adaptation aux réalités de la vie. Il doit agir avec adresse, raison et conscience, tout en conservant sa spontanéité, garante de notre personnalité. Toute réaction impulsive désordonnée du *Moi* qui se raidit, se cabre face au réel, se cache ou a peur, révèle un *Moi* fragile susceptible de tomber malade.

Les périls du *Moi*

Le *Moi*, en proie, comme nous l'avons vu, à des forces contradictoires, encourt plusieurs périls.

La sévérité du *Surmoi*

Lorsque l'enfant se heurte aux interdits, il va peu à peu les intérioriser, les faire siens. Petit à petit se construit alors son *Surmoi*, le juge, l'arbitre de sa vie. Si le *Surmoi* devient trop sévère, le *Moi* de l'enfant va se mettre en sourdine. Le petit sera alors très obéissant, du moins en apparence. Mais l'enfant, ou même l'adolescent, va accumuler inconsciemment une forte dose d'agressivité qui pourra s'exprimer dans une névrose, notamment, ou bien se traduire par des réactions inadmissibles par la société ou des perversions ou encore des conduites inadaptées…

Une trop grande sévérité de l'éducation et du *Surmoi* peut provoquer une haine du *Moi*. La personne ne s'aime plus, c'est le cas notamment chez les mélancoliques.

Le *Moi* et les pulsions sexuelles

Pour Freud, le *Moi* est la partie de la personne qui entre en conflit avec la sexualité, dans la mesure où elle le met en péril. Prenons le cas du petit garçon. Très tôt il éprouve pour sa mère des désirs sexuels. Par ailleurs il s'identifie à son père. Mais l'enfant, en grandissant, s'aperçoit que le père peut constituer un obstacle à ses désirs. On voit alors apparaître le complexe d'Œdipe. Le petit garçon devient hostile à son père. Il a envie de l'éliminer tout en continuant à l'aimer. L'angoisse de castration, c'est-à-dire la réaction qui suit la peur imaginaire du garçon de perdre son pénis, survient à la fin du complexe d'Œdipe. Il figure un danger de mutilation corporel qui aurait lieu si l'enfant laissait s'exprimer ses désirs incestueux.

Face à de telles pulsions sexuelles, le *Moi* réagit d'une part par une angoisse, d'autre part en chassant de la pensée ces désirs. Il faut donc qu'il y ait refoulement pour que le *Moi* se libère de l'angoisse. Si par hasard cette dernière ne disparaît pas, viendra alors plus tard se superposer à elle une autre angoisse, celle des « scrupules de conscience » qui naît avec l'apparition du *Surmoi* juge.

Freud précise dans le « Le *Moi* et le *Ça* » (chapitre III de *Essais de psychanalyse*) :

> ***« ... il est probable que cette angoisse de castration constitue le noyau autour duquel s'est déposée plus tard l'angoisse, en rapport avec les scrupules de conscience : on peut même aller jusqu'à dire que les scrupules de conscience angoissants représentent une forme plus avancée de l'angoisse de castration. »***

Ce conflit entre le *Moi* et le *Ça* est illustrée par des remarques comme : « Je me surprends à faire ***ce*** *que je ne veux pas faire et à ne pas faire* ***ce*** *que je veux faire.* »

Surmoi

Le Surmoi *est l'ensemble des interdits moraux.*

Le Surmoi *se construit dans notre enfance avec les premières interdictions, les premiers principes d'éducation. Un* Surmoi *trop sévère peut museler la personnalité en la maintenant enfermée dans un corset moral néfaste à l'épanouissement.*

Mais le Surmoi, *c'est aussi une palette de repères, de valeurs indispensables pour une vie équilibrée au sein de la société.*

Surmoi signifie : placé au-dessus de moi. Il apparaît dans la deuxième conception de l'appareil psychique, élaborée par Freud de 1920 à 1923 avec le *Ça*, réservoir des instincts, et le *Moi* : la personnalité.

Classiquement, on définit le *Surmoi* comme l'ensemble des interdits moraux qui siègent chez chacun de nous. Le *Surmoi*, c'est le gendarme qui nous rappelle à l'ordre lorsque nous nous égarons. Il nous remet sur la bonne voie quand nous quittons l'autoroute, balisée par les normes plus ou moins fluctuantes de l'existence, pour emprunter les chemins de traverse et les sens interdits, lorsque nous voulons faire l'école buissonnière de la vie.

Mais le *Surmoi* gendarme ne peut pas toujours faire obstacle à tous les instincts. Certaines pulsions sont infiniment plus fortes que les herses qu'il met en travers de la route pour les arrêter. C'est pourquoi des élans, que le *Surmoi* n'a pu retenir, s'expriment parfois en se transformant d'une façon socialement acceptable.

Tout le monde possède un *Surmoi*, quelle que soit sa condition sociale ou professionnelle ou encore son pays d'origine. Mais le *Surmoi* de l'un ne ressemble pas au *Surmoi* de quelqu'un d'autre, car il est le fruit de l'éducation, de l'instruction au sens le plus large du terme. Depuis notre petite enfance nous sommes tous pétris, telle une pâte malléable, par des principes, des tabous, des libertés. L'éducation forme le *Surmoi* comme le potier sur son tour crée un objet, le modèle sous le mouvement de ses mains. Ainsi nous ne possédons pas tous un *Surmoi* identique parce que le potier, qui le façonne, est différent pour nous tous.

À chaque terrain, chaque climat, chaque saison correspondent des fruits spécifiques. De la même manière, il existe des *Surmoi* divers en fonction du contexte social, religieux ou culturel dans lequel on grandit. C'est pourquoi le *Surmoi* d'un protestant ne sera pas celui d'un bouddhiste. Le *Surmoi* d'un Londonien ne ressemblera pas à celui d'un habitant de l'Amazonie… Les hommes ne sont pas formés dans un seul moule ni éduqués selon les mêmes systèmes de valeurs. Il n'est pas question ici de trancher d'une façon arbitraire et limitée en termes de bien ou de mal, puisque ces notions varient d'une civilisation à l'autre. Sur le clavier des valeurs qui constituent les vérités d'une société, il n'y en a pas de meilleures ou de moins bonnes, il n'y a que des notes différentes.

Les valeurs que l'on nous inculque ne représentent pas de simples ornements gravés sur la grande voûte de notre esprit. Elles sont actives et induisent en nous, sans que nous ne nous en rendions compte, des opinions, des jugements et même des préjugés qui sont différents en fonction des groupes ethniques, des époques… Ainsi, d'un pays à l'autre, nos visions changent sur ce qui « se fait » ou « ne se fait pas », sur le statut de la femme, sur la notion de bien ou de mal…

Le *Surmoi* est donc le fruit de notre éducation. Mais nous l'avons tellement intériorisé qu'il est devenu inconscient. Il représente les rails sur lesquels circule le train de la vie.

Quand se forme le *Surmoi* ?

Le *Surmoi*, qui se construit chez l'enfant, ne prend pas pour modèle le *Moi*, c'est-à-dire la personnalité, du père ou de la mère. Il se calque sur le *Surmoi* des parents. En effet, un père très gentil voire laxiste peut très bien aimer un fils dont le *Surmoi* se révèle très sévère et, comme le constate Freud :

> **« Le Surmoi de l'enfant ne se forme pas à l'image des parents, mais bien à l'image du Surmoi de ceux-ci ; il s'emplit du même contenu, devient le représentant de la tradition, de tous les jugements de valeur qui subsistent à travers les générations. »**

Cette remarque nous aide à comprendre comment se perpétuent les traditions familiales au fil du temps.

Le *Surmoi* se forme dès la petite enfance avec les premières interdictions auxquelles nous nous heurtons. Ces interdictions, ainsi que nous l'avons vu dans la formation du *Moi*, sont souvent des obstacles que l'on élève pour barrer la route à nos satisfactions instinctives. Mais que les parents ne se sentent pas coupables. Il est normal de mettre des limites aux élans désordonnés des instincts si l'on veut que l'enfant d'aujourd'hui devienne un individu socialement acceptable, capable de s'intégrer, de se mouvoir au sein de la communauté humaine, élément indispensable à son équilibre et à son bonheur.

— Selon Freud, le *Surmoi* se forme à la fin du complexe d'Œdipe. Lorsque le petit garçon et la petite fille, entre 3 et 5 ans, renoncent à la satisfaction de leurs désirs amoureux dirigés vers leurs parents, ils cherchent à *s'identifier* à eux. Ils assimilent l'interdiction, l'éducation comme faisant partie d'eux-mêmes.

— Pour Mélanie Klein (1882-1960), le *Surmoi* se construit beaucoup plus tôt, c'est-à-dire à la fin de la première année et au début de la seconde, au moment du sevrage. Il s'agit d'un *Surmoi* d'une extrême sévérité. Selon cette psychanalyste, l'enfant désire « mordre », « dévorer », « détruire » l'objet vers lequel le portent ses instincts sexuels. Mais il éprouve en même temps un sentiment d'angoisse. Il craint la réprimande, la punition pour ses vilaines pensées. C'est pourquoi il s'imagine un *Surmoi* qui le menace et qui veut même le détruire à son tour.

— Pour Ferenczi (1873-1933), neurologue et psychiatre, mais aussi disciple de Freud, les préceptes de l'éducation sont intériorisés avec l'apprentissage de la propreté. Le *Surmoi* se construirait donc à cette période de notre vie.

Si les différents auteurs que nous venons de voir ne situent pas la formation du *Surmoi* au même âge, ils s'accordent toutefois à mentionner le rôle de l'éducation et des interdits dans sa constitution.

Les risques d'une « trop bonne » éducation

La construction du *Surmoi* n'appartient pas au domaine de la facilité. Trop de bonne volonté dans l'éducation de l'enfant, trop de mises en garde : « fais attention… » ; « tu n'as pas intérêt à… » n'ont souvent pour effet que celui de lui transmettre la peur des parents, mais aussi l'angoisse d'être mal jugé par eux. Résultat ? Le jeune hésite, ne sait plus « quelle attitude adopter », craint de « déplaire », devient inhibé, paralysé.

Le *Surmoi* issu d'une éducation trop rigoureuse se transforme en une sorte de corset à l'intérieur duquel la personnalité ne peut plus s'épanouir. Le jeune s'angoisse, son autonomie s'effiloche. Il se sent coupable en permanence, cherche sans cesse à se justifier et il est toujours prêt à rendre des comptes. Sa vraie personnalité se retranche derrière la prison d'un *Surmoi* sévère qui la muselle, derrière les barreaux des interdits. Elle se fane comme un végétal dans un milieu dépourvu d'oxygène. L'enfant ou l'adolescent ne voit plus la vie qu'à travers le verre déformant du *Surmoi*. Il se prend alors vraiment pour cet être pétri de préjugés, crispé sous les inquiétudes, ficelé sous le sentiment de culpabilité. Il troque son *Moi* contre un *Surmoi* dont il revêt l'uniforme qu'il prend, sans le savoir, pour son costume de ville. Il se met au diapason du *Surmoi* qui exerce une autorité tyrannique lorsqu'une éducation trop restrictive, avec sanction à la clé, histoire de « faire le caractère », l'a rendu malade.

Le rôle du *Surmoi*

Le *Surmoi* nous surveille. Il réprime certains actes, en favorise d'autres et nous aide à devenir un être sociable, respectueux de son prochain et respecté des autres. Il tisse la toile de nos repères, il construit notre code de la vie. Il nous permet d'avoir des limites, de nous mouvoir avec équilibre dans la société. Prenons l'exemple du cosmonaute. Lorsqu'il se trouve en apesanteur dans l'espace, il flotte, il perd ses repères. Il en est de même d'un individu sans système de valeurs. Il ne sait pas à quoi se raccrocher. C'est un égaré de l'existence. Sans repères, nous ne sommes rien ; sans *Surmoi*, nous sommes comme des crabes sans carapace.

Le *Surmoi* tient le rôle de nos parents lorsque nous étions enfant. Il résiste à certaines de nos tendances. Pour que nous puissions marcher, il faut un sol dur, un plancher solide, une résistance. Si tout est mou sous nos pieds, « nous marchons dans la semoule », nous pataugeons, nous piétinons. Pour avancer dans la vie et ne pas nous enliser, il nous faut une résistance, celle que nous offre le *Surmoi*. Nous ne pouvons pas faire n'importe quoi dans le quotidien. Le *Surmoi* représente un ensemble d'éléments qui nous contiennent dans les limites de l'acceptable et qui, du même coup, par effet de réciprocité, contiennent les autres. Cela nous rappelle le proverbe bien connu : « Ma liberté s'arrête où commence celle des autres. »

Ainsi le *Surmoi* forme-t-il la base de notre conscience morale. Il nous préserve contre nos instincts. Il censure ce qui risque de mettre notre personnalité en péril. Ainsi accomplit-il un rôle préventif, à la manière des vaccins qui nous mettent à l'abri de certaines infections. Capable de trancher entre l'acceptable et l'inacceptable, il tient le rôle du juge et, comme le magistrat, il plaide coupable ou non coupable.

Le *Surmoi* n'est pas étranger à notre personnalité. Il est *Moi* car les frontières entre les instances ne sont pas nettes. Certaines personnes choisissent parfois de vivre un temps sous la domination de leur *Surmoi*. Elles font alors passer leurs devoirs avant toute chose, enfilent leur costume de fonctionnaire et sacrifient leurs aspirations à la famille, au travail… Plus tard, une fois les devoirs accomplis, on réalise tout ce qu'on n'a pas pu faire. C'est sans doute un moyen parmi d'autres d'expliquer l'engouement des personnes âgées pour les voyages, leur volonté de rattraper en quelque sorte le « temps perdu » en s'inscrivant dans les clubs, à des activités de loisirs…

Sexualité (développement de la)

Le développement sexuel évolue en trois stades. *Le* stade oral *est celui du nourrisson, le* stade anal, *celui du petit enfant au moment où ses parents le mettent sur le pot, et le* stade phallique *qui débute à l'âge de 3 ans. La zone érogène ou de plaisir se déplace au fur et à mesure des différentes étapes de la bouche à l'anus puis aux organes génitaux.*

S'il existe quelques divergences entre les auteurs, tous s'accordent sur un point : la vie sexuelle ne concerne pas que les adultes. La sexualité de l'enfant ne fait plus aucun doute aujourd'hui !

Lorsque Freud parle de sexualité, il envisage ce terme dans un sens très large. Il serait donc maladroit de le réduire à la simple fonction génitale. En effet Freud entend par sexualité toute réaction corporelle de l'être humain, pris dans son ensemble, qui aspire au plaisir. Freud montre bien par là que l'individu se met en quête du plaisir avant de penser à se reproduire. Il s'agit alors d'une force vive qui existe en chacun d'entre nous et s'exprime bien avant l'âge de procréer. Elle trouve sa finalité dans la reproduction le moment venu.

Freud tenait beaucoup à utiliser le terme de sexualité non seulement pour désigner les ébats amoureux, mais encore pour nommer tout l'éventail des sentiments qui se conjuguent avec le verbe aimer, comme l'amitié ou la tendresse, notamment. Il en a, en quelque sorte, ennobli le sens. Afin de provoquer des réactions de la part de la bourgeoisie guindée du début du XIXe siècle, Freud a lancé le pavé de la sexualité dans la mare des principes, des tabous, du honteux et du maudit.

« À mon avis, l'attaque constitue la meilleure des défenses. Que nous demande-t-on en somme ? C'est de nier l'instinct sexuel. Alors, proclamons-le ! »

écrit-il d'une façon quelque peu provocatrice à son disciple Jung.

Longtemps on a cru que la sexualité tombait brutalement sur nous comme une averse dans l'été calme de la fin de notre enfance. Il n'en est rien ! Freud a encore une fois secoué les vérités toutes faites, toutes crispées sur lesquelles on avait vécu jusque-là. La sexualité commence au berceau ! Elle se développe, dès les premiers mois jusqu'à l'âge adulte, par stades successifs : oral, anal, phallique, que nous nous proposons d'expliquer ici.

Pour Freud, nous construisons notre sexualité peu à peu, marche par marche, avant de grimper le grand escalier de la sexualité adulte. Cette dernière puise ses sources dans les premiers plaisirs du nourrisson puis de l'enfant. Seuls l'endroit du corps et la manière de s'exprimer ont changé.

Le bébé et la sexualité, ou le stade oral

Ainsi que nous venons de le voir, le plaisir est le moteur de la vie. Le nouveau-né en fait donc l'expérience très vite. La première satisfaction qui s'offre à lui est celle de la tétée. Le biberon, mais surtout le sein maternel, lui procurent à la fois les joies du contact corporel et celles de combler sa faim. De plus, ce moment privilégié rassure le bébé qui s'inquiète toujours d'une séparation d'avec sa mère.

Le corps est formé de surfaces capables de procurer du plaisir. C'est ce qu'on appelle des *zones érogènes*. Elles doivent leur nom à *Éros*, dieu de l'amour, et à la racine grecque *gène* qui traduit l'idée de production. La partie du corps qui donne du plaisir au nourrisson se situe au niveau de la bouche en particulier. Elle s'étend également au nez et aux yeux, englobant le goût, l'odorat et la vision.

Pendant l'allaitement, le bébé suce le sein de sa mère. Il éprouve à ce moment une satisfaction érotique buccale.

C'est pourquoi Freud a donné à cette période de la sexualité infantile le nom de *stade oral* qui vient du latin *oris* : la bouche.

En dehors des repas, le petit enfant veut renouveler son plaisir. Il se livre alors à une expérience tout aussi voluptueuse que la première, celle de la succion que nous avons tous pu observer chez les nourrissons de notre entourage. Le bébé tète alors sans rien avoir dans la bouche. Il s'adonne à un mouvement continu des lèvres, et suce son pouce dès qu'il le peut. Plus tard, il porte tout et n'importe quoi à sa bouche, au grand désespoir des mamans soucieuses de sécurité et d'hygiène. Bébé a trouvé des satisfactions de remplacement qui lui procurent un plaisir auto-érotique, c'est-à-dire obtenu à partir de son propre corps.

La peau fait également partie des plaisirs « oraux ». Les soins de la toilette, et les diverses manipulations dont le nourrisson est l'objet, représentent pour lui autant de messages physiques et affectifs que son petit ordinateur interne enregistre. Nous savons tous combien le bébé est sensible aux chatouillis, aux baisers et aux caresses. De plus, nous précise Freud, le bébé explore très tôt ses organes génitaux, ce que confirment Roiphe et Galenson, professeurs de psychiatrie. Les personnes qui ont une oralité très développée adorent les baisers, mais aussi parfois l'alcool et les cigarettes, ou encore les bons petits plats et pourquoi pas le chewing-gum ? Truman Capote (1924-1984), romancier américain, disait que fumer était « une manière sophistiquée de sucer son pouce ». Certaines personnes, dans les ébats amoureux, éprouvent un plaisir intense sous les caresses diffusées à des endroits du corps pourtant éloignés des organes génitaux.

Aussi aimante que soit la maman, il arrive que le bébé attende le sein ou le biberon au moment où il en a besoin. Le petit se trouve alors dans un état de privation momentané qui entraîne chez lui de la souffrance. Le sein n'est donc pas uniquement source de récompense, de gratification. Il suscite également la déception accompagnée de la rage bruyante, de la « colère » dont nous avons été tour à tour les acteurs, puis les spectateurs.

Le nourrisson consacre les six premiers mois de sa vie à cette activité de succion. C'est le *stade oral primitif.* Entre 6 et 12 mois, les dents de l'enfant commencent à pousser. Parallèlement, le bébé découvre qu'il peut mordre. Il y prend même un certain plaisir. C'est le *stade oral tardif.* La morsure représente pour le bébé une manière d'aller à la conquête de la vie. Il mord aussi pour libérer son agressivité, prendre une revanche sur le sein : puisque le bébé souffre à chaque fois qu'on le lui retire, il lui fera mal à son tour. Il découvre les expériences *sado-masochistes* (de *sado*, l'abréviation de sadique — qui prend plaisir à faire souffrir — et *masochiste* — qui trouve sa satisfaction dans la souffrance).

La vision de Mélanie Klein est bien différente de celle de Freud. Selon cette psychanalyste, les bébés, garçon ou fille, veulent s'approprier par la tétée le pénis du père incorporé par la mère. D'où, dès le départ, une rivalité entre la mère et l'enfant. Le bébé aurait envie de détruire la mère et il établit avec elle des rapports sous le signe du sadisme. C'est la *phase féminine*.

Plus tard, garçon et fille évoluent différemment. Lorsque le petit garçon imagine les rapports sexuels entre son père et sa mère, il craint pour son propre pénis. Il a peur que son père ne le punisse de ses pensées en le castrant. Il craint également que sa mère n'absorbe son pénis dans son vagin.

L'intérieur du corps maternel est donc rempli de dangers. Mais le garçon peut se rassurer facilement sur ses idées de destruction, car son sexe extérieur lui permet d'en vérifier l'intégrité. Ce n'est que petit à petit qu'il apprend à différencier son père de sa mère. Cette étape se réalise au moment où sa mère devient l'objet de ses désirs et son père celui de sa haine. L'épanouissement sexuel de l'adulte devra passer par la « restauration », la « réparation » des dommages causés par les images de destruction de la petite enfance.

Bien plus que Freud, Mélanie Klein reconnaît que la fillette a très tôt conscience de l'existence de ses organes internes. Aussi les angoisses de la petite fille portent-elles sur une éventuelle destruction de l'intérieur de son corps en particulier. De plus, comme elle n'a pas de sexe visible, contrairement au garçon, elle ne peut pas se rassurer sur son intégrité. Pour Mélanie Klein, l'intérêt que la femme porte à l'intérieur de son corps explique chez elle le rôle dominant de l'inconscient. En revanche, l'homme, à l'image de son sexe externe, serait davantage tourné vers la réalité extérieure. Le *Surmoi* de la femme serait plus sévère et moins cohérent que celui de son homologue masculin.

Winnicott (1896-1971), psychologue pour enfants, n'établit pas de différences aussi marquées entre le garçon et la fille. Pour lui, il y a du masculin et du féminin chez les deux sexes. Autant Mélanie Klein voit une relation mère-enfant sous le signe de la destruction par le biais du bon et du mauvais objet, du sein gratifiant ou punissant, autant pour Winnicott la mère ne fait qu'un avec son bébé quel que soit son sexe. « Le sein est l'enfant. » Toutefois il accorde à l'élément masculin un rôle actif tandis que l'élément féminin reste passif.

La sexualité du petit enfant, ou le stade anal

Ce stade se situe au cours de la deuxième et de la troisième année. À cet âge-là, l'enfant est capable de marcher, de contrôler son activité musculaire. La région du plaisir, érogène, a subi un déplacement. Ce n'est plus la bouche qui se trouve concernée, mais l'anus. C'est aussi l'époque où les parents installent tous les jours régulièrement l'enfant sur le pot. La défécation représente désormais pour le petit une nouvelle source de plaisir. Il découvre des sensations agréables au niveau de la muqueuse anale au moment de l'évacuation des matières fécales. Il se retient le plus longtemps possible, son plaisir augmente : il a découvert que l'anus pouvait être une zone de plaisir et de déplaisir. Karl Abraham (1877-1925) insiste sur le plaisir auto-érotique de la rétention et de l'expulsion. Pour ce psychanalyste allemand, quand l'enfant se retient, il éprouve du plaisir à contracter la zone anale. Ce phénomène se trouve renforcé par le contexte affectif dans lequel il vit : si ses parents accordent de l'importance aux selles de l'enfant, les considèrent comme quelque chose de précieux, le petit peut préférer les garder pour lui plutôt que de les donner. Au cours de l'excrétion, l'enfant éprouve un nouveau plaisir auto-érotique par l'effort de « pousser » équivalant à celui de la succion pendant le *stade oral*. C'est pourquoi nous voyons certains petits retarder au maximum le moment d'expulser leurs matières. Pour Roiphe et Galenson, la maîtrise des fonctions de l'anus amorce l'éveil précoce du plaisir génital.

Par ailleurs, l'intérêt porté par les parents à cette fonction, les encouragements adressés à l'enfant lorsqu'il fait dans son pot : « C'est bien ! » ; « Maman est contente ! » ou les menaces dans le cas contraire : « Si tu ne fais pas dans ton pot, tu ne mangeras pas de gâteau ! » montrent au petit qu'en commandant son anus il peut faire plaisir ou souffrir. Et comme il assimile ses excréments à une partie de lui-même, de son propre corps, on comprend alors sa fierté quand il a « fait » dans son pot. Il donne ou il refuse ce qu'il considère comme un cadeau. Pour la petite histoire, un homme a confié, lors d'une consultation, qu'il appelait la pendule le « compte-merde » depuis son enfance. Pourquoi ? Parce que, lorsqu'il était petit, sa mère, en le mettant sur le pot, lui disait en désignant l'horloge : « Tant que tu n'auras pas fait, tu resteras jusqu'à ce que l'aiguille arrive ici. »

La défécation est donc un moyen pour l'enfant d'exprimer ses sentiments d'amour ou d'hostilité. C'est aussi une façon pour lui de rétablir avec sa mère un lien affectif étroit après la fissure du sevrage. En effet l'arrêt de l'allaitement a provoqué chez l'enfant une sensation douloureuse particulièrement éprouvante équivalant à une séparation. Mais en même temps il développe à l'égard de sa mère des sentiments d'hostilité, un besoin de revanche. De plus, la rigueur de l'éducation à la propreté trouble son plaisir. Il ne « fait » pas quand il veut mais lorsque sa mère décide de le « mettre sur le pot ». Avec la défécation, il peut la punir, d'où le nom de *sadique anale* donné à cette étape de la sexualité infantile. Mais souvent il préfère céder, renoncer à une partie de son plaisir pour ne pas risquer de briser le lien qui l'unit à sa mère.

Le *stade anal*, tout comme le *stade oral*, correspondent certes à des fonctions biologiques. Mais ce serait mal comprendre la pensée de Freud et celle des psychanalystes en général que de s'en tenir là. Ces stades correspondent à des moyens d'expression, à tout un réseau de sentiments fort complexes qui construisent le futur adulte. C'est en effet au *stade anal* que s'élabore, chez l'individu, la morale du « bien faire ». Dans les cas extrêmes, cela se traduit par une trop grande rigueur, voire de la mesquinerie. Plus tard, dans la vie, l'accumulation d'objets, d'argent, correspondent à ce qu'on pourrait appeler une rétention anale. Il n'y a pas loin entre l'avarice et la constipation ! Mais le stade anal se manifeste chez l'individu quand il développe du goût dans la décoration de ses toilettes, notamment. L'analité chez l'homme se traduit dans tout ce qui se fabrique et n'a rien de pathologique alors. C'est l'industrie, la maîtrise des outils de fabrication, c'est l'homme qui agit, qui construit, « l'homo faber ». De plus, « faire de l'argent » est un plaisir légitime, qu'il convient bien sûr de maîtriser.

Le stade phallique

Ce stade doit son nom au mot *phallus* qui, dans l'Antiquité, désignait le sexe masculin dressé dans sa toute-puissance. Objet d'un culte religieux, il représentait l'emblème de la fécondité et de la force reproductrice de la nature.

Qu'appelle-t-on le stade phallique ?

Le *stade phallique* commence vers 3 ans environ et se termine à peu près à 5 ans, au moment où s'active le complexe d'Œdipe (caractérisé par une attirance sexuelle vers le parent du sexe opposé et un rejet du parent du même sexe). Il succède aux *stades oral* et *anal*. Cette fois, la zone érogène se situe bien au niveau des organes génitaux. Le petit garçon prend plaisir à toucher son pénis et la petite fille porte volontiers la main à son clitoris qui représente, pour certains auteurs, Freud et Mélanie Klein notamment, le pénis châtré.

L'analyste autrichien Fenichel (1897-1946) identifie un stade charnière entre la période *anale* et la période *phallique* au cours duquel l'enfant découvre le plaisir d'uriner. De la même manière que la satisfaction anale était basée sur la rétention et l'évacuation, l'enfant éprouve un plaisir auto-érotique (lié à son propre corps) à retenir sa miction (le fait d'uriner). Il aime aussi le « laisser-couler », au cours duquel il abandonne les contrôles. Pour Fenichel, le laisser-couler chez les filles se déplace volontiers de l'action d'uriner à celle de pleurer. Les petites filles, c'est bien connu, ont la larme facile. Elles attachent souvent aux pleurs le plaisir du visage baigné de larmes qui s'écoulent doucement.

Le *stade phallique* se manifeste chez le petit garçon par l'orgueil de posséder un pénis alors que la fillette souffre de ne pas en avoir. Le garçon adopte des attitudes qui traduisent chez lui une envie de pénétrer, de vaincre. Il devient alors agressif. Il s'identifie à son pénis en érection.

L'autoérotisme entre 3 et 5 ans

C'est aussi dans la masturbation que s'exprime le *stade phallique*. Elle s'inscrit parmi les éléments d'une évolution psychosexuelle normale et témoigne même, sauf s'il y a excès, d'un développement qui s'effectue dans de bonnes conditions et de relations harmonieuses avec la mère.

Mais le plaisir auto-érotique est générateur de frayeurs. Outre la peur de se voir puni par la castration, le petit garçon craint que la masturbation n'empêche son pénis de grandir. De plus, comme le garçon ne peut masquer son excitation sexuelle, il vit toujours dans la crainte d'un châtiment.

La masturbation représente pour l'enfant un moyen de décharger les tensions qu'il ressent. Mais le plaisir génital a déjà eu ses prémices chez le nourrisson. Les manifestations érotiques s'éveillent chez le bébé au cours de l'exploration de ses organes génitaux. C'est ce qu'on appelle la *masturbation primaire* à laquelle il faut ajouter les plaisirs de la toilette. L'enfant passe de la simple excitation auto-érotique, que Freud nomme le plaisir d'organe, à l'élaboration, dans sa tête, de tout un scénario, de rêveries qui deviennent la condition pivot de son plaisir. Toutefois il convient de distinguer la masturbation infantile qui, si elle laisse des traces profondes dans l'inconscient, reste dans l'oubli, de la masturbation de l'adolescent souvent accompagnée d'un profond sentiment de culpabilité.

Si Freud n'admet pas les sensations vaginales d'une petite fille, pour Mélanie Klein, au contraire, les organes internes féminins revêtent très tôt une importance considérable. Pour cette psychanalyste, la cavité vaginale n'est pas une zone muette, dénuée d'excitation. Toutefois elle ne conteste pas la manipulation génitale et lui accorde la primauté dans l'échelle des sensations. Elle situe d'ailleurs le *stade phallique* au moment où la fille cherche à s'identifier à son père. À l'âge adulte, une femme dont la sensibilité du clitoris serait plus forte que celle du vagin manifesterait plus de passivité pendant l'acte sexuel que la femme vraiment génitale.

Un sexe pour deux

Le *stade phallique* est encore la période où les sexes ne sont pas nettement différenciés dans l'esprit des enfants. Le petit garçon a du mal à s'imaginer qu'on puisse être fait différemment de lui. Il subit même un choc en découvrant l'anatomie féminine. Mais il attribue le manque de pénis à une privation. Pour la petite fille, l'absence de pénis est momentanée. D'après elle, son clitoris, pénis minuscule, va grandir.

Un pas dans l'imaginaire de l'enfant

Le *stade phallique* est aussi la période où l'on veut savoir comment se « fabriquent » les bébés. La sexualité adulte représente, pour l'enfant, un univers mystérieux qu'il comble d'images mentales. Le jeune croit souvent que l'acte d'amour ou *scène primitive* se déroule selon des rapports sadiques. Il imagine volontiers la fécondation par un simple baiser ou par l'absorption d'un aliment particulier que « maman mange pour avoir un bébé ». Quand il sait que « les bébés sont dans le ventre de la maman », il croit parfois que le petit frère ou la petite sœur va sortir par l'anus, comme ses excréments à lui. Certains enfants pensent que le bébé sort par le nombril ou que « le docteur ouvre le ventre de maman ».

LES GRANDS CONCEPTS

9. Transfert
10. Complexe d'Œdipe
11. Complexe de castration
12. Pulsion
13. Fantasme
14. Perversion sexuelle
15. Libido
16. Sublimation

Transfert

*Le transfert, en psychanalyse, suppose un déplacement sur la personne du psychothérapeute (et donc celui qui soigne, l'*analyste*), d'un désir inconscient, d'une attitude, d'un sentiment qui a meublé l'enfance de l'*analysant *(celui qui est soigné) et qui s'actualise dans la relation, en particulier thérapeutique.*

En psychologie, le transfert est lié aux lois de l'apprentissage.

Un mot clé de la psychanalyse

D'une façon générale, la notion de *transfert* implique un déplacement qui concerne le transport des objets mais aussi des valeurs, des droits et parfois des personnes… Si l'on s'en reporte au dictionnaire Robert, le transfert signifie : « déplacement d'une personne à une autre, d'un lieu à un autre ».

Cette idée de déplacement persiste dans la définition du transfert en psychanalyse. En effet, au cours de la cure, il arrive toujours un moment où le patient reporte sur le psychanalyste des attitudes, des sentiments qu'il a déjà éprouvés dans son enfance à l'égard de son père, de sa mère ou encore de quelque autre personne de son entourage.

Lorsqu'un patient va consulter son psychologue ou son psychanalyste, il se tisse obligatoirement, entre ces deux personnes, une relation. Mais, au bout d'un certain temps, le comportement du patient va la modifier. Tout se passe comme s'il attachait brusquement moins d'importance à ses problèmes. Il se met alors à s'intéresser à son psychothérapeute. Tantôt il le flatte, tantôt il lui déclare sa confiance ou reconnaît ses compétences… À ce tournant de la cure, Freud précise dans son *Introduction à la psychanalyse* :

> **« Aussi l'analyse fait-elle dans ces conditions des progrès remarquables ; le malade comprend les**

> **indications qu'on lui suggère, il approfondit les problèmes que fait surgir devant lui le traitement... »**

En fait, le patient cherche à attirer sur lui, en tant que personne, l'attention de son thérapeute. On peut comparer cette attitude à une véritable entreprise de séduction. Le patient veut plaire à son psychanalyste parce qu'il s'est attaché à lui. On dit d'ailleurs volontiers que les femmes tombent amoureuses de leur médecin. Alors, cela voudrait-il dire qu'elles seules connaissent le transfert ? Non, les hommes traversent également cette étape de l'analyse. Ce sentiment d'affection éprouvé par le patient précède en quelque sorte la guérison. C'est ce que l'on nomme le *transfert positif.*

Mais parallèlement, puisqu'il désire être aimé, apprécié, le patient ne veut plus se dévaloriser aux yeux de son psychothérapeute : on cherche toujours, lorsqu'on veut plaire à quelqu'un, à lui offrir une image agréable de soi. Il est donc amené progressivement à dissimuler certains faits gênants. Il ne respecte plus le « contrat » de l'analyse (une parfaite transparence) et ne révèle plus tout ce qui lui passe par l'esprit. Freud précise dans son *Introduction à la psychanalyse* :

> **« On se trouve sans conteste en présence d'une violente résistance. »**

Que se passe-t-il alors ? Le patient reproduit sur le médecin des sentiments qu'il a déjà éprouvés dans son enfance. Il vit au présent un problème inconscient dont la source non tarie peut se situer au cœur de son jeune âge. Ainsi une personne qui a eu un père taciturne et peu enclin à s'intéresser à sa progéniture interprétera-t-elle le silence de son thérapeute comme une marque d'indifférence. Elle assimile l'attitude de son père à celle de son psychanalyste, comme si le silence ne pouvait se traduire que d'une seule manière. Elle réagira alors en utilisant des moyens propres à attirer sur elle l'attention de son thérapeute. Voici une anecdote qui illustre bien ce point.

Breuer, ce neurologue, aîné de Freud, avait déjà fait l'expérience du transfert bien avant que des plumes audacieuses ne fassent couler de l'encre sur ce sujet. Il recevait une malade hystérique, Bertha Pappenheim, qu'il traitait sous hypnose. Ses soins attentifs eurent d'ailleurs des retentissements positifs sur l'état de santé de Bertha. Mais peu à peu la malade tomba amoureuse de son médecin sans le lui déclarer. Un jour Breuer se rendit au chevet de la jeune femme qu'il pensait guérie. Mais il découvrit qu'elle était en train de faire une grossesse nerveuse. Il comprit alors, avec stupéfaction, qu'il était l'agent involontaire de cette grossesse imaginaire et s'éloigna de Bertha Pappenheim.

Nous avons envisagé des exemples où l'attitude du patient est favorable à son thérapeute. Ce n'est pas toujours le cas. Dans le *transfert négatif* ou hostile, la personne qui vient consulter peut revivre, au cours de la cure, des sentiments agressifs. Une patiente élevée par une mère autoritaire et violente reprochera au psychanalyste, en dépit de toute évidence, de ne pas la laisser s'exprimer librement. Elle reproduit de cette manière, et souvent de nombreuses années après, les remarques qu'elle n'avait pas osé adresser à sa mère.

> **« Tout comme les sentiments tendres, les sentiments hostiles sont un signe d'attachement affectif. »**

Le médecin doit alors parvenir à démontrer à son patient que les sentiments qu'il éprouve dans l'instant représentent, en quelque sorte, la répétition du passé, comme le reflet du miroir est la réplique d'une image, ou la photographie celle d'un paysage, par exemple.

> **« Nous surmontons le transfert en montrant au malade que ses sentiments, au lieu d'être produits par la situation actuelle et de s'appliquer à la personne du médecin, ne font que reproduire une situation dans laquelle il s'était déjà trouvé auparavant. »**

C'est alors que se forme une « névrose de transfert ». Elle prend la place des problèmes qui ont amené la personne à consulter.

> **« À la place de la maladie proprement dite, nous avons le transfert artificiellement provoqué ou, si vous aimez mieux, la maladie du transfert. »**

Il faudra donc, pour obtenir la guérison : « supprimer la maladie engendrée par le traitement ». Si l'on se place sous cet angle, on peut comparer la cure psychanalytique à un traitement par l'homéopathie qui inocule des « petites doses de poison » pour soigner le mal par le mal. Ainsi l'analyse fait-elle revivre le conflit à l'origine des problèmes. Et les attitudes du psychanalyste qui s'opposent au travail de transfert sont dites « contre-transférentielles ».

Le transfert en psychologie

La notion de *transfert* en psychologie est liée aux lois de l'apprentissage. Quand, dans une situation donnée, on apprend quelque chose que l'on va réutiliser dans une autre situation plus ou moins semblable, on parle de transfert.

Pour expliquer cette donnée quelque peu abstraite au premier abord, prenons un exemple, celui de l'expérience de Pavlov (1849-1936). Elle consiste à faire retentir une sonnette près d'un chien en même temps qu'on lui présente une pâtée. Il salive à la vue de la nourriture. On constate ensuite que, par conditionnement, le chien se met à saliver à peine a-t-il perçu la cloche, et ceci même si la pâtée n'est plus là. Partant de cette remarque, l'expérience a été affinée : lorsqu'on conditionne un chien à saliver après un son, on obtient la même salivation avec des sonorités approchantes. C'est ce qu'on appelle la *généralisation*. L'apprentissage ne porte plus seulement sur un stimulus (phénomène susceptible de provoquer une réaction) mais sur une gamme de stimuli qui se ressemblent. La généralisation n'est pas un phénomène réservé au laboratoire. On la retrouve dans la vie quotidienne. Un enfant qui s'est piqué avec une épingle se méfiera des aiguilles, punaises, clous… et de tout objet pointu risquant de provoquer la même douleur. Une personne qui a été mordue par un chien bas rouge aura des réticences aussi bien à l'égard des bergers allemands, des dobermans, des boxers mais aussi parfois des chiens de plus petit gabarit comme les caniches et, pourquoi pas, les yorkshires.

Il existe un processus contraire à la *généralisation*, c'est la *différenciation*. Reprenons l'expérience de Pavlov. Imaginons qu'à la suite d'un coup de sonnette d'une intensité donnée on présente bien un morceau de viande au chien : on dit que le son est renforcé positivement. Si l'on fait retentir un son voisin, mais que cette fois on lui associe un choc électrique : on dit que le bruit est renforcé négativement. Que se produit-il ? Le chien apprend à discriminer, à distinguer les sons malgré leur ressemblance : il les *différencie*. Mais là où se présente un problème nouveau, c'est lorsqu'un stimulus agréable renforce positivement une perception telle que celle d'un cercle, alors qu'un stimulus désagréable se trouve renforcé négativement par une ellipse. Si l'on rapproche peu à peu les deux figures qui tendent vers le cercle, le chien ne sait plus où il en est. La confusion est de l'ordre de la névrose et il ne parvient plus à discriminer ce qui est bon de ce qui est nocif.

Le *transfert*, quant à lui, est lié à la généralisation. Lorsqu'un apprentissage facilite l'acquisition d'une connaissance, on obtient un *transfert positif*. Cela se vérifie facilement dans la vie courante. Il est sans doute plus aisé de se familiariser avec le traitement de texte quand on est un virtuose de la dactylographie. On apprend plus vite à conduire un autobus quand on roule en voiture tous les jours. L'enseignement joue beaucoup sur le clavier des habitudes transférables : la prise de notes, par exemple, que nous enseigne le professeur de français, sert dans toutes les matières.

On parle de *transfert négatif* en psychologie si un premier apprentissage vient en gêner un second. Une personne qui a appris à conduire sur un véhicule automatique aura des difficultés à s'adapter à une voiture avec changement de vitesses. L'inverse est moins vrai.

Voici quelques exemples de tâches bien connues proposées lors d'expériences sur le transfert. On peut s'exercer à reconnaître des lettres de l'alphabet Braille (lettres destinées aux aveugles et formées de points saillants) d'abord de la main droite (tâche A) puis de la main gauche (tâche B). On propose à des personnes une liste de syllabes, chacune associée à un mot. Puis l'on redonne à ces personnes la même liste de syllabes mais associées à d'autres mots cette fois :

1re liste :	pyr	corps
	pia	fleuve
	myv	fruit
		etc.
2e liste :	pyr	bras
	pia	maison
	myv	rouge
		etc.

Il est bien évident que les personnes apprendront plus facilement l'association de « pyr-bras » après « pyr-corps » puisqu'il existe un lien entre les deux mots. Il y a donc ici *transfert positif*. Il en va de même pour l'association « myv-rouge » qui se retient plus aisément après avoir appris « myv-fruit » puisque dans notre esprit nous passons très vite du fruit à la pomme et de la pomme à la couleur rouge. De plus l'expression « fruits rouges » reste dans le langage courant pour désigner cette fois tout le cortège des fraises, groseilles, framboises, cerises… En revanche, la mémorisation de « pia-maison » après « pia-fleuve » reste plus délicate, car il n'y a pas, dans l'évocation, de rapport immédiat entre les deux termes.

Complexe d'Œdipe

Le complexe d'Œdipe *du petit garçon correspond au désir de posséder sa mère. Parallèlement se développe en lui un sentiment d'agressivité contre son père qui devient l'obstacle à son combat. Il se met en rivalité avec lui. Mais il se sent très vite coupable et craint d'être puni.*

Enfin, devant l'inutilité de ses efforts, la compétition contre son père se transforme en imitation, en identification.

Le complexe d'Œdipe *de la petite fille se traduit par une attirance vers le père et une jalousie vis-à-vis de la mère dont elle devient la rivale. Mais, comme elle aime sa mère, elle se sent coupable de vouloir la supplanter et craint de perdre sa protection.*

Enfin, puisque son combat reste vain, elle s'oriente vers d'autres hommes et redevient la complice, l'amie de sa mère.

Lorsqu'on lit le mythe d'Œdipe, on cherche si vraiment il existe un point commun entre notre destinée et celle d'un roi parricide et incestueux. Les hommes ont-ils tous envie de tuer leur père et de posséder leur mère comme ce souverain légendaire ? Vue sous cet angle, la vie devient un monument d'angoisses. Et les filles, auxquelles la légende ne fait aucune allusion, connaissent-elles aussi les mêmes tourments que le garçon ? Nous allons donc tenter de lever le voile sur le *complexe d'Œdipe* qui marque d'un tournant à 90 degrés la vie de l'individu.

Le *complexe d'Œdipe* peut se résumer en ces termes : le désir de posséder le parent de sexe opposé et d'éliminer celui du même sexe parce qu'il devient gênant. Il s'agit bien entendu d'une étape normale de l'évolution sexuelle que nous avons tous traversée, avec plus ou moins de bonheur, dans notre enfance.

Que se passe-t-il avant la grande étape de l'Œdipe ?

Vers l'âge de 4 à 5 ans, des forces viennent de notre inconscient au moment où notre sexualité, nos sensations de plaisir se fixent sur nos organes génitaux. Ces poussées instinctives transforment nos relations avec nos parents sans que nous ne nous en rendions bien compte.

Jusqu'à 4-5 ans, nous vivons dans la dépendance de notre mère. Elle subvient à la totalité de nos besoins car nous sommes encore incapables de les satisfaire par nos propres moyens. Elle représente par ailleurs une source inépuisable d'amour à laquelle nous venons nous désaltérer inlassablement. La maman est le premier lien affectif de l'enfant. C'est vers elle que le petit oriente tout potentiel d'amour dont il est capable. C'est sur elle qu'il jette les amarres de la vie !

Lorsque nous sommes petits, nous n'arrivons pas à dissocier la satisfaction des besoins matériels de l'affection que l'on porte à notre mère. « Tu ne m'aimes plus ! » déclarent certains jeunes enfants à leur mère qui leur refuse quelque chose. Le chantage à l'amour pour un caprice, tous les parents connaissent ça ! D'ailleurs, une de nos grandes peurs d'enfant vient justement de ne plus être aimé, de voir détruit ce lien essentiel qui nous unit à notre mère.

Rien de plus déstabilisant que cette crainte de perdre cette tendresse maternelle. Certaines mamans le comprennent bien car elles exercent, elles aussi, le chantage à l'amour pour que l'enfant obéisse : « Si tu ne manges pas ta soupe, maman ne t'aimera plus ! » ; « Tu n'es pas gentil, maman ne t'aime plus ». Devant la peur de ne plus être aimé, le petit avale sans répliquer son assiette de potage ou se calme immédiatement.

Ce sentiment étreint d'autant plus l'enfant qu'il s'est montré méchant avec sa mère. Chaque fois qu'on lui refuse quelque chose, qu'il subit une frustration à ses désirs, se soulève dans son cœur une vague d'agressivité contre laquelle il ne peut rien. C'est comme une marée

(415 AVANT JÉSUS-CHRIST)
Œdipe – Roi de notre propre destin

Selon la légende, il y avait à Thèbes, en Grèce, un roi, Laïos, et une reine, Jocaste, qui donnèrent la vie à un fils, Œdipe. Mais à la naissance l'enfant fut condamné par un oracle à tuer son père et à épouser sa mère. Pour conjurer le sort, Laïos abandonna le bébé dans une campagne et l'exposa au danger des bêtes féroces. Mais Œdipe fut recueilli par le roi et la reine de Corinthe qui l'élevèrent comme leur propre fils sans rien lui dévoiler de l'adoption.

Œdipe apprit les prédictions de l'oracle, fuit ses parents supposés et se dirigea vers Thèbes sans savoir qu'il s'agissait de sa patrie d'origine. Au détour d'un chemin de campagne, il heurta un inconnu, se prit de querelle avec lui et le tua. Il venait d'exécuter la première prédiction de l'oracle : l'inconnu n'était autre que Laïos. Poursuivant sa route, il répondit à l'énigme du Sphinx. En récompense, il reçut la royauté et la reine Jocaste, sa propre mère, pour épouse.

Œdipe et Jocaste eurent plusieurs enfants de leur union. Mais la peste s'abattit sur Thèbes, et le jeune roi, devant la violence du fléau, se livra à une enquête sur son destin. Il consulta un devin. La vérité du parricide et de l'inceste éclata au grand jour. Jocaste se tua. Œdipe se creva les yeux ; guidé par sa fille Antigone, il quitta Thèbes pour Athènes où il mourut.

montante qu'aucune digue n'arrive à contenir. Mais très vite le petit enfant se sent coupable d'avoir éprouvé de tels sentiments à l'égard de la personne qui lui est la plus chère. « Fais-moi un câlin », dit-il comme pour se faire pardonner et reconquérir le cœur qu'il a cru un instant perdu.

Jusqu'à 4-5 ans, garçon ou fille, nous progressons sur la même voie, nous suivons un mode d'évolution identique. Mais, à partir de cet âge-là, les routes se séparent. Le *complexe d'Œdipe* figure une sorte de croisée de chemins, garçon et fille empruntant chacun le sien avec son premier attachement amoureux. Un grand tournant s'opère alors, et le désir de l'enfant s'oriente, d'une façon normale, vers l'adulte de sexe opposé qu'il aime : le père pour la petite fille, la mère pour le petit garçon.

Mais il ne faut pas imaginer cet amour, ce désir comme une perversion incestueuse telle que nous la concevons dans notre monde d'adultes. Les sentiments qui se développent dans les méandres de notre cerveau d'enfant n'ont rien de commun avec elle. Certes on sait bien que tous les germes des mauvais instincts de l'adulte se nichent déjà chez l'enfant. Mais, en règle générale, ils demeurent sous forme de tendances. La personnalité de l'enfant se cherche et tâtonne encore. Elle a besoin, dans ses hésitations, de tester ces différentes tendances pour se construire, un peu comme lorsqu'on fait goûter des aliments variés à un bambin afin d'élargir la palette de ses goûts. Ces tendances ne vont pas toutes se développer. Elles resteront à l'état embryonnaire comme des bourgeons sans éclosion. De la même façon, il est des plats que nous n'apprécions pas. Ils existent, mais nous les écartons de nos repas.

Comment se déroule le complexe d'Œdipe ?

Jusqu'à 4-5 ans, rien ne vient perturber les liens étroits qui unissent l'enfant à sa mère. Mais un jour l'enfant prend conscience qu'il n'est pas tout pour sa mère, qu'elle aime ailleurs. C'est dans ce contexte que vient prendre place le personnage du père. La relation triangulaire s'installe, l'enfant comprend qu'il n'est pas l'objet choisi par sa mère, même si elle l'a désiré.

Si vous avez un petit garçon

Le petit garçon désire posséder sa mère à lui tout seul. Il prend alors avec elle des attitudes de petit homme. Il est fier de se promener avec elle dans la rue, de la présenter à ses « copains » lorsqu'il sort de l'école. Il aime lui donner la main comme papa lui donne le bras. Et souvent il veut même l'épouser : « Quand je serai grand, je me marierai avec toi ! »

Il ne s'agit pas pour lui d'avoir des rapports sexuels réels avec elle, car la sexualité ne représente encore rien de bien précis dans son esprit. Il manifeste tout simplement le désir de dormir avec sa mère, d'échanger avec elle des caresses, des câlins et des baisers. Il va déployer, pour arriver à ses fins, toutes les ressources qui sont à sa disposition, allant aussi bien de la séduction à l'agressivité. Mais il déploie souvent cette agressivité dans la compétition scolaire ou celle du jeu, fier de ramener de bons résultats ou d'être le gagnant.

Le désir que le garçonnet éprouve pour sa mère est proche de la passion. Il s'agit d'une possession exclusive, qui ne partage pas, et très vite le père devient gênant. Qui n'a pas vu un petit garçon se fâcher quand les parents s'embrassent. Parfois même il tente de les séparer en éloignant le père de toutes ses forces avec un « pousse-toi » autoritaire. Dans sa tentative de conquête de la mère, l'enfant rencontre un rival qu'il faut chasser, éliminer.

Et si jamais le petit garçon a affaire à « une mère poule » qui le surveille dans ses moindres faits et gestes, qui le garde toujours sur ses genoux ou dans ses bras, l'attachement œdipien de l'enfant trouve alors un écho encourageant et devient plus intense encore.

Les dessins d'enfants de classe maternelle illustrent parfaitement ce que les petits éprouvent. Lorsqu'on leur demande de représenter la famille, il n'est pas rare que le garçon crayonne une mère donnant la main à son fils ou tournée vers lui. Quant au père, il se situe tantôt de l'autre côté de la mère, tantôt nettement à l'écart du couple mère-fils, parfois tout petit, voire même inexistant.

La rivalité du petit garçon se manifeste sous plusieurs traits : « Quand tu seras mort, je me marierai avec maman ; » ou bien « Tu vois, je suis plus grand que toi ! » dit l'enfant en grimpant sur un tabouret. En bref, il faut supplanter le père, l'éliminer. Toutes ces remarques, dont nous avons tous été témoin un jour ou l'autre, révèlent chez le garçonnet un désir de dépasser son père, d'être le meilleur, le plus grand, car il en connaît la supériorité, et souvent même, de façon paradoxale, il le surestime.

Mais, dans sa lutte contre le rival à supplanter, le petit garçon sait bien, dans le fond, qu'il n'a pas le droit de posséder sa mère. Il se sent coupable de cette pensée, craint d'être puni. Et le seul châtiment qu'il imagine, c'est que le père lui coupe son pénis par lequel il a désiré sa mère.

L'Œdipe de la petite fille

La situation œdipienne de la petite fille est moins caractérisée que celle du petit garçon. Pourquoi ?

Tout d'abord parce que son premier objet d'amour, tout comme le garçon, est la mère. Elle doit donc diriger son désir vers un autre, son père. Toute l'énergie d'amour qu'elle avait orientée vers la mère doit se porter dans une autre direction, un peu comme si l'on déviait un fleuve impétueux de son cours par une force incoercible qui est la reconnaissance par le regard du père de son identité de petite fille.

La fillette va alors enlever de l'amour à sa mère. Ce retrait de tendresse fait naître aussitôt chez elle un sentiment de culpabilité. Mais la petite fille est « motivée » par les déceptions que la mère a suscitées en la sevrant, en lui apprenant la propreté. Toutefois, comme rien n'est simple, ces déceptions ne suffisent pas à donner à la fillette suffisamment bonne conscience vis-à-vis de son détachement. Elle tient encore très fort à sa mère et elle a très peur de perdre la protection, la sécurité que représente l'amour maternel. Mais, toujours dans la perspective de Freud, elle éprouve une déception bien plus grave encore : la petite fille est persuadée qu'elle avait un pénis. Elle accuse sa mère de le lui avoir enlevé. Elle va donc chercher auprès de son père ce que la mère lui a pris.

La passion de la petite fille pour son père est tout aussi vive que celle du garçon pour sa mère. C'est l'époque où la fillette se livre à de multiples tentatives de séduction en se pelotonnant sur les genoux de son père, en cherchant à se faire cajoler. Parallèlement, elle se met en compétition de coquetterie avec sa mère en lui dérobant son rouge à lèvres, son vernis à ongles.

Roiphe et Galenson estiment que la coquetterie est un moyen, pour la petite fille, de remplacer par des objets le pénis qui lui manque. Elle se déguise en grande personne, elle enfile les robes et les hauts talons de sa mère, elle se fabrique des faux seins en plaçant sur son torse des objets imitant une poitrine avantageuse. Elle joue « à la maman » en mettant un ballon sous sa jupe pour simuler la grossesse. Car la petite fille qui renonce à voir pousser un pénis veut en échange obtenir un enfant de son père.

Par ailleurs la petite fille commence à critiquer sa mère, elle la trouve dénuée de charme ou vieille. Cette jalousie, bien féminine, est entachée de culpabilité. Elle a honte de vouloir capter l'admiration de celui que sa mère a choisi d'aimer. Bien entendu, il ne s'agit là que d'une description schématique. Il existe tout un éventail de nuances dans ce passage obligé de l'évolution sexuelle de l'enfant qui dépend de la personnalité des membres de la famille, de leurs réactions, de leur façon d'avoir traversé eux-mêmes cette étape. On conçoit l'importance du rôle des frères et des sœurs, celle de la place de l'enfant, de l'écart qui le relie à celui qui précède ou à celui qui suit dès qu'il est question d'amour porté aux parents.

Comment se termine le complexe d'Œdipe ?

Le complexe d'Œdipe s'achève par un retour à l'équilibre. Les enfants, entre 6 et 7 ans, entrent dans une période où ils discernent ce qui est possible de ce qui ne l'est pas. On appelle cela communément « l'âge de raison ». Et comme personne n'aime fournir des efforts inutilement, le petit garçon renonce à séduire sa mère et la fillette à désirer son père. La mère reconquiert ses droits dans la vie de sa fille, le père prend une importance considérable dans l'existence de son fils qui veut l'imiter, exercer le même métier que lui : « Quand je serai grand je ferai comme papa ! » C'est ce qu'on appelle le processus d'*identification*. L'enfant entre alors dans une période de *latence* : cette phase de repos apparent, s'étendant de la sixième année à la puberté, suit les turbulences du *complexe d'Œdipe*.

Complexe de castration

Le complexe de castration *est lié à l'activité autoérotique de l'enfant. Il en résulte, chez le petit garçon, la peur d'être castré par son père.*

Chez la petite fille, l'absence de pénis entraîne une angoisse qui se rapporte à un sentiment d'infériorité. Persuadée d'avoir eu un pénis qu'on lui a enlevé, elle le revendique.

Le complexe de castration *est dépendant du* complexe d'Œdipe, *c'est-à-dire de l'attirance de l'enfant pour le parent du sexe opposé conjuguée avec l'élimination du parent du même sexe.*

Selon Freud, le *complexe de castration* se rapporte à l'angoisse, à la terreur de la suppression des organes sexuels masculins. Généralement cette peur naît de l'imagination de l'enfant à partir de remarques que l'on peut lui adresser lorsqu'il explore avec sa main ses organes génitaux.

Comment la petite fille peut-elle éprouver une telle frayeur ?

Les enfants, au départ, ne font pas de différence entre les sexes. Ils pensent que tout le monde possède un pénis. La fillette, devant l'évidence de sa morphologie, ne cherche pourtant pas à remettre en question cette croyance. Elle se persuade tout simplement qu'on le lui a enlevé. Plus précisément, elle pense que sa mère, qui l'a déjà déçue en la sevrant notamment, le lui a coupé. Ainsi, pour elle, la conformation du sexe féminin provient de la castration. La petite fille éprouve un sentiment de manque. Elle se sent inférieure au garçon qui, lui, est si fier de son pénis.

Longtemps la fillette va attendre naïvement que « cela lui pousse ». C'est ce que Freud appelle l'*envie du pénis*. Il s'agit d'une revendication face à une blessure qu'elle perçoit comme une injustice. La petite fille veut récupérer le pénis dont on l'a privée.

De guerre lasse, la fillette se tourne vers son père. Elle

attend de lui la restitution du pénis. Ainsi, par l'angoisse de la castration, la petite fille franchit la ligne de démarcation qui la séparait du *complexe d'Œdipe* : elle cherche alors à séduire son père en évinçant sa mère, telle une rivale fort dévalorisée à ses yeux, puisque affligée de la même « infirmité ». Selon Mélanie Klein, il y aurait une envie de féminité chez le garçon, qui correspondrait à l'envie du pénis de la fille. Cette psychanalyste affirme que, si l'homme adulte n'a pas dépassé cette phase féminine jalonnée de haine et d'hostilité, il craint ensuite d'être repoussé par les femmes à cause des sentiments agressifs qu'il leur a portés par le biais de sa mère.

L'envie du pénis n'atteindra son terme qu'avec le désir d'avoir un enfant du père. Il en résulte une rupture teintée d'ambiguïté avec la mère. En effet la petite fille, tout en étant jalouse de sa mère, continue à l'aimer et à quêter sa protection.

Certains auteurs affirment que bien des femmes attribuent leur difficulté à grimper sur l'échelle sociale au simple fait qu'elles ne sont pas des hommes : « Ah, si j'étais un homme, cela ne se passerait pas comme ça ! » Ils interprètent, dans ces lamentations, le regret de ne pas posséder de pénis. Les femmes ne pourraient pas réaliser les mêmes ambitions que leurs homologues masculins parce qu'il leur manque le pénis qui les rendrait capables de le faire.

Cette théorie de l'envie du pénis a valu à Freud de nombreuses ennemies, notamment parmi les féministes qui lui reprochent son « chauvinisme mâle », mais aussi parmi certaines psychanalystes femmes.

En effet, sous la lunette freudienne n'apparaissent pas les organes internes féminins. Aucune allusion au vagin, pas plus qu'à la sexualité de la future femme.

Ainsi, pour certains auteurs, la castration de la fille ne correspond pas à la coupure du pénis mais à des dangers concernant l'intérieur de son ventre. Elle a peur de voir endommager le ventre propre à accueillir le bébé. Elle redoute les dégâts que peut causer le pénis du père. Mélanie Klein, notamment, souligne combien la notion d'intérieur est capitale pour la fille, même si cette psychanalyste décèle là un terrain de combat des forces destructrices provenant des instincts. C'est pourquoi le ventre, et en particulier le vagin, sont également des lieux d'angoisse.

Françoise Dolto apporte une nuance intéressante. Cette célèbre psychanalyste distingue le *complexe de castration* de l'*angoisse de castration.* Le premier est un phénomène inconscient issu d'une punition que s'inflige l'enfant lui-même à cause d'une angoisse de castration qui ne trouve pas de solution. La seconde est un phénomène conscient naturel qui favorise l'élaboration, la construction de la personnalité.

Le complexe de castration du garçon

Lorsque le petit garçon dévoile ses penchants pour l'autoérotisme (masturbation), il n'est pas rare qu'un adulte le menace : « On va te le couper ! », « Si tu persistes, il va tomber. »

Le petit Hans, un garçonnet de 5 ans dont le cas a été rapporté par Freud au travers de l'analyse du père de l'enfant, manifestait une peur obsessionnelle d'être mordu par un cheval. Il illustre à merveille combien le complexe de castration est lié à la masturbation. Le petit Hans, alors âgé de 3 ans, est en proie aux curiosités légitimes des enfants sur le sexe qu'il nomme le « fait pipi ».

« L'intérêt qu'il porte au "fait pipi" n'est cependant pas purement théorique ; comme on pouvait le supposer, cet intérêt le pousse à des attouchements du membre. » À l'âge de 3 ans et demi, il est surpris par sa mère, la main au pénis. Celle-ci menace : « Si tu fais ça, je ferai venir le docteur A… qui te coupera ton "fait pipi". Avec quoi feras-tu pipi alors ?

Hans : — Avec mon tutu. »

Le petit Hans, qui n'avait pas encore éprouvé de honte devant son geste, venait, par l'intervention de sa mère, de franchir le premier pas dans le *complexe de castration* qui jouera un rôle considérable dans sa maladie.

Revenons au petit garçon de tous les jours. Lorsqu'il s'aperçoit que les fillettes n'ont pas de pénis, le garçonnet attache alors à son sexe une importance considérable. Il éprouve de la fierté et en quelque sorte un sentiment de supériorité. Conscient de sa différence, il sait qu'il possède un pénis, il s'identifie à lui. Il endosse l'uniforme de la virilité qui fera plus tard de lui un conquérant vindicatif. Ferenczi, qui a travaillé avec Freud, précise que, si l'enfant accorde une si grande importance à son pénis, c'est parce qu'il peut, grâce à lui, s'unir à sa mère. Donc, pour le petit, perdre son pénis équivaut à une nouvelle séparation d'avec la mère, aussi pénible pour lui que la première, c'est-à-dire la naissance. Cette approche sera confirmée par Freud dans *Inhibition, symptôme et angoisse*.

Par ailleurs le pénis représente une zone de plaisirs érotiques, de désirs sexuels. C'est pourquoi le petit garçon attribue à une punition imaginaire l'absence de pénis chez la petite fille. Selon lui on aurait privé la fille de son pénis pour s'être adonnée à des plaisirs auxquels il se livre lui-même en solitaire. Les parents de la petite fille l'auraient mutilée pour l'avoir découverte en train de se masturber. Mais la réprimande, qui, bien faite, dans certains cas s'impose, ne doit pas culpabiliser… les parents. Si l'interdiction engendre le complexe de castration, l'imagination du petit garçon est également capable de produire à elle seule, sans réprimande, l'angoisse d'être châtré. Lorsque le petit garçon, au cours du complexe d'Œdipe, se met à vouloir posséder sa mère, il craint les représailles de son père. Aussi n'imagine-t-il pas d'autre punition possible que la coupure de l'organe responsable de son désir. C'est alors que naît chez le garçonnet une angoisse très vive qui provient de la menace d'un danger : la perte de son pénis.

Certains auteurs font remonter la castration au sevrage. Pendant l'allaitement, le bébé s'approprie une partie d'un corps étranger. Il en éprouve des sensations de plaisir. À chaque tétée se renouvellent le don et le retrait du sein, donc le plaisir et le déplaisir. Le sevrage marque une coupure définitive de ce plaisir, provoquant « la castration primaire », ce qui expliquerait pourquoi tous les humains, sans exception, sont concernés.

Existe-t-il une castration mentale ?

D'abord rappelons que, dans nos sociétés, la notion de castration physique ne fait plus partie de notre culture. En revanche, la castration mentale existe. Comment se manifeste-t-elle ?

Certaines femmes compensent leur manque de pénis, leur regret d'être une femme ou leur sensation de mal-être dans leur féminité avec la naissance d'un fils. « Elles l'adulent, le portent aux nues. » Elles forment avec lui un couple mère-fils si étroit qu'il reste peu de place pour les autres. Elles éprouvent de la jalousie à l'égard de toutes les autres femmes qui s'intéressent à leur fils, *a fortiori* quand il est en âge de se marier, donc de quitter sa mère. Pour ces femmes, le départ du fils équivaut à l'abandon du pénis qu'elles se sont octroyé. C'est la fin de la conquête de la vie et de l'esprit vindicatif. « L'attribution » d'un sexe, ou son amputation, n'ont de sens que dans l'identité de genre que la personne s'approprie elle-même.

Les situations extrêmes nous font comprendre que, même si les attributs sont visibles, ils peuvent être en contradiction avec la manière dont le sujet se vit et adopte ou s'approprie l'identité du sujet du sexe opposé. C'est le drame des transsexuels aux prises avec une « erreur » de la nature. Mais, d'une manière moins extrême, celui qui a été vécu garçon comme objet-pénis manquant de la mère a une représentation de sa personne d'homme lié au destin d'une femme. Son désir est de s'y infuser ou au contraire de s'en séparer. La castration peut alors résider dans cette confusion ou dans cette séparation. Le phénomène est encore accentué si l'absence du père ou sa faiblesse, sa maladie, son inconsistance, prive le petit du désir de lui ressembler, de le dépasser.

Quant à la petite fille, ce n'est pas plus simple pour elle de se définir dans sa féminité si elle est regardée par sa mère comme la réduction de ce que cette dernière voulait être dans son enfance, ou par sa grand-mère comme la fille qu'elle aurait voulu avoir, comme la consolation de la fille qu'elle a eue. Là encore, la présence du père est importante car elle signifie à la petite fille qu'elle est bien « sa » fille. Le père aide à la reconnaissance chez sa fille de la femme sexuée.

Pulsion

Les pulsions sont des forces, des poussées qui prennent naissance dans l'organisme puis provoquent certains comportements.

Elles se situent à la lisière du somatique (en rapport avec le corps) et du psychisme.

Elles partent d'une source, subissent une poussée ou énergie, se dirigent vers un but qu'elles obtiennent par l'intermédiaire d'un moyen encore appelé l'objet.

Une pulsion peut subir un renversement *en son contraire, c'est-à-dire déguiser son objet pour atteindre son but ; se retourner sur la personne propre ; être* refoulée, sublimée *ou bien* pervertie. *Il convient enfin de distinguer l'instinct, qui est à l'origine d'un comportement programmé, de la pulsion qui provoque des actions différentes selon les individus.*

Une pulsion est une force issue de l'organisme et qui le pousse à réaliser certaines actions, qui le dirige vers un but.

Le mot « pulsion » est la traduction du nom allemand *Trieb* d'origine germanique, qui vient du verbe *treiben* : pousser. Ce terme a été introduit en vue de le différencier des noms d'usage plus anciens comme *instinct* ou *tendance* qui, de plus, ne sont pas réservés à la psychanalyse. Malgré cela, on trouve dans certaines traductions des œuvres de Freud le mot « instinct ». Pourtant Freud établissait lui-même une distinction en réservant le mot *Instinkt* au comportement animal fixé par l'hérédité, qui existe dès la naissance et caractérise les individus d'une même espèce. Le mot allemand *Instinkt*, d'origine latine, recouvre donc la même signification que le terme « instinct » en français. Malgré les débats houleux, il semble que la traduction du mot *Trieb*, apparu dans l'œuvre de Freud en 1905, par « pulsion » illustre mieux, selon le Dr Lagache notamment, la notion de poussée souhaitée par le psychanalyste. Le mot

« instinct » s'est trouvé alors comme abaissé, dévalorisé par rapport au terme de « pulsion » que l'on peut concevoir comme un « instinct désirant ».

La *pulsion* est un concept, c'est-à-dire une idée, une notion. On ne peut pas voir une pulsion de ses yeux. Elle échappe au regard de l'homme car on ne la rencontre pas dans la réalité visuelle. Pourtant on peut d'une certaine manière l'observer, bien qu'elle ne soit pas palpable. Mais ce que l'on perçoit d'elle est déjà déformé. En effet, lorsqu'elle accède à la conscience, elle est déjà transformée, modifiée, un peu comme lorsqu'on mange une compote de pommes : on déguste bien toujours des pommes, mais elles ne ressemblent plus aux fruits d'origine. Une pulsion s'exprime par des objets qui ne rendent pas toujours compte de la nature de la pulsion, mais toujours de son existence.

À la découverte des pulsions

Freud, dans son chapitre « Pulsions et destin des pulsions », premier chapitre de *Métapsychologie*, donne à ces « poussées » une position charnière entre le corps et l'esprit.

> **« … le concept de “pulsion” nous apparaît comme un concept-limite entre le psychique et le somatique… »**

Les pulsions n'appartiennent donc ni franchement à l'organisme, ni nettement au mental, mais elles se trouvent à cheval entre les deux. Pourquoi ?

Voyons d'abord l'aspect corporel.

La pulsion naît dans les profondeurs de notre organisme. Elle crée une tension que l'on ressent comme un effet nocif ou désagréable auquel nous ne pouvons échapper que par un unique moyen : la satisfaction. À ce moment-là, la *tension* se relâche, se réduit et provoque un « soulagement ».

D'une façon très imagée, on pourrait comparer ce phénomène à une crampe. Elle survient dans un membre, et concerne un muscle qui devient tendu comme une corde, saillant, douloureux. Puis petit à petit, par massages légers propres à calmer, à « satisfaire » ce muscle qu'un faux mouvement par exemple aurait contracté, il se produit une décrispation. La douleur disparait et le muscle retrouve sa souplesse. Il pourrait en être de même pour un besoin, une envie, un désir…

Maintenant, abordons l'aspect psychique : nous venons de voir que toute pulsion provoque une tension. Lorsqu'il y a tension, celui qui y est soumis ou qui s'en trouve le siège va rechercher l'objet, le moyen de la réduire. Il déploie une activité psychique.

Bien évidemment, ce que nous venons de dire concerne l'étayage de la pensée naissante du nourrisson. En effet, le bébé ne connaît encore rien de la vie ni de son environnement quand il arrive au monde. Il aurait alors bien du mal à rechercher la solution à une tension puisqu'il ne dispose pour cela ni de moyen intellectuel, ni d'autonomie physique. Il éprouve son corps et celui de sa mère. D'ailleurs, le tout premier objet qu'il recherche est le sein ou le biberon. Mais, en réalité, c'est la mère qui le lui offre d'emblée. Lorsqu'il éprouve une tension dans son organisme, c'est-à-dire quand il a faim et qu'à ce moment-là on ne lui donne rien à téter, il commence à imaginer, à partir de ses premières expériences, dans son esprit naissant, le sein ou le biberon absent. En effet, la première satisfaction qu'il a éprouvée laisse une trace dans sa mémoire, une empreinte. Celle-ci devient de plus en plus nette lorsque la tension réapparaît. Le bébé se remémore la satisfaction passée. Mais il confond la sensation que sa mémoire a engrangée avec la réalité. Il mêle la perception au souvenir. Il ne fait pas la distinction entre le *principe de plaisir* et le *principe de réalité* : il prend l'imaginaire pour le réel, comme nous continuons à le faire, à l'âge adulte, lorsque nous nous surprenons à prendre nos rêves pour des réalités, ou encore quand nous prolongeons le monde de l'enfance dans l'âge adulte. Ainsi ce n'est que plus tard, lorsque nous distinguons l'image de la réalité, que notre esprit peut orienter sa recherche vers un objet propre à réduire la tension.

Comment se développe une pulsion ?

La pulsion se déroule en quatre temps.

La poussée

Lorsque la pulsion naît dans notre organisme, elle ne reste pas passive. Au contraire, elle est active, c'est-à-dire qu'elle exerce une force. C'est une énergie potentielle, vitale, active, sous tension : elle n'est pas comme une voiture à l'arrêt. Elle agit en nous comme l'automobile avance grâce à son moteur. Mais elle roule de façon constante, sans temps d'arrêt, sans rupture dans son trajet.

Freud nous dit dans son chapitre « Pulsions et destins des pulsions » :

> **« La pulsion, au contraire, n'agit jamais comme une *force d'impact momentanée* mais toujours comme une force *constante*. »**

Mais comment réagit l'organisme dans lequel siège la pulsion ? L'organisme n'a aucune possibilité de lui échapper. Il ne peut pas se défiler devant une excitation intérieure comme il le ferait contre une excitation extérieure, pour la simple raison qu'elle a lieu en lui. Lorsque l'on sort d'une pièce sombre dans une rue inondée d'un soleil d'été à midi, nous portons immédiatement une main à nos yeux pour les abriter de la luminosité trop vive qui nous agresse. Nous nous détournons des rayons du soleil, nous les évitons. Mais l'excitation intérieure, la tension de l'organisme ne nous laisse aucune chance de passer outre. Freud précise à propos de la pulsion :

> **« Et comme elle n'attaque pas de l'extérieur mais de l'intérieur du corps, il n'y a pas de fuite qui puisse servir contre elle. »**

Imaginons que nous ayons très faim ou très soif, nous pourrions faire n'importe quoi, marcher, écouter de la musique, courir, chanter ou tricoter… notre estomac n'arrêtera son douloureux tiraillement, notre gorge cessera d'être sèche qu'avec un bon repas ou un grand verre d'eau.

> **« Il existe un meilleur terme que celui d'excitation pulsionnelle : celui de "besoin" ; ce qui supprime le besoin, c'est la satisfaction. »**

Le but

La pulsion dirige sa force vers un seul but : la *satisfaction*. La satisfaction ne peut s'obtenir qu'en supprimant l'excitation qui était à l'origine de la tension. Pour reprendre notre comparaison de tout à l'heure : la crampe musculaire ne s'estompe qu'à condition de remettre le membre concerné dans sa position normale. Si on le laisse en porte-à-faux, non seulement la crispation, la tension musculaire, persiste, mais elle risque même de s'intensifier. En d'autres termes, il ne suffit pas de soigner le mal, mais il faut traiter l'origine du mal, le prendre à sa source. Sinon, il y a récidive, répétition ou reproduction selon les instances en jeu.

Si, à une pulsion donnée, correspond une satisfaction particulière, il n'en est pas moins vrai qu'un but peut en remplacer un autre. Vous avez vu dans une vitrine un pantalon bleu marine qui vous convient parfaitement tant par sa couleur que par sa forme et son prix. Vous entrez dans le magasin fermement décidé à satisfaire cette envie. La vendeuse vous tend un pantalon à votre taille mais, quand vous l'essayez, vous vous rendez compte qu'il ne vous va pas très bien. Vous apercevez alors sur un autre cintre un pantalon blanc différent, un peu moins beau, mais qui vous va mieux ! Vous êtes légèrement déçu et malgré tout satisfait de votre achat. Car on a beau avoir eu « un coup de foudre » pour un modèle, on ne peut pas le porter lorsqu'il n'est pas ajusté à son corps. Le pantalon blanc a remplacé le bleu, le second but a été substitué au premier.

La pulsion peut parfois ne pas atteindre son but parce qu'elle se trouve inhibée, comme paralysée. Dans ce cas, la voie de la satisfaction reste incomplète. La pulsion est pareille au voyageur qui veut séjourner à Rome mais qui s'arrête à Nice où, d'ailleurs, il passera d'agréables vacances. D'autres fois, la satisfaction des pulsions n'atteint pas son but parce qu'elle change de trajectoire, par dérivation. Si nous reprenons le cas de notre touriste, il part pour Rome, mais, arrivé à Nice, des problèmes de transport l'obligent à renoncer à l'Italie. Alors, pour se consoler, il prend le bateau pour la Corse, mais son rêve romain persiste…

> **« L'expérience nous autorise aussi à parler de pulsions "inhibées" quant au but, dans les cas de processus pour lesquels une certaine progression dans la voie de la satisfaction pulsionnelle est tolérée, mais qui, ensuite, subissent une inhibition ou une dérivation. On peut supposer que même de tels processus ne vont pas sans une satisfaction partielle. »**

Ainsi notre voyageur se contente de son séjour à Nice ou, dans le second cas, ne regrette pas, malgré son envie de visiter Rome, d'avoir découvert les beautés de la Corse.

La *conduite d'échec* correspond à un cas extrême de l'action des pulsions « inhibées quant au but ». Le sujet, sur le plan du conscient, veut sincèrement atteindre un objectif, mais son inconscient entraîne des comportements qui, eux, font capoter l'entreprise.

L'objet

C'est le moyen par lequel la *pulsion* parvient à son but.

> **« L'objet de la pulsion est ce en quoi ou par quoi la pulsion peut atteindre son but. »**

Le même objet peut servir à la satisfaction de plusieurs pulsions, ce qu'Alfred Adler, l'un des anciens disciples de Freud, nomme l'*entrecroisement des pulsions*.

La source

La source représente le lieu où apparaît l'excitation. C'est dans les fondations de notre corps, de notre organisme qu'il faut chercher l'origine de nos pulsions. Là se situent nos sources d'énergie. Elles se manifestent ensuite dans notre pensée où elles sont liées aux objets correspondant aux buts. C'est un peu comme lorsque vous recevez un appel téléphonique d'un inconnu qui s'est trompé de numéro. Vous répondez, vous entendez ce qu'il vous dit. Mais vous ne savez ni qui il est, ni à quoi il ressemble, ni d'où il vous appelle. Nous ne savons rien de la pulsion tant que nous ne prenons pas conscience de ce vers quoi elle veut nous diriger, de la tension qu'elle provoque. Ainsi la pulsion est la représentation psychique de l'excitation subie par notre organisme et qui s'exerce « sous une forme inconnue de nous ».

Les pulsions sexuelles et leur devenir

Les sources des *pulsions* en général et des *pulsions sexuelles* en particulier peuvent être différentes. Selon le langage freudien, toute pulsion est de nature sexuelle, c'est-à-dire, nous le rappelons, qu'elle met en œuvre généralement l'énergie du désir (ou *libido*). Celle-ci s'affirme peu à peu autour de la satisfaction des excitations des zones dites « érogènes » dont la stimulation entraîne du plaisir. Ainsi parle-t-on de *pulsions* orales, anales, phalliques notamment visant une satisfaction au niveau de ces zones : la bouche par la succion, au niveau de l'anus par la défécation et le fait de se « retenir », les organes génitaux.

En fait l'aspect corporel de la *pulsion*, son origine au cœur de notre organisme, la relie de façon évidente à notre développement, à notre maturité. Il se produit en quelque sorte une chronologie des *pulsions*. Les zones érogènes, ces régions du corps dont la stimulation procure du plaisir, changent avec l'âge ainsi que cela a été largement développé dans l'étude de la sexualité. Au cours des premières années de notre vie, celles qui précèdent le stade phallique ou les plaisirs génitaux, nous connaissons des pulsions partielles, parce que reliées à des zones corporelles séparées, qui visent aux plaisirs d'organe. Les pulsions orales, notamment, dépendent des besoins vitaux ici, se nourrir. La pulsion orale s'étaye, c'est-à-dire s'appuie sur cette activité dont dépend la conservation de la vie. Puis elle s'en libère grâce à la découverte du plaisir de succion. L'objet est retrouvé, mais dans son propre corps, et donne une activité autoérotique. Cela s'appelle la *réversion* évoquée par Lacan lorsqu'il décrit le parcours d'une pulsion de la source à l'objet.

Cependant, à chaque étape de notre vie, les éléments des phases précédentes demeurent. Lorsque nous montons un escalier, les premières marches que nous avons franchies ne disparaissent pas sous prétexte qu'elles se situent derrière nous. Ainsi les premiers plaisirs restent gravés dans notre mémoire. Le bébé, à qui l'on a donné le sein ou le biberon, se souvient de l'expérience de satisfaction qu'il a connue. Quand il ne confond plus le *principe de plaisir* avec celui de *réalité*, l'image qu'il a gardée en mémoire va l'aider à rechercher un objet analogue. Elle devient la représentation de but, encore appelée la « représentation-but » par Laplanche et Pontalis, issue de l'expérience passée mais qu'il devra retrouver par lui-même cette fois.

Les matériaux engrangés dans notre mémoire ne sont pas seulement les fruits de notre expérience. On retrouve, parmi eux, des éléments de la vie de notre environnement et même des personnes auxquelles parfois nous nous sommes identifiés. Ces éléments ne peuvent devenir une « représentation-but » que dans la mesure où nous avons endossé, dans notre imagination, le rôle d'un autre dans une scène dont nous avons été témoin. C'est notamment par ce biais que l'enfant s'achemine vers l'âge adulte.

Nous avons tous vu des petits qui revivaient en imagination un événement, en répétant, en jouant les paroles qu'ils avaient entendues. Les adultes, eux, accumulent sans s'en douter les « tics » de leur enfance, voire même ceux de leurs parents ou de leurs ancêtres. Alors, que deviennent donc les pulsions ?

Quel « destin » connaissent les pulsions ?

Selon Freud, les *pulsions* connaissent quatre destins possibles.

Le renversement en son contraire

Cela se produit toutes les fois que l'on passe de la douceur à l'agressivité (ce que l'on appelle communément des sautes d'humeur), de l'amour à la haine, de l'activité à la passivité... Freud prend pour exemple le couple sadisme-masochisme où celui qui a le goût de faire mal s'oppose à celui qui éprouve du plaisir dans la douleur. Il en est de même pour le voyeurisme-exhibitionnisme. Celui qui aime regarder souhaite être regardé à son tour.

> **« Le renversement ne concerne que les *buts* de la pulsion ; le but actif : tourmenter, regarder, est remplacé par le but passif : être tourmenté, être regardé. »**

Le retournement sur la personne propre

Pour le comprendre, reprenons le couple d'opposés sadisme-masochisme. Le sadisme consiste à exercer une « activité de violence » vis-à-vis d'une personne par le biais de laquelle la pulsion peut atteindre son but. Cette personne représente donc l'*objet* de la *pulsion*.

Puis cet *objet* représenté par l'autre est abandonné au profit de la personne propre qui, de sujet actif exerçant « l'activité de violence », devient passif, cherchant à subir la violence. « Fais-moi peur » ; « Je me suis saoulé à mort » sont autant d'expressions qui illustrent le fait que le sujet peut être l'objet de sa propre violence et en tirer du plaisir. On peut se « tuer de plaisir », de « boulot » comme d'une drogue.

Il faut donc rechercher un nouvel objet, c'est-à-dire une personne capable de tenir le rôle actif, d'infliger la violence.

Le refoulement

Le refoulement, c'est le fait de rejeter dans l'oubli, dans l'inconscient, des pulsions qui souvent dérangent la stabilité de la personnalité du *Moi*, ou sont interdites de séjour dans le monde des conventions pour ne pas dire des convenances. C'est sans doute le refoulement qui fait subir à la pulsion la plus grande modification. Parfois la pulsion qui ne se tait pas facilement peut resurgir à la conscience, c'est le *retour du refoulé*. Mais elle ne va pas se présenter franchement. Elle va se déguiser pour ne pas être rejetée, pour ne pas se heurter aux gendarmes que sont les résistances. Les actes manqués, les mots d'esprit (traités dans l'inconscient), les formules toutes faites, les proverbes, les passages à l'acte inexpliqués, « les mots pour d'autres » ou lapsus en sont des illustrations.

La sublimation

La sublimation correspond à l'investissement des pulsions dans les domaines d'activités « permises » par la vie sociale et où le sujet trouve son plaisir. Elle se traduit par une déviation des *pulsions* vers des buts plus élevés où la censure n'existe plus. Elle se manifeste notamment dans les réalisations artistiques et culturelles ou tout simplement professionnelles.

La déclinaison des pulsions

Nous sommes tous habités par de multiples pulsions. Nombreuses, souvent variées, elles ne craignent pas la contradiction. Nous n'avons pas la prétention, ici, d'en dresser une liste exhaustive, ni de les traiter en détail.

Nous nous contenterons donc d'en faire un panorama. Précisons d'emblée qu'elles peuvent être dites « partielles » lorsqu'elles concement un objet limité comme « représentant-but » de la satisfaction : la masturbation, par exemple, figure, comme représentant dans l'objet partiel de jouissance par rapport à la scène d'amour global, le fantasme qui l'accompagne. Les pulsions peuvent être dites « globales » lorsqu'elles affectent des situations aussi fondamentales que la vie, la mort, l'amour…

La pulsion de vie

Freud désigne sous le nom d'« Éros », nom du dieu grec de l'Amour, tout ce qui relève des pulsions sexuelles comme des pulsions d'autoconservation, c'est-à-dire celles qui sont liées aux fonctions corporelles permettant de rester en vie.

La pulsion de mort

La pulsion de mort s'oppose à la pulsion de vie. Parfois appelée « Thanatos », terme grec désignant la mort, la pulsion de mort représente pour Freud une tendance à réduire les tensions, voire à s'en soustraire, à revenir à un état anorganique (c'est-à-dire la dissolution qui vient avant ou après l'être vivant constitué en tant qu'organisme). Lorsqu'elle se dirige vers le sujet lui-même, la pulsion de mort traduit une autodestruction. À l'inverse, tournée vers l'extérieur, elle devient pulsion d'agression ou encore de destruction.

La pulsion du *Moi*

Dépassant des pulsions d'autoconservation, les pulsions du *Moi* désignent les forces défendant la personnalité. Les pulsions du *Moi* sont donc opposées aux pulsions sexuelles parce que ces dernières peuvent porter atteinte à la personne dès l'instant où elles sont réduites aux objets de satisfactions partielles.

Pulsion d'agression

La pulsion d'agression consiste à détruire l'objet qui s'oppose à sa satisfaction, c'est-à-dire à détruire le moyen par lequel la pulsion ne peut atteindre son but. Cette notion a été évoquée pour la première fois par Adler en 1908. Pour Freud, la pulsion d'agression reste simplement très proche de la pulsion de mort.

Instinct, pulsion et psychologie

L'instinct, c'est un savoir-faire que l'être vivant possède en arrivant au monde. L'instinct représente donc un héritage de réactions communes à une espèce et dont les individus ne sont pas conscients : l'oiseau qui fabrique son nid ne raisonne pas. Les guêpes maçonnes qui construisent les cellules d'argile dans lesquelles elles vont pondre leurs œufs répondent à un comportement instinctif. Cela est si vrai que, si l'on perce une cellule, elles continueront leur construction sans réparer l'alvéole. Ainsi l'instinct déclenche des comportements préfabriqués qui ne peuvent pas varier, qui ne s'adaptent pas à la situation.

La psychologie a opposé l'instinct à l'intelligence qui, elle, se caractérise par une adaptation souple à la mesure de toutes sortes de circonstances. L'intelligence choisit tandis que l'instinct exécute.

C'est Freud et le psychologue McDougall qui ont réintroduit la notion d'instinct dans la psychologie humaine. L'instinct ne s'apparente pas à la pulsion. En effet cette dernière utilise des moyens très différents selon les personnes pour atteindre son but, un peu à la manière des chauffeurs qui, pour se rendre d'une ville à l'autre, empruntent, selon leurs goûts, l'autoroute, la nationale ou les chemins de campagne. Aussi, face à une même pulsion, nous n'adopterons pas tous le même comportement. L'éventail demeure large. Il dépend de la personnalité de chacun. Il n'y aurait donc pas vraiment chez l'homme de réactions préfabriquées. La pulsion agressive se traduit chez l'un et chez l'autre de manières diverses. Cela va de la gifle à l'insulte en passant par la porte que l'on claque au visage de quelqu'un, les airs faussement aimables cachant une envie de détruire, les paroles ironiques, l'énervement, les pleurs…

Parfois le moyen utilisé pour satisfaire une pulsion va se transformer en but. L'exemple qui va suivre est très souvent repris et facile à comprendre. Pour vivre, pour assurer notre subsistance, il nous faut de l'argent qui représente donc le moyen de satisfaire nos besoins. Or certaines personnes transforment le moyen en but. Commence alors une course effrénée à l'argent.

Est-ce un besoin ou bien l'apprentissage qui commande un comportement dirigé vers un but ? En d'autres termes agissons-nous sous l'effet d'un besoin, ou adoptons-nous telle attitude parce que nous l'avons apprise au cours de nos relations sociales (ou familiales) ? Les psychologues avouent avoir des difficultés à trancher à ce sujet. Les activités de l'homme sont nombreuses. Elles dissimulent souvent des pulsions primaires de conservation qui les provoquent en adoptant une sorte de déguisement. Elles cachent en quelque sorte leur source. C'est un peu comme si un Italien voulait passer pour un Écossais en portant un kilt. Même en adoptant le vêtement du pays, en travestissant au mieux son physique pour cacher ses origines, il pourrait être trahi par son accent. Le déguisement dissimule les pulsions primaires comme le kilt fait ressembler, en apparence, l'Italien à l'Écossais.

Les psychologues ont tenté de classer les pulsions physiologiques, liées à l'organisme, en catégories. Certains veulent les réduire le plus possible aux seuls instincts de vie et de mort, comme nous l'avons vu dans la théorie freudienne. Adler, quant à lui, fait grand cas de l'*instinct de puissance*. D'autres auteurs, en revanche, admettent une plus grande palette de motivations. Le psychologue américain Murray (1893-1915) reconnaît chez l'homme vingt besoins fondamentaux, ou forces, qui entraînent et maintiennent de la part de l'organisme une activité jusqu'à ce que le besoin se réduise grâce à une situation adaptée. Parmi ces besoins, on compte celui de plaire, d'être aimé, de dominer, d'agresser… chacun étant accompagné, selon Murray, d'un type d'émotion qui lui est propre. Ce psychologue distingue des besoins *viscérogéniques* qui correspondent aux pulsions primaires comme celles concernant l'alimentation, la sexualité… et les besoins *psychogéniques* comme l'indépendance, la domination… donc sans rapport direct avec les satisfactions physiques. Il établit encore plusieurs distinctions parmi lesquelles on trouve les besoins manifestes (*overt*) qui s'expriment ouvertement et les besoins cachés (*covert*) ceux qui ont besoin d'un déguisement pour ne pas heurter les conventions sociales.

Fantasme

Si l'image est une sorte de mise en scène d'un film se déroulant sur l'écran de notre imagination alors que nous sommes éveillés et dans lequel on se distribue souvent un rôle, le fantasme est comme un arrêt sur l'image s'interposant entre un désir, son évocation, sa réalisation.

Tantôt conscient, tantôt inconscient, surtout lorsqu'il est lié à la sexualité, le fantasme ressemble par certains aspects au rêve.

Il exerce autant sa puissance sur l'individu que la réalité elle-même.

Il est des fantasmes originaires, communs à l'ensemble de l'humanité, qui se perpétuent depuis les temps primitifs.

Le terme *fantasme* (ou *phantasme*) vient du mot allemand *Phantasie* qui désigne l'imagination. Lorsque ce vocable passa la frontière, il fut repris par les psychanalystes.

Le fantasme peut être une rêverie qui se déroule à l'état de veille. Il s'agit alors d'une sorte de petit film que nous projetons sur l'écran personnel de notre imagination et dans lequel nous nous distribuons un rôle la plupart du temps. Dans le fantasme, on a l'illusion de se voir, d'agir. C'est un peu comme lorsque l'on se regarde sur une cassette vidéo. Mais, à la différence du film réel, dans le fantasme il n'y a pas d'autres spectateurs possibles, puisque le scénario se déroule sur notre écran intérieur qui n'appartient qu'à nous-même. Parfois, dans le fantasme, nous ne sommes que de simples observateurs, simples témoins de la scène imaginaire, sans même le savoir.

Le fantasme et son histoire

Freud a mis au jour la notion de fantasme grâce aux confidences de ses patients. Il a remarqué que la plupart d'entre eux faisaient surgir de leur inconscient des souvenirs de leur enfance se rapportant à la séduction par un adulte. La majorité des femmes qui fréquentaient le cabinet du maître conservaient dans leur mémoire des relations amoureuses entretenues tantôt avec leur père, tantôt avec leur frère aîné ou leur oncle. Freud ne tarda pas à constater que ces souvenirs étaient souvent à l'origine de la névrose (trouble du psychisme) qui frappait ses malades. Enfin le psychanalyste dut bien admettre que tous les adultes ne sont pas des pervers et que nombre de ces scènes n'avaient en réalité jamais eu lieu si ce n'est dans l'imagination de ses patients. Toutefois elles avaient été conservées dans l'inconscient comme un rêve éveillé.

Freud comprend alors qu'il importait peu que cette séduction ait pris forme dans la réalité ou dans l'imagination d'une personne. Quelle que soit la façon dont elle ait existé, en vrai ou dans la vie psychique, elle était bien la cause de la névrose. Freud devait en déduire que, en matière de psychisme, le souvenir d'une chose rêvée, imaginée, a autant de puissance, sinon plus, sur l'individu que la réminiscence d'un fait réel. C'est pourquoi il affirme :

> **« ... les manifestations de la névrose ne se reliaient pas directement à des événements réels mais à des phantasmes de désir. »**

Ainsi l'imagination même d'une relation sexuelle avec son père, sa mère, sa sœur... suffit-elle à provoquer une névrose.

Un cas célèbre parmi d'autres illustre bien ce que nous venons de dire et mit Freud sur la piste de l'origine sexuelle de la névrose : celui de Miss Lucy.

Miss Lucy, jeune Anglaise de 22 ans, gouvernante des enfants d'un gros industriel viennois, se plaint d'être poursuivie en permanence par une insupportable odeur d'entremets brûlé. Quelques séances suffirent à Freud pour faire avouer à la demoiselle que ce parfum d'entremets n'était autre que celui du cigare de son patron, dont elle était tombée amoureuse. Se défendant de ses sentiments, Miss Lucy les avait d'abord refoulés, rejetés de son esprit. Mais certaines attitudes de son patron lui ont laissé entrevoir une issue favorable à ses espoirs. Or celui-ci cessa bientôt ce que Miss Lucy crut devoir interpréter comme des avances. Très blessée, fort déçue, elle expulsa définitivement cet épisode de sa conscience par un deuxième refoulement. La névrose de cette jeune fille avait bien une origine sexuelle. Miss Lucy n'avait fait qu'imaginer une liaison avec son patron pour franchir la ligne de démarcation qui sépare le « normal » de la maladie.

Le fantasme, frère du rêve

Tout le monde, quels que soient son âge, son sexe, sa condition physique ou sa catégorie socioprofessionnelle, est le théâtre de fantasmes. Ils sont à cet effet un peu comme les rêves qui peuplent les nuits de chacun d'entre nous, même s'ils ne s'impriment pas toujours dans notre mémoire.

Le fantasme ressemble au rêve nocturne sous certains aspects. Comme lui, il met en scène des personnes que nous connaissons, qui appartiennent de façon plus ou moins proche à notre entourage. Et parfois, de même que dans le rêve, nous ne les reconnaissons pas bien. L'image, en quelque sorte, se brouille, elle devient de mauvaise qualité. On retrouve là le phénomène de *déplacement* consistant à voiler la réalité afin qu'elle puisse franchir la sélection sévère exercée par la censure.

En d'autres termes, si, dans notre fantasme, nous « rêvons » d'une personne dans une situation risquant de choquer notre *Moi*, notre personnalité, nous déformons l'image, nous la troublons afin de faire accepter le film par la censure. Par ailleurs, tout comme le rêve nocturne, le fantasme *condense*, réduit la durée du scénario par rapport à la réalité. C'est un peu le même procédé qu'utilise le cinéma en transposant l'histoire d'une vie entière en deux heures de spectacle. Mais, contrairement au rêve, le fantasme reste un « roman » cohérent. Il peut dans certains cas être repris par le rêve nocturne, c'est ce que Freud appelle : « la façade du rêve ».

Les fantasmes servent-ils à quelque chose ?

On ne peut pas empêcher les fantasmes de s'exprimer. Ils font partie intégrante de notre vie, de l'activité de notre esprit.

Le fantasme obéit au principe de plaisir. C'est ainsi qu'il procure une certaine satisfaction en dépit des réalités extérieures. C'est le cas des romans, des histoires que l'on se construit éveillé. Le désir se trouve à la base du fantasme. Il le déclenche comme le contact électrique provoque la lumière. Le fantasme est pris en tenailles entre le principe de plaisir et celui de réalité. Lorsque nous désirons quelque chose que nous ne pouvons pas obtenir dans la réalité à cause de certains obstacles, comme l'absence de la personne dont dépendrait notre satisfaction, nous avons souvent recours au fantasme. Il nous permet de réaliser en imagination notre désir. Il nous procure alors une certaine satisfaction par l'effet de l'illusion élaborée dans un monde intérieur opposé au monde extérieur auquel le fantasme se trouve malgré tout rattaché.

Généralement lié à la satisfaction libidinale, c'est-à-dire de l'énergie des pulsions, des poussées sexuelles, le fantasme se dissimule derrière des masques pour parvenir en imagination à cette satisfaction. La modalité du plaisir se trouve alors déformée par tout un cortège d'opérations défensives qui vont du désir (refus de reconnaître quelque chose de choquant) à la projection (déplacement vers l'extérieur d'un fait psychique) en passant par le retournement sur la personne ou le renversement du fantasme en son contraire. La représentation imaginaire de la satisfaction dont la réalisation est impossible permet dans certains cas d'éviter de passer à l'acte, d'entraîner le *Moi*, c'est-à-dire nous-même, dans des situations inacceptables qui transgresseraient les règles des comportements et de la morale, propres à la société. En ce sens, le fantasme protège le *Moi*. Mais, en même temps, les fantasmes révèlent des conflits pouvant exister entre un désir sexuel et sa défense, ce qui entraîne chez une personne certains comportements, certaines conduites difficiles à comprendre d'emblée. Il faut donc que l'analyste trouve la clef capable d'ouvrir la porte derrière laquelle se meuvent les fantasmes de son patient. C'est pourquoi il va tenter avec lui de décrypter le langage de l'inconscient, dans le rêve notamment.

Que deviennent les fantasmes ?

Certains fantasmes sont conscients. C'est le cas des petits romans, des petites scènes que nous élaborons dans notre imagination. Ils ont pour vertu de transformer la réalité pour qu'elle corresponde à nos vœux. Ces fantasmes-là sont proches de la rêverie.

Mais la majorité des fantasmes restent inconscients. Outre le cas particulier de l'hystérique qui se livre fréquemment à des représentations imaginaires dans un état d'absence ou hypnoïde (comme sous hypnose), Freud place les fantasmes sur le plan topique, c'est-à-dire sur le plan d'une distribution géographique mentale, dans la cave de l'inconscient de laquelle ils ne sortent pas ou du moins, pour certains, rarement. Ces derniers, quand ils accèdent à la conscience, se trouvent immédiatement rejetés, repoussés dans l'inconscient où ils subissent des transformations. Freud envisage également que le fantasme puisse se situer à l'étage du préconscient dans lequel il séjourne sans accéder au conscient. Dans le cas où sa satisfaction devient trop impérieuse et dangereuse pour le *Moi*, le fantasme est alors rejeté, repoussé dans l'inconscient. Mais cela ne l'empêche pas de s'exprimer. Il peut, selon les cas, engendrer des créations artistiques mais aussi des comportements, des conduites ou encore des symptômes névrotiques révélant un trouble du psychisme. Il s'agit là de formation de symptômes.

En revanche, lorsque le fantasme est acceptable par le *Surmoi*, ce gendarme de la morale qui contrôle tout afin de ne choquer ou de ne mettre en péril le *Moi*, il se concrétise, c'est-à-dire qu'il prend fonne dans la réalité à condition toutefois d'être compatible avec elle. C'est la formation des conduites sublimées.

Les enfants sont-ils sujets aux fantasmes ?

Les séductions sexuelles figurent parmi les événements principaux rapportés par les patients atteints de névrose. On retrouve très fréquemment dans leurs confidences des thèmes ayant trait à la procréation comme la découverte par l'enfant de rapports sexuels des parents, ce que Freud appelle la *scène primitive* ; la séduction par un adulte entraînant une première rencontre traumatisante avec la sexualité, ce que Freud appelle le détournement ; enfin la menace de castration largement décrite dans le complexe de castration. Bien souvent ces événements ne se sont pas passés dans la réalité.

Dans les cas de séduction par un adulte, il s'agit fréquemment d'une accusation imaginaire, d'un fantasme qui serait l'expression du désir de l'enfant, celui de posséder la mère pour le petit garçon, ou le père pour la petite fille. Ces « rêves éveillés » jouent un rôle important dans la vie psychique de l'enfant car ils lui permettent de se déculpabiliser par rapport à la pratique de la masturbation à laquelle il se livre de façon concomitante.

La fréquence d'apparition de tels faits imaginaires amène Freud à envisager l'existence de fantasmes originaires universels communs à l'humanité et qui persisteraient chez chacun d'entre nous depuis les temps primitifs. Ces fantasmes originaires auraient pour fonction de résoudre les grandes interrogations de la vie. La scène primitive représenterait la solution de l'origine de l'être ; la séduction, qui permit à Freud de distinguer la réalité matérielle de la réalité psychique, ferait comprendre l'origine de la sexualité ; la castration résoudrait le problème de la différence des sexes.

Perversion sexuelle

On parle de perversion à propos d'un certain nombre d'agissements antisociaux comme la pyromanie ou la kleptomanie, par exemple. La psychanalyse freudienne place sous ce vocable l'ensemble des déviations sexuelles dans lesquelles elle inclut notamment l'homosexualité, la pédophilie, le sadisme, le masochisme, le travestisme, le fétichisme, l'exhibitionnisme, le voyeurisme. Actuellement, la société étant devenue plus permissive, l'homosexualité et d'autres écarts par rapport à la norme ne sont plus considérés comme des perversions.

Sous l'appellation de *perversions*, la psychanalyse traditionnelle regroupe les comportements de recherche de plaisirs, réels, accompagnés ou non de fantasmes, qui sont « hors normes », « déviés ». Ceux qui, par exemple, dans le vaste champ de la sexualité humaine, s'inscrivent « contre nature » sont appelées *perversions sexuelles*. Mais doit-on pour autant considérer la perversion comme un délit, ou, d'une façon plus nuancée, comme une anomalie psychique ? Il est certain que, sur ce plan, le point de vue social, moraliste ou juridique diffère du point de vue médical ou psychanalytique et varie selon les cultures ou les époques.

Dans le cadre de cette approche, nous n'aborderons que les « perversions sexuelles ». D'ailleurs, dans leur *Vocabulaire de la psychanalyse*, Laplanche et Pontalis nous rappellent que, « en psychanalyse, on ne parle de perversion qu'en rapport avec la sexualité ». Toutefois il faut savoir que, sous ce registre, on peut regrouper un certain nombre d'agissements antisociaux, tels que la pyromanie et la kleptomanie, qui nuisent aux autres, donc à la société, ou encore la toxicomanie ou l'éthylisme, qui représentent des actes autodestructeurs de nature à pénaliser au premier chef celui qui s'y adonne.

Voyons maintenant sur le plan de son étymologie les

réalités que recouvrent le mot *perversion*. Ce vocable apparaît dans notre langue en 1444. Il nous vient du latin *pervertere* (pervertir) qui signifie : « renverser », « retourner », « tourner en mal » ou encore « rendre mauvais ». Cette définition implique bien la notion d'anomalie, de déviation, de comportement atypique... À cet effet, il est intéressant de rappeler que « se pervertir » veut bien dire « devenir mauvais ».

Parmi les nombreuses perversions, déviations ou aberrations sexuelles, ou tendances plus ou moins minoritaires, nous évoquerons :

L'homosexualité — la pédophilie — le sadisme et le masochisme — le travestisme — le fétichisme — l'exhibitionnisme — le voyeurisme.

Dans l'introduction au chapitre de ses *Trois essais sur la théorie de la sexualité*, Freud, en tout premier lieu, précise le sens de deux termes : « objet sexuel » et « but sexuel ». Il les définit ainsi :

> **« La personne qui exerce un attrait sexuel sera désignée comme *objet sexuel*, et l'acte auquel pousse la pulsion sera nommé *but sexuel*. »**

Parmi les perversions d'objet figure la *nécrophilie*. Dans ce cas, l'objet sexuel est un cadavre humain. Cette forme d'aberration donne l'impression de n'exister que dans la littérature fantastique ou le cinéma d'épouvante. En effet, la nécrophilie correspond à une perversion bien particulière qui dépasse l'entendement, car elle semble incroyable. Pourtant, dans l'histoire, il y a eu des cas répertoriés par la Faculté de médecine, comme le sergent Bertrand. Ce jeune militaire, en 1849, fit un rapport très détaillé sur son côté « plus fort que lui » qui le poussait à agir ainsi. Il ne se contentait pas de prendre des trépassées comme partenaires. L'acte accompli, il les mutilait rageusement. Cette forme bien particulière de sadisme porte le nom très explicite de *nécrosadisme*.

L'homosexualité

Dans ses *Trois essais sur la théorie de la sexualité*, Freud commence par traiter de « L'inversion ». Il constate que « l'on est fort étonné d'apprendre qu'il y a des hommes pour qui l'objet sexuel n'est pas la femme, mais l'homme, et que de même il y a des femmes pour qui la femme représente l'objet sexuel. On appelle les personnes qui s'adonnent à ces pratiques : homosexuels, ou mieux, selon Freud, *invertis*, et le phénomène *inversion.* »

Si l'homosexualité figure au registre des déviations, sur le plan historique, la sodomie, c'est-à-dire le coït anal, est un mot qui a une origine bien précise. Il nous vient de Sodome qui est le nom d'une ville de la basse vallée du Jourdain. Selon la *Bible*, elle aurait été détruite en même temps que Gomorrhe parce que la colère divine se serait abattue sur ces lieux de débauche pour punir les habitants qui s'adonnaient à la sodomie : « *L'Éternel fit pleuvoir du ciel sur Sodome et Gomorrhe du soufre et du feu...* » (« Genèse », ch. 19, v. 24).

Dans la tradition gréco-latine, l'homosexualité féminine a également ses lettres de noblesse. En effet on désigne du nom de *lesbienne* une femme homosexuelle. L'origine en est simple. À Lesbos, île grecque de la mer Égée, vivait la poétesse Sapho (VIIe-VIe siècle av. J.-C.) qui avait la réputation de former à la poésie et à la danse, avec une complaisance toute particulière, des jeunes filles de l'île. Cet intérêt très marqué que pouvait porter une femme à des personnes de son sexe, ce que devait confirmer son œuvre poétique, fut le point de départ d'une légende qui attribua à toutes les habitantes de Lesbos le même penchant que celui de la célèbre Sapho.

Dans le chapitre I de ses *Trois essais* qu'il intitule « Les aberrations sexuelles », Freud distingue trois types de comportement chez les invertis :

— *Les invertis absolus* qui ne ressentent aucun désir à l'égard de l'autre sexe et qui éprouvent même de l'indifférence, quand ce n'est pas de l'aversion. Autrement dit, leur sexualité ne prend pour objet, et d'une façon exclusive, que des personnes de leur sexe.

— *Les invertis « amphigènes »* (hermaphrodisme psychosexuel) dont la sexualité ne s'exprime pas d'une façon exclusive sur des personnes de leur sexe.

— *Les invertis « occasionnels »* qui, en l'absence de l'autre sexe — donc pour des raisons circonstancielles souvent inhérentes à un milieu donné —, expriment leur sexualité avec des personnes de leur sexe.

La relation entre homosexualité et perversion ne doit pas être considérée comme systématique. Freud le premier s'est bien gardé de faire l'amalgame :

> **« La psychanalyse, déclare-t-il, se refuse absolument à admettre que les homosexuels constituent un groupe ayant des caractères particuliers, que l'on pourrait séparer de ceux des autres individus » (*Trois essais* ; « note du premier *Essai* »).**

Depuis les années 1970, l'homosexualité est devenue un sujet, sinon admis, du moins socialement et intellectuellement davantage compris qu'il ne l'était par le passé. En effet, après avoir été l'objet de bien des condamnations et de différentes formes d'exclusion, elle s'exprime et apparaît aujourd'hui à la lumière. Il est un fait que notre société culpabilise et pénalise moins les homosexuels qu'autrefois. Il arrive d'ailleurs que les médias les laissent s'exprimer, ce qui contribue à ne pas en faire des individus à part.

Il est difficile, voire erroné, d'établir une comparaison entre l'homosexualité comme pratique fréquente dans l'Antiquité ou comme initiation à l'état d'homme dans certaines sociétés primitives, et l'homosexualité qui se pratique à Paris, à Rome, à Londres ou à New York, par exemple. En effet, dans la Grèce antique comme, paradoxalement, dans les sociétés primitives, la relation homosexuelle était porteuse d'une signification hautement symbolique. Dans l'Occident contemporain, l'homosexualité est entrée dans le domaine du profane (qui n'est pas celui du *sacré*). Toutefois sa relation avec la perversion demeure toujours aussi complexe et ambiguë qu'autrefois. En fait il y a différentes formes d'homosexualité, et on la qualifie de perverse dans plusieurs cas, notamment quand elle se trouve combinée à d'autres « aberrations sexuelles » telles que le sadisme, le masochisme ou le fétichisme, par exemple. C'est-à-dire lorsqu'elle s'accompagne de fantasmes d'objets partiels ou de représentations d'objets déviant la pulsion de son but de satisfaction.

La pédophilie

Le pédophile (du grec *pais*, *paidos* = « enfant », « jeune garçon ») est estimé comme un pervers dans le cas où l'enfant devient l'unique objet de sa sexualité. En effet, le pédophile pervers ne doit pas être considéré, sur le plan psychanalytique, comme le pédophile occasionnel. Le pervers ne recherche, comme partenaires possibles, que des enfants ou des adolescents avec lesquels il ressentira la nécessité de passer à l'acte. Il faut préciser que les sujets du pédophile sont en fait des victimes sans défense même s'ils donnent, dans certains cas, l'impression de se faire les complices de l'adulte qui, lui, use de son pouvoir de séduction. Quoi qu'il en soit, les enfants devenus objets de sexualité de la part d'adultes subissent presque toujours un très lourd traumatisme.

Le sadisme et le masochisme

Le sadisme tire son nom de Donatien Alphonse François, marquis de Sade (1740-1814), connu, entre autres, pour ses œuvres littéraires dans lesquelles il fait la peinture de l'amour cruel en érotisant la douleur.

Le masochisme doit son nom à l'écrivain autrichien Léopold Sacher-Masoch (1836-1895) qui, dans *La Vénus à la fourrure*, relate les scènes d'amour qu'il a vécues avec sa femme Aurora Rümelin devenue Wanda pour la circonstance. C'est le médecin allemand Krafft-Ebing (1840-1902) qui créa le vocable « masochisme » à partir du patronyme de ce singulier auteur.

Le sadisme

Le sadisme se caractérise par l'impossibilité d'accéder à la satisfaction sexuelle sans infliger à son partenaire une souffrance. Le sadique obéit à des rites, à des habitudes qui lui appartiennent en propre. L'acte est au cœur de cette perversion sexuelle. Il passe par le contact corporel, le toucher qui doit produire une souffrance réelle, concrète, visible : brutalités, piqûres, morsures, blessures… amenant celui qui les inflige à la satisfaction.

Le sadique reste froid et souvent insensible : la douleur de l'autre ne produit chez lui aucune compassion. Il n'a pas de partenaire de prédilection et peut exercer son commerce aussi bien avec des femmes, des hommes, des enfants, des vieillards ou des animaux. Mais, dans sa cruauté, le sadique cherche à rétablir une forme d'intimité, un peu comme s'il voulait s'enfermer dans une bulle avec un seul partenaire. Il peut, dans certains cas, admettre la présence d'un tiers observateur et complice.

Le sadisme obéit à une sorte de rite dans lequel l'autre est sacrifié. Le sadique prépare avec soin et minutie l'acte. Il va l'imposer à son partenaire d'une façon telle que ce dernier ne pourra que céder. C'est un peu comme si le sadique tendait un piège dans lequel l'autre tomberait inéluctablement.

Dans la sexualité sous le signe de la violence, le sadisme unit l'amour et la mort (Éros et Thanatos), ainsi que l'avait déjà envisagé Freud dans les *Essais de psychanalyse*. Le sadisme se caractérise donc par une inversion majuscule dans le comportement sexuel. En effet ce n'est pas le plaisir de l'autre qui éveille sa propre jouissance, mais c'est au contraire la souffrance et l'humiliation de sa partenaire qui provoque la satisfaction sexuelle. Toutefois on peut noter que le sadisme n'est pas réservé aux hommes, même si ce sont eux qui, dans les délits, viols, crimes… font la une des journaux. Certaines femmes sont également expertes dans ces pratiques, notamment lorsqu'elles trouvent en leur complément masculin un adepte du masochisme.

Le masochisme

La perversion masochiste se caractérise par l'impossibilité d'accéder à la jouissance sexuelle sans éprouver une douleur.

Le masochiste est à la fois le metteur en scène et l'acteur de son rituel. Outre la souffrance dont dépend son plaisir, le masochiste recherche également les situations qui le rabaissent, le mettent dans un état d'humiliation, de dégradation dont les effets sont exacerbés par la présence imaginaire ou réelle d'un témoin spectateur de la scène. Le masochisme est donc une violence à rebours que le sujet s'inflige à lui-même par l'intermédiaire de l'autre. Mais cette violence, il l'impose également à son partenaire qui, docile, exécute ses volontés.

Si le sadisme peut se solder parfois par la mort, le masochiste pervers met rarement sa vie en péril, pas plus qu'il ne se risque à la mutilation.

L'orgasme suit toujours la pratique masochiste, mais le sujet fait tout pour le retarder, car il survient en même temps qu'une paradoxale sensation de malaise. Par ailleurs, le soulagement éprouvé par le masochiste, après ses ébats, est tellement profond qu'il le met à l'abri, dans certains cas, du sentiment de culpabilité ou de problèmes psychiques qui peuvent suivre ce genre de pratiques.

Contrairement aux idées reçues, le masochisme n'est pas le propre de la femme. Masoch figure parmi les exemples les plus célèbres de cette pratique au masculin.

Outre les perversions sexuelles, le sadisme et le masochisme peuvent être perçus sous l'angle moral. Le caractère sadique est marqué de violence, d'agressivité contenues, du moins en apparence, et parfois même dissimulées sous des dehors de générosité. Le caractère masochiste se traduit par une incapacité à savourer les joies de la vie et une tendance à se complaire dans les maladies ou les calamités. Quant au caractère sadomasochiste, il s'exprime par le passage d'une position à l'autre, à la limite chaque masochiste étant son propre sadique et vice versa.

Le travestisme

Se travestir, donc se déguiser, consiste à adopter par l'intermédiaire d'attributs vestimentaires — le plus souvent — une identité qui n'est pas la sienne.

On parle de *travestisme* pervers quand une personne ne peut atteindre le plaisir sexuel qu'en portant les vêtements du sexe opposé, soit d'une manière discrète soit de façon affichée.

Tous les auteurs ayant traité du sujet insistent sur le fait que le travestisme doit être distingué de l'homosexualité, la seconde n'étant pas la conséquence inéluctable du premier.

Le travesti se veut homme et femme à la fois pour des motifs parfois lucratifs et pragmatiques. Dans les conduites pathologiques, le travesti espère, en endossant le vêtement de l'autre, épouser comme par magie les pouvoirs de l'homme et ceux de la femme. L'habit complète ce qui manque à l'individu. Il constitue en quelque sorte la seconde moitié de l'être.

Lorsque le travesti doit opérer un choix d'identité, il opte souvent pour celle du sexe opposé, donc pour l'inversion, par l'intermédiaire du vêtement qui normalement n'est pas le sien.

Si le travestisme féminin s'assimile à celui de l'homme en matière de pouvoir, il ne se limite pas au domaine de la sexualité. En effet, la tendance de la femme serait de s'approprier un pouvoir qu'elle n'a pas, qu'elle prête à l'homme dont elle calque le comportement. Quant à la tendance de l'homme, elle serait d'adopter le pouvoir sexuel de séduction qu'il prête à la femme.

Cette manière d'investir une propriété à travers un objet vestimentaire se rapproche alors du fétichisme.

Le fétichisme

Le *fétichisme* joue un rôle majeur dans la relation amoureuse. Comme le rappelle Freud :

> **« Un certain degré de fétichisme se retrouve régulièrement dans l'amour normal, surtout pendant la période amoureuse où le but sexuel ne paraît pas pouvoir être atteint, ou ne peut être satisfait. »**

En fait, le fétichisme mineur, ou plutôt celui qui passe pour être normal, peut commencer avec une photo, un objet familier, un parfum particulier. Mais le fétichisme pervers correspond à une mise en scène qui a pour effet, en partant d'un objet fétiche, de provoquer la jouissance physique. Cet objet peut être inanimé. Il peut s'agir d'un vêtement, ou, par exemple, d'une pièce de vêtement qui se trouve en relation avec des parties du corps liées à la sexualité (petite culotte, soutien-gorge), mais il peut s'agir également d'un gant, d'une combinaison, d'une robe, d'une jupe, d'un pantalon ou d'un soulier. Parfois la fixation fétichiste se porte sur des cheveux, une moustache ou une partie spécifique du corps qui n'a aucune relation apparente avec une partie liée à la fonction sexuelle.

Pour Freud :

> **« Le fétiche est le substitut du pénis de la femme (la mère), auquel a cru le petit enfant, et auquel, nous savons pourquoi, il ne peut pas renoncer » (*Abrégé de psychanalyse*).**

À cet effet, il convient de noter que le transsexualisme n'est pas en soi une perversion mais un état mettant en cause l'identité sexuée : le vécu psychologique qui est en contradiction avec la réalité morphobiologique et le contexte social.

L'exhibitionnisme

L'exhibitionniste pervers est celui qui trouve sa satisfaction en montrant ses organes sexuels. Selon les époques, les auteurs qui ont traité de ce sujet insistent tantôt sur le caractère impulsif, spontané, de cette perversion, tantôt sur son aspect obsédant ou sur le fait que le plaisir éprouvé au moment de l'exhibition se suffit à lui-même.

L'exhibitionniste montre ses organes sexuels souvent d'une façon obscène. Mais il ne se masturbe pas systématiquement. Il organise la façon dont il va s'y prendre, choisit le lieu : église, métro, cinéma, voiture, toilettes... et l'heure : petit matin, soir, nuit... Son but consiste également à surprendre sa victime : femme, enfant et parfois homme seul. Il use pour cela de subterfuges propres à rendre plus aisé son « manège », et que l'on peut assimiler au fétichisme. Cela va de l'imperméable au chapeau en passant par le journal, le cartable ou la porte à double battant derrière laquelle il attend d'être vu.

Déconcerté par l'indifférence, l'exhibitionniste a besoin que l'on fasse attention à lui.

Selon Freud, dans les *Trois théories sur la sexualité*, l'exhibitionniste se montre pour voir à son tour le sexe de l'autre. C'est le cas notamment des enfants ou des adolescents. Plus tard, le maître de la psychanalyse complète son approche de ce phénomène en l'expliquant par la volonté chez l'exhibitionniste de s'assurer de la possession de son phallus. Enfin cette perversion apparaît encore à Freud comme une réponse à l'angoisse de castration que le pervers évite en réaffirmant son phallus.

L'exhibitionnisme figure parmi les délits les plus poursuivis sur le plan judiciaire. Mais, paradoxalement, cet écho de la société face à la perversion a plutôt tendance à encourager les auteurs d'« outrage à la pudeur » à persévérer dans leur comportement. L'exhibitionnisme couplé au voyeurisme s'est institutionnalisé au service de la publicité qui veut vendre et des chaînes TV qui veulent augmenter leur audience.

Le voyeurisme

Le *voyeurisme*, au sens le plus large du terme, consiste à user du regard pour procéder à une sélection en fonction de certains critères — forcément subjectifs — de beauté. Mais le voyeurisme associé à la perversion consiste à guetter, à se cacher pour épier, à surprendre par tous les moyens possibles ce qui, en rapport avec l'acte sexuel ou les organes intimes, correspond à ce qui se cache, se dissimule.

Le voyeur entre par effraction, avec le regard, dans l'intimité des autres. Ainsi prend-il son plaisir simplement en voyant. Ce qui le caractérise, c'est sa détermination en même temps que sa passivité.

— Il est capable de toutes les audaces, de toutes les astuces pour voir un spectacle lié à la sexualité auquel il n'a pas été forcément convié.

— Il reste immobile et ne participe que sur le plan fantasmatique. Il lui arrive aussi de se masturber, mais pas toujours, puisque bien souvent le plaisir de voir remplace pour lui la jouissance. On conçoit que l'exhibitionnisme des uns sollicite le voyeurisme des autres et vice versa. À la limite, chez le même sujet peuvent cohabiter le désir de voir et celui d'être vu.

Libido

Freud définit la libido *comme l'énergie qui préside aux pulsions, aux poussées sexuelles. Elle est à la sexualité ce que la faim est à la nutrition.*

Destinée à un objet extérieur — libido d'objet —, la libido peut, si elle rencontre des obstacles de la part du Moi, *de la personnalité, régresser, c'est-à-dire trouver, comme dans l'enfance, à se satisfaire à partir du sujet lui-même — la libido du* Moi.

Le terme de *libido* en latin se traduit par désir, envie. La *libido* est un concept, une idée utilisée par Freud — même s'il prétend l'avoir empruntée à Albert Moll, auteur d'ouvrages sur la sexualité — à propos des instincts ou des pulsions, des poussées sexuelles.

Ce vocable connut une grande vogue, mais son interprétation reste aujourd'hui encore délicate. En effet, Freud n'en a pas donné une définition précise. Aussi est-ce à travers la pensée de Freud, sans cesse en évolution, que l'on parvient tant bien que mal à élaborer une explication.

Traditionnellement, on définit la *libido* comme le « *nom donné à l'ensemble des instincts sexuels et à la force psychique qu'ils représentent* ».

Pour Freud, le terme de *libido* désigne une forme d'énergie liée exclusivement aux pulsions, aux poussées sexuelles. Dans les *Trois essais sur la théorie de la sexualité*, Freud met en parallèle deux instincts de survie, celui de la sexualité et celui de la nutrition. Ainsi, pour le psychanalyste viennois, la *libido* est-elle à la sexualité ce que la faim est à la nutrition. Et la *libido*, comme la faim, cherche la satisfaction. D'ailleurs, ne dit-on pas « avoir un appétit sexuel », « j'ai faim de toi », « je te mangerai », « tu es à croquer » (pour ce dernier cas, « croquer » qui, à l'origine, signifiait « dessiner », « faire un *croquis* », est pris dans le sens de « manger » avec ses « crocs »). La *libido* représente donc en quelque sorte l'énergie de la pulsion, de la poussée sexuelle, comme l'essence est l'énergie nécessaire à faire fonctionner le moteur d'une voiture. C'est sur cette énergie que repose la pulsion sexuelle, ses transformations, ses déplacements.

Freud envisage la *libido* sous un aspect quantitatif. Plus ou moins de *libido* explique les comportements, les problèmes à la fois psychologiques et sexuels d'une personne. Si l'on poursuit l'image de la voiture, on peut dire que plus ou moins d'essence dans le réservoir permet de déduire la quantité de kilomètres parcourus. Ainsi Freud remarque, dans les *Trois essais sur la théorie de la sexualité*, que la *libido* est :

> **« Une force quantitativement variable nous permettant de mesurer les processus et les transformations dans le domaine de l'excitation sexuelle. »**

La *libido* serait en quelque sorte le baromètre de la sexualité.

> **« Sa production, son augmentation et sa diminution, sa répartition et son déplacement devraient nous fournir les moyens d'expliquer les phénomènes psychosexuels. »**

Plus que la qualité de la *libido*, c'est la quantité qui compte, qui tient la plus grande place dans la théorie du maître. Toutefois, si Freud défend l'hypothèse chimique, c'est-à-dire interne à notre organisme, de la *libido*, il ne pense pas que cette énergie ait les mêmes origines chimiques que les autres processus psychiques qui habitent notre esprit. Il établit donc une différence qualitative même si elle n'est pas l'élément principal de sa théorie. Aussi, dans les *Trois essais sur la théorie de la sexualité*, nous dit-il :

> **« L'hypothèse selon laquelle l'excitation sexuelle aurait une base chimique concorde parfaitement avec les conceptions que nous nous sommes formées pour nous aider à comprendre et à dominer les manifestations psychiques de la vie sexuelle... »**

Mais il ajoute plus loin cette précision :

> **« Nous distinguons la *libido* de l'énergie qu'il faut supposer à la base de tous les processus psychiques en général ; la distinction que nous lui établissons correspond aux origines propres de la *libido*. »**

Ainsi la *libido*, énergie des poussées sexuelles qui vibrent en nous, ne ressemble pas aux autres énergies, car son origine est différente de celle des autres.

> **« Quand nous distinguons l'énergie de la *libido* de toute autre énergie psychique, nous supposons que les processus sexuels de l'organisme se distinguent des fonctions de nutrition par un chimisme particulier. »**

Le *Moi* et la libido, une rencontre difficile

La notion de *libido* s'enrichit avec le temps. C'est en étudiant les troubles psychiques comme les psychoses et les névroses que Freud approfondit sa recherche sur le destin de la *libido*.

La *libido* manifeste certains désirs auxquels le *Moi*, la personnalité ne peut céder. Dans ce cas la *libido*, qui cherche à se satisfaire comme nous l'avons vu précédemment, va envisager d'autres moyens, d'autres directions, pour parvenir à son but.

En fait, le *Moi*, la personnalité et *a fortiori* le *Surmoi*, le gendarme de la morale, ne trouvent pas de terrain d'entente avec la libido, ainsi que nous l'avons développé dans les *pulsions*. En effet la *libido* ne tire aucune leçon, aucun profit de la réalité extérieure, contrairement à notre *Moi*, notre personnalité qui, elle, se modèle, s'éduque, se canalise, se transforme.

La *libido* reste capricieuse, exigeante. Si la personnalité est construite, élaborée, la *libido*, quant à elle, est un peu comme la pièce de bois brute par rapport au chef-d'œuvre façonné par un artisan compagnon. Aussi existe-t-il toujours une tension, une « mésentente » chez l'homme normal entre le *Moi*, qui a appris dès les premières années de la vie à différer son plaisir, et la *libido* qui cherche un plaisir aussi immédiat qu'intense.

Mais la névrose s'installe lorsque le *Moi* ne peut plus canaliser la *libido*, quand il ne peut plus fermer l'écluse destinée à retenir l'eau, l'énergie-*libido*, à la mettre en suspens. Alors, pour sortir du conflit, la *libido* régresse, c'est-à-dire cherche à retrouver un moment du passé où elle était satisfaite. Ce retour en arrière ne correspond plus à son évolution du moment. Toutefois il devient possible dans la mesure où chaque étape de l'évolution de la *libido* laisse des traces, des empreintes, des marques que Freud appelle des « *points de fixation de l'énergie libidinale* », et même si le *Moi* a refoulé, rejeté, oublié en apparence les phases du développement sexuel de l'enfance. Le travail de Freud sur l'origine des névroses l'a mené à distinguer la *libido du Moi* et la *libido d'objet*.

Libido du *Moi* et libido d'objet

Au cours des premières années de la vie, la *libido* se tourne sur le *Moi*. L'enfant prend son propre corps comme objet de son plaisir, notamment lors des activités autoérotiques. C'est ce que Freud appelle le *narcissisme primaire*. Puis la *libido* va partir du *Moi* et se diriger vers des objets extérieurs. C'est un peu comme si le *Moi* était la gare et que la *libido* prenait le train pour une destination nouvelle. Cela correspond au moment où l'enfant va orienter ses désirs sur une autre personne qui n'est ni sa mère ni son père, mais quelqu'un du sexe opposé. C'est ce que Freud nomme la *libido d'objet*.

Mais la *libido* entre en conflit avec le *Moi*. Si elle ne peut pas trouver la satisfaction, vers laquelle elle tend, avec un objet extérieur parce que le *Moi* le lui interdit, alors la *libido* fait un bond en arrière. Elle se retourne vers un passé qui lui a donné satisfaction. Elle s'oriente donc cette fois vers le sujet lui-même, elle le choisit de nouveau comme pendant l'enfance et comme s'il lui manquait la force nécessaire pour aller plus loin. Le train s'arrête faute d'élan et regagne la gare de départ. Ainsi se produit-il une sorte de régression. C'est ce qui concourt en partie à ce que Freud appelle le *narcissisme secondaire*. Il survient après que la *libido* a abordé l'étape d'une sexualité adulte, et il s'enrichit des investissements concourant à la réalisation d'un idéal du *Moi* (*Moi* issu du narcissisme).

Pour bien comprendre ce que nous venons de dire, imaginons la scène suivante. Supposons qu'une personne regarde par la fenêtre le monde extérieur. Elle observe le décor et les individus qui déambulent sur les trottoirs. On peut comparer ce regard à la *libido d'objet* qui part du *Moi* pour aller vers quelqu'un d'autre. Imaginons maintenant qu'à la place de la vitre transparente on pose un miroir.

Au lieu de voir le monde extérieur, la personne reçoit sa propre image, son *Moi*. C'est un peu cela, la *libido du Moi*, elle se retourne sur le sujet lui-même pour trouver sa satisfaction. Après avoir regardé la rue, la personne se trouve face à son propre reflet à cause du miroir. Il s'agit donc bien d'un *narcissisme secondaire* puisqu'il survient après l'orientation vers des objets extérieurs, après le spectacle de la rue.

Mais cette vision réflexive du sujet sur lui-même limite le narcissisme secondaire à un monde séparé du monde extérieur. C'est une version partielle du narcissisme secondaire qui comporte, pour être conforme à la vision de « soi dans le monde », une mise en perspective de soi au milieu des autres.

Freud et Jung en désaccord

Freud et Jung attribuent à la *libido* une signification différente.

Si Freud voit dans la *libido* une énergie liée aux pulsions sexuelles, à l'« appétit » pour un objet dont la jouissance satisfait ces mêmes pulsions sexuelles, pour Jung, la *libido* n'a rien de commun avec la sexualité.

Le disciple de Freud assimile la *libido* à un « élan vital », à une sorte d'énergie qui tient le gouvernail des conduites, des comportements humains. Du coup, le passé sexuel ne rentre pas en ligne de compte dans la conception que se forge Jung de la *libido*. Il la perçoit comme une énergie unique.

Dénuée d'aspect sexuel, elle ne peut pas entrer en conflit avec le *Moi* comme le soutient Freud pour expliquer l'origine des névroses, des troubles qui peuvent nous atteindre. Le terrain de combat de la névrose jungienne sera plutôt le monde extérieur.

Si Freud situe l'origine des névroses dans le passé, Jung la place dans le présent. Ainsi, pour lui, la névrose naît d'un refus du sujet à vivre un moment vital présent, ce qui ranime des éléments de l'enfance un peu comme la braise relance le feu de cheminée sous l'air propulsé par le soufflet. Là où Freud discerne la cause des névroses, Jung n'en perçoit que le résultat. Encore un point de rupture entre les deux hommes.

Sublimation

La sublimation dévie la pulsion, l'énergie sexuelle, en une quête idéalement plus élevée et propre à satisfaire aussi bien le sujet que la société.
La sublimation se traduit dans les réalisations artistiques, culturelles, sociales ou professionnelles. Elle se manifeste encore dans l'amour de l'humanité tout comme dans l'amitié.

Si l'on ouvre le dictionnaire Robert, on lit que la *sublimation* est un terme appartenant au domaine de la chimie et signifie le « passage de l'état solide à l'état gazeux sans passer par l'état liquide ». C'est la définition première, celle qui a prévalu dans le dictionnaire Littré dès 1860. Le supplément actuel du Littré rejoint la définition dérivée de la psychanalyse comme étant un

> **« mécanisme par lequel des pulsions primaires sont inconsciemment détournées de leur objectif primitif et reportées sur des destinations plus nobles et socialement plus utiles ».**

Freud introduit l'idée de *sublimation* dans la théorie analytique en 1905. Cette notion complexe a pris chez Freud de multiples directions. Nous nous contenterons ici d'en retracer les grands axes dans un souci légitime de clarté.

La *sublimation* est un processus mental, un mécanisme psychique qui consiste donc à détourner certaines pulsions ou poussées sexuelles afin de les orienter vers des buts admis et reconnus socialement supérieurs. Les pulsions ainsi orientées vers un but idéalisé perdent leur caractère sexuel.

Lorsque l'enfant, après le complexe d'Œdipe, traverse la période de latence qui s'étend jusqu'à l'adolescence, l'énergie sexuelle n'a pas disparu. Mais, au lieu de se manifester par l'érotisme, elle trouve des voies annexes de substitution. Ainsi l'enfant se réalisera-t-il dans la compétition scolaire ou sportive qui sera un exutoire, une façon de se soulager par exemple des rivalités avec le parent du même sexe au cours du complexe d'Œdipe. Sa curiosité sexuelle s'atténuera pour se traduire par un appétit de savoir, une soif de connaître. Dans « Pulsions et destins des pulsions » (dans *Métapsychologie*), Freud nous dit :

> **« Ce qui distingue les pulsions sexuelles, c'est le fait qu'elles peuvent, dans une large mesure, se remplacer les unes les autres et échanger facilement leurs objets. Ces derniers caractères les rendent capables de productions fort éloignées de leurs visées premières (sublimation). »**

Freud, dès le début de ses réflexions, associe la *sublimation* aux pulsions partielles, c'est-à-dire les pulsions non génitales. Il semble que les psychanalystes qui ont étudié le sujet après lui suivent bien la direction du maître et admettent avec lui que les pulsions génitales ne peuvent être réellement sublimées. Et Freud souligne :

> **« Une certaine dose de satisfaction directe paraît indispensable. »**

Bien souvent, dans les ouvrages de psychanalyse, la *sublimation* apparaît comme un mécanisme de défense. Notre personnalité prendrait en quelque sorte les armes contre les pulsions. Freud, à un moment donné, pense ainsi, comme en témoigne la lettre qu'il adressa le 2 mai 1910 au pasteur Pfister :

> **« Ce que vous appelez "compensation" est compris chez moi sous le concept de "sublimation" ou sous le concept semblable mais plus clair de "formation réactionnelle". »**

En réalité, la *sublimation* ne s'apparente pas à un mécanisme de défense. Quand la personnalité sent son équilibre menacé, elle rejette ce qui vient la perturber. C'est donc le refoulement qui est un mécanisme de défense. La *sublimation* quant à elle permet d'atteindre à une forme de satisfaction.

Le docteur Lagache parle alors plutôt d'un « dégagement » de la pulsion. « Dégagement » qui d'ailleurs peut revêtir aussi bien un aspect tout autre que celui de la *sublimation*, celui de la délinquance (ou d'une autre conduite mise à l'index comme le vol, l'escroquerie...).

Dans le premier cas, l'individu est montré du doigt par la société qui le dévalorise parce qu'il lui nuit. Elle prend même toutes les mesures qui sont à sa disposition pour le neutraliser. Dans le second cas, l'individu est complimenté, reconnu, accepté parce qu'il s'est réconcilié avec les valeurs sociales.

Ainsi la *sublimation* transforme-t-elle la pulsion sexuelle inconsciente, brutale (comme la recherche du plaisir qui lui est associée) en une quête idéalement plus élevée et acceptable à la fois pour la personne et pour la société qui l'entoure. C'est un peu comme si l'on déviait les eaux d'un torrent de montagne impétueux vers un lac calme et serein. La *sublimation* ne pourrait avoir lieu que par l'intermédiaire de la personnalité, du *Moi* médiateur qui prendrait à son compte l'énergie sexuelle du *Ça*, du pôle des pulsions pour l'orienter vers quelque chose d'autre, dénué d'érotisme.

> **« La sublimation s'effectuerait par l'intermédiaire du Moi... Le Moi se substitue au Ça dans ses fixations aux objets. »**

De plus, pour que nous puissions dans la *sublimation* diriger nos pulsions vers un objectif convenable, c'est-à-dire admis par la morale, cela suppose que le *Surmoi*, le juge capable de soupeser le bien et le mal, soit déjà formé. En d'autres termes, il ne peut y avoir de *sublimation* chez le tout petit enfant, car il est encore incapable de juger de ce qui « se fait » ou « ne se fait pas ». D'ailleurs Anna, la fille de Freud, affirme en 1937 qu'il existe une relation nécessaire entre la *sublimation* et le *Surmoi*.

Dans la mesure où la pulsion sexuelle sublimée ne trouve pas de satisfaction directe par le jeu de l'érotisme, il faut que la *sublimation* lui apporte une satisfaction de remplacement capable de combler celle qui manque dans la réalité. D'où une différence majeure entre la satisfaction sexuelle et celle d'autres besoins naturels comme celui de se nourrir, de boire, qui peuvent être retardés mais non pas sublimés, déviés sous peine de mettre la vie en péril.

Quelles voies de déviation emprunte la sublimation ?

La *sublimation* emprunte des voies diverses de déviation qui mènent à des réalisations artistiques, culturelles ou sociales.

En ce qui concerne les réalisations artistiques, Freud s'est penché plus particulièrement sur le cas de Léonard de Vinci. Nous n'évoquerons pas ici la vie du grand peintre, malgré tout l'intérêt que nous lui portons. Nous nous bornerons seulement à expliquer, dans le cadre qui nous intéresse ici, l'obsession de l'investigation intellectuelle, la soif de connaissances qui caractérisaient Léonard de Vinci. Freud remarque que le père de la Joconde avait fait preuve, durant sa petite enfance, d'une curiosité extrême à l'égard des mystères de la sexualité. Plus tard il a mis cette curiosité au service de la connaissance, il l'a détournée de ses premières sources d'intérêt vers une destination plus noble, celle du savoir et de la création.

Ainsi peut-on dire que l'activité intellectuelle comme l'activité artistique proviennent de la *sublimation*. C'est, selon Freud, le destin le plus pur mais aussi le plus rare des pulsions sexuelles. L'énergie sexuelle se soustrait dès lors au refoulement, c'est-à-dire à son rejet, et renforce l'instinct de recherche et de création. L'intellect se trouve comme libéré des liens qui l'attachaient à la sexualité. Il peut alors développer ses facultés.

En d'autres termes, les ambitions les plus élevées de l'humanité proviennent des instincts, des buts sexuels déviés, sublimés, un peu comme la fleur qui pousse sur le fumier.

Mais attention, évitons une confusion fréquente : le mot *sublimation* désigne l'activité artistique elle-même et non pas l'œuvre.

F. Pasche complète cette pensée en affirmant que l'artiste joue un rôle important auprès de nous en nous permettant d'éprouver un plaisir sublimé, en s'adressant à notre imagination, en projetant dans notre esprit des évocations multiples. Freud va dans ce sens quand il nous dit :

> **« Au sommet de ces joies imaginaires trône la jouissance procurée par les œuvres d'art, jouissance que celles-ci rendent également accessible, par l'intermédiaire de l'artiste, à celui qui n'est pas lui-même créateur. »**

Mais est-ce que la *sublimation* n'est réservée qu'à une élite comme Freud semble le penser dans *Malaise dans la civilisation* (1930) ?

Aujourd'hui, on tend à penser qu'elle concerne tout le monde. Dans notre vie quotidienne, nous sublimons une grande quantité d'énergie. C'est ainsi que nous nous jetons à corps perdu dans les études si nous en avons le goût. Nous nous adonnons aux joies de la musique, nous créons même parfois.

La *sublimation* se manifeste également d'une façon pratique dans l'activité professionnelle. On cite souvent l'exemple d'une femme qui, ne pouvant pas avoir d'enfant, va décider de devenir puéricultrice, assistante sociale, institutrice, etc. Elle va dévier son énergie en essayant d'apporter aux enfants, qui ne sont pas les siens, un peu de joie. La pulsion cesse alors d'être sexuelle pour devenir sociale.

Mais il ne faut pas généraliser. Bien des femmes exercent également ces métiers par goût tout simplement. D'autres exemples, aussi connus, rapportent qu'un homme présentant certaines tendances sadiques (manifestant du plaisir à faire mal) peut devenir boucher ou chirurgien, selon son niveau d'études et les circonstances de la vie. Cet homme va satisfaire ses tendances sadiques symboliquement et même positivement. Mais, là encore, ne raisonnons pas de façon stéréotypée. Nous risquerions, notamment, de tirer un trait sur les vocations, les motivations ou toutes les situations qui ont pu amener une personne à choisir une profession.

La *sublimation* se traduit aussi dans la vie de tous les jours par l'amitié. C'est un sentiment que nous avons tous partagé un moment donné de notre existence. Nous affirmons souvent bien haut que l'amitié qui nous anime pour une personne se trouve dénuée de désir. C'est vrai, mais dans la mesure où nous avons sublimé ce désir.

L'amour de l'humanité est encore une des manifestations de la *sublimation*. Dans ce cas, nous détournons l'énergie sexuelle vers un but plus grand : venir en aide aux autres.

La *sublimation* est une notion sur laquelle peu de psychanalystes, après Freud, sont revenus. Nombre d'entre eux ont d'ailleurs vu le moyen de se réconcilier avec leurs adversaires sur le terrain d'entente de la *sublimation*. Elle avait de quoi contenter tout le monde, dans la mesure où l'énergie sexuelle se trouvait ennoblie, élevée au rang des réalisations culturelles. Toutefois Reich (1897-1957) a jeté sur elle un regard beaucoup plus critique.

En effet, ce psychanalyste, passionné de sexologie (science qui étudie les problèmes relatifs à la sexualité et à ses troubles), discerne dans la *sublimation* un recul du processus de libération qu'avait amorcé la psychanalyse. Pourquoi ? Parce qu'en défendant les bienfaits de la *sublimation*, en ne lui allouant que des qualités, on l'estime souhaitable et parfois même on la préfère à la sexualité. N'est-ce pas, selon Reich, une façon de s'élever à nouveau contre la sexualité ? N'est-ce pas la réduire, la replacer dans des limites, dans un étau dont la psychanalyse a eu tant de difficultés à l'extirper ?

Quant au philosophe Gaston Bachelard (1884-1962), dans sa *Psychanalyse du feu*, il distingue une *sublimation dialectique*, qui lutte contre les passions, d'une *sublimation continue* telle que la conçoit la psychanalyse.

TROUBLES ET SOINS

17. Angoisse
18. Phobie
19. Stress

Angoisse

L'angoisse doit être distinguée de la peur d'une part et de l'anxiété d'autre part.

L'angoisse est le propre de l'homme. L'adulte, projetant ses propres sentiments sur le bébé, considère qu'elle commence à la naissance appréhendée comme le premier danger ; puis elle se poursuit sous des formes diverses tout au long de notre vie. Elle se manifeste par des troubles physiques et psychiques difficilement supportables. Elle fait donc souffrir dans le corps comme dans l'esprit.

La psychanalyse perçoit l'angoisse comme le signe extérieur d'un conflit interne dans le psychisme. La médecine voit plutôt en elle la traduction d'une maladie sous-jacente tandis que la psychologie comportementaliste, moins soucieuse des origines de l'angoisse, met plutôt l'accent sur son traitement par le biais de l'apprentissage.

« J'ai la gorge serrée » ; « Je suis paralysé de peur » ; « Je ne peux plus avaler » ; « J'étouffe » : voilà quelques-unes des plaintes de la personne angoissée qui souffre dans son corps comme dans son esprit à chaque crise. D'ailleurs, est-ce vraiment un hasard si le terme d'angoisse vient du latin : *angustia* qui signifie « étroitesse », « resserrement » ? N'est-ce pas la première sensation que l'on éprouve lorsque l'angoisse nous envahit ? Mais, avant de poursuivre notre étude, il nous paraît nécessaire d'apporter quelques précisions sur la confusion courante qui existe entre la peur, l'anxiété et l'angoisse.

La distinction entre la peur et l'angoisse date du XIXe siècle. Les philosophes de l'existence pensaient que la peur et l'angoisse appartenaient au même creuset, représentaient bien des émotions analogues, mais ils liaient la première à un danger objectif, réel. Ils la considéraient comme un choc et non comme un état qui se prolonge telle la crainte ou l'appréhension. En fait, c'est un signal d'alarme propre à favoriser la sauvegarde de l'individu, un peu comme la sirène protège la maison du vol.

La peur fait partie des réactions que l'on a face à un danger : on sursaute, nos sens se mettent brutalement en éveil et donnent l'alerte, ce qui nous permet de nous préparer à affronter la situation et d'avoir le comportement adapté : la fuite ou le combat. La peur correspond donc à une fonction nécessaire à la survie. Exagérée, elle « sidère », « cloue sur place » et, dans ce cas, ne joue pas le rôle que nous venons d'évoquer. Pour ces philosophes, l'angoisse représentait tout ce qui n'appartenait pas au domaine de la peur ! En fait, pendant longtemps on a parlé de l'angoisse comme d'un phénomène physiologique (issu du physique) et de l'anxiété comme d'un phénomène psychologique.

Qu'appelle-t-on anxiété ?

Au bas mot, l'anxiété est une émotion aussi banale que la peur. Qui n'a jamais été inquiet pour la santé d'un de ses proches ? Quel étudiant n'a pas connu l'étreinte du trac lors d'un examen ? Quelle personne n'a pas éprouvé cette sensation pénible de pessimisme ou d'incertitude qui nous assaille tous plus ou moins à un moment de notre vie ?

L'anxiété est un état psychologique normal qui, généralement, a lieu devant une situation de danger réel. Par exemple, lorsque l'on est dans l'attente de résultats d'examens médicaux ; lorsqu'à la suite de la perte de son emploi on se retrouve dans une situation financière inextricable…

Parfois on peut être anxieux de façon chronique, c'est-à-dire durable. On parle, d'ailleurs, de « perpétuels anxieux ». Dans ce cas, on se sent mal, on éprouve un sentiment d'insécurité permanente, d'attente d'une menace imprécise. On appréhende tout et rien à la fois. On rumine ses soucis et, quand on n'en a pas, on repense à ceux du passé. On est hésitant, incapable de prendre une décision parce que l'on doute de soi et des autres. La vie s'éclaire sous le jour gris du pessimisme. Certains auteurs parlent volontiers d'*anxiété objet*. Elle se caractérise par une sensation vague de danger, provoqué, à titre d'exemple, par une situation. Si le danger craint ne se réalise pas toujours, la situation à l'origine de l'anxiété existe vraiment. C'est le cas, notamment, des anxiétés consécutives à un changement, qu'il s'agisse d'un déménagement, avec la peur de s'adapter ou non au nouveau lieu d'habitation ; d'un bouleversement dans la vie sociale, professionnelle, avec la crainte de ne pas pouvoir remplir ses nouvelles fonctions, ou scolaire pour l'enfant…

L'anxiété n'épargne pas davantage le physique. Un tel état d'esprit entraîne des troubles du sommeil ; on s'endort difficilement ou bien on se réveille au milieu de la nuit à cause de rêves pénibles ou de cauchemars. Certains, à l'inverse, dorment beaucoup, comme pour fuir leurs pensées. Mais ils éprouvent, malgré cela, une intense sensation de fatigue.

L'anxieux se plaint souvent, soupire, souffre de quelques troubles digestifs, de maux de tête et parfois même de crampes, car il ressent une tension permanente.

Mais, pour certains auteurs, un léger degré d'anxiété est utile parce qu'à petites doses elle prépare l'appareil psychique à l'action, elle permet d'améliorer les performances. Il est des étudiants qui réussiraient leur concours en partie grâce à l'anxiété. Elle favoriserait l'esprit de compétition et développerait l'acuité mentale nécessaire lors de telles épreuves. Le « trac » est en quelque sorte l'antichambre du succès. D'ailleurs, dans la vie courante, nous recherchons, avec un certain plaisir même, ces états d'anxiété ou de peur dans les jeux, les films à suspense, ceux qui mettent en scène des menaces de mort ou de catastrophe. Le frisson de peur à petites doses n'a rien de désagréable.

L'angoisse

Contrairement à l'anxiété que nous venons de décrire, l'angoisse ne semble répondre à aucune cause objective. L'angoissé ne connaît pas l'origine de sa souffrance. Il vit dans l'attente d'une catastrophe mystérieuse, d'où la définition de l'angoisse du neurologue et psychologue Pierre Janet (1859-1947) :

> **« C'est un malaise physique et psychique né du sentiment de l'imminence d'un danger caractérisé par une crainte profonde et diffuse qui peut aller de l'inquiétude à la panique, et par des sensations pénibles de resserrement épigastrique et laryngé »** (c'est-à-dire de la partie supérieure du ventre et de la gorge).

L'angoisse surgit brutalement, au moment où l'on s'y attend le moins : dans un supermarché, dans sa voiture, au travail, dans la rue… La crise passée, on se demande ce qui a bien pu la provoquer et l'on cherche à l'expliquer par tout un éventail de raisons tangibles : « Est-ce que j'ai mangé quelque chose qui ne m'a pas réussi ? », « Est-ce la fatigue ? », « Est-ce la contrariété de la dispute avec mon collègue de travail ? », qui aurait pu favoriser l'accès d'angoisse.

Comment se manifeste la crise d'angoisse ?

La crise d'angoisse est difficile à définir et à décrire. On éprouve une peur vague mais très vive d'un danger ; la sensation d'être sur le point de mourir, de ne plus contrôler son corps, ses pensées et parfois même de devenir fou. On a l'impression d'un monde irréel, flottant, brumeux, dans lequel on peut ne plus se sentir soi-même. Dans certains cas, un sentiment de solitude étreint la personne concernée, car on ne voit pas d'issue à son angoisse, on pense ne pas pouvoir être secouru. On s'affole bien souvent. On étouffe, la poitrine se serre, la respiration devient courte, haletante. Parfois on ressent des fourmillements au niveau des extrémités. Le cœur se met à battre très fort, et l'on a la désagréable impression

L'angoisse des philosophes

L'interrogation de l'homme face aux mystères de la vie n'est pas un fait récent. Les philosophes, à tous les moments de l'Histoire et dans toutes les civilisations, ont tenté de répondre aux questions primordiales. Pour eux, l'angoisse — quel que soit le système concerné — se trouve toujours liée à ces questions fondamentales.

En effet, l'incapacité de répondre aux questions universelles : « Qui suis-je ? », « D'où je viens ? », « Où je vais ? », jette l'homme dans un sentiment de profonde solitude, dans une sorte d'impasse, de corridor noir où le temps et l'espace se disloquent.

Pour saint Augustin (354-430), l'angoisse provient de la prise de conscience de ces grandes questions. Selon le philosophe danois Kierkegaard (1813-1855), qui a écrit en 1844 *Le Concept de l'angoisse*, ce sentiment sert de révélateur à « l'illusion des choses finies ». L'angoisse est donc, par ce fait, une première démarche vers la paix, le repos et la rédemption.

Kierkegaard n'est pas le seul à éclairer l'angoisse d'un feu positif. Ainsi le philosophe et psychologue allemand Karl Jaspers (1883-1969) la conçoit comme un témoin, un effet de notre lucidité face à notre échec dans notre tentative de compréhension de l'Être ; mais en même temps, l'angoisse, dans son ambivalence, serait marquée du sceau de l'espoir puisque nous ne pouvons accéder à la connaissance de nous-même qu'à travers nos souffrances et nos échecs.

Enfin, notre panorama, établi grâce à l'approche de l'angoisse par les penseurs, s'arrêtera à la philosophie existentielle de Heidegger (1889-1976) pour qui l'angoisse surgit notamment avec le sentiment d'étrangeté de l'Être devant le « Monde comme tel » et devant le Néant. Cette philosophie trouvera des prolongements chez Sartre.

qu'il saute dans la poitrine. On a des « barres dans le ventre », des nausées, des sueurs froides ou au contraire des « bouffées de chaleur »… Bref, les crises d'angoisse apparaissent beaucoup plus pénibles que n'importe quelle douleur physique !

L'angoisse et l'homme, un compagnonnage de toujours

L'angoisse jalonne les étapes de la vie de l'homme. Le psychiatre autrichien Otto Rank (1884-1939), dans *Le Traumatisme de la naissance*, présente l'arrivée au monde comme la première situation de danger entraînant une réaction d'angoisse.

L'enfant, selon Rank, aurait éprouvé des sensations si vives au moment de la naissance que, lorsqu'il les retrouve au cours de sa vie, il se replace d'emblée dans une situation d'attente d'un danger. En effet, il aurait conservé dans sa mémoire celle de son arrivée au monde, autrement dit son premier danger.

Freud, dans *Inhibition, symptômes et angoisse*, évoque la théorie de Rank. Il la récuse quelque peu, tout en admettant que la naissance suppose une impression d'angoisse liée à la séparation d'avec la mère, tant sur le plan biologique, avec les difficultés du passage utérin, celles de la respiration et la rupture avec la paix régnant dans le ventre maternel, que sur le plan psychique au sens d'une perte de l'objet d'amour. Cette première angoisse figure en quelque sorte un modèle, un « prototype », un souvenir que vont reproduire et comme faire revivre les angoisses suivantes.

La pensée de Freud concernant l'angoisse évolue au fil du temps, et le maître de la psychanalyse en a constamment rectifié l'approche.

Dès 1905, lors de la première théorie de l'angoisse, Freud affirme dans les *Trois théories sur la sexualité* que, pour l'adulte comme pour l'enfant, la libido (énergie de la pulsion) devient angoisse si la pulsion (poussée) ne peut obtenir de satisfaction. Chez le petit, l'angoisse serait due à l'absence de la personne aimée. Mais Freud précise que plus les enfants ont une pulsion sexuelle précoce, plus ils sont enclins à l'angoisse.

Plus tard, dans son *Introduction à la psychanalyse*, Freud ajoute qu'il convient de distinguer *l'angoisse réelle* de *l'angoisse névrotique*.

La première, *l'angoisse réelle*, s'apparente à la peur dans la mesure où elle est une réaction déclenchée par la perception d'un danger extérieur faisant redouter une atteinte du corps ; elle est donc liée à l'instinct de conservation qui caractérise le *Moi*, la personne.

Quant à *l'angoisse névrotique*, Freud l'envisage comme le fruit de l'imaginaire, des fantasmes. Elle puise ses sources dans les pulsions sexuelles. Dans le cas du petit enfant, la séparation d'avec la mère laisse la libido dans une sorte d'état d'abandon. Elle n'a plus d'objet, de but sur lequel se fixer. Il s'ensuit une angoisse qui aura pour écho plus tard celle de l'adulte.

Toute motion, c'est-à-dire fonction dynamique de la pulsion sexuelle, se trouve automatiquement transformée en angoisse quand elle n'est pas satisfaite, quand elle n'a pas de but.

Bref, l'angoisse est toujours liée à une frustration sexuelle. Ainsi la restriction sexuelle provoque-t-elle l'angoisse à moins qu'elle ne trouve quelques dérivatifs satisfaisants, puisque concernant les activités supérieures (intellectuelles, artistiques, morales...) et reconnues socialement, comme dans la sublimation.

En conséquence la libido, lorsqu'elle se trouve inemployée, se décharge malgré tout, mais sous forme d'angoisse. Enfin, dans ce même ouvrage, Freud distingue les *angoisses d'attente*, qui ne sont déclenchées par rien de particulier, des phobies encore appelées *hystéries d'angoisse* où un objet, une situation, provoquent l'angoisse (se reporter à *Phobie* pour plus de précisions).

En 1926, dans *Inhibition, symptôme et angoisse*, Freud reprend ses conceptions et élabore sa deuxième théorie de l'angoisse. Le *Moi*, instance centrale entre le *Ça* et le

Surmoi, si l'on reprend notre comparaison de la maison à trois niveaux, est le véritable siège de l'angoisse. La transformation automatique en angoisse d'une libido inemployée et refoulée n'existe plus. Cette fois, au contraire, l'angoisse permet au *Moi* d'anticiper, de prévoir le danger provoqué par la manifestation d'une pulsion. Elle agit comme une sonnette d'alarme, un signal. Elle avertit le *Moi*, qui, alors, réagit, se défend en déclenchant le processus de refoulement, comme c'est le cas dans l'angoisse de castration.

Le petit garçon désire sa mère. Conscient que c'est mal, il se sent coupable, d'où la naissance d'une angoisse provoquée par le sentiment de culpabilité et la peur d'être puni de ses mauvaises pensées en perdant son pénis. Alors il refoule, repousse son désir. Le *Moi* rejette ce qui risque de le mettre en péril, ce qui peut déplaire au *Surmoi*, à la morale.

On constate que la deuxième théorie freudienne de l'angoisse est intimement liée aux instances *Ça*, *Moi*, *Surmoi*, de la personnalité et au refoulement (se reporter à ces termes).

Pour le psychiatre Spitz (1887-1974), jusqu'à trois mois le bébé éprouve des états de tension liés uniquement à la faim, au besoin d'uriner ou de déféquer, donc à des états de déséquilibre intérieur dus aux fonctions naturelles de son organisme. C'est à partir de trois mois qu'il commence à connaître des peurs « devant l'objet inconnu ». Cette angoisse est inséparable de la reconnaissance par l'enfant du visage de sa mère (qu'il est capable de percevoir comme différent de celui des autres) et de la sensation qu'il éprouve lorsqu'il ne le voit plus.

Pour Mélanie Klein, l'angoisse de l'enfant vient à la fois de l'existence de pulsions opposées : de vie et de mort, et du clivage, de la séparation entre bon objet gratifiant et mauvais objet punissant, plus que d'un choc avec la réalité extérieure.

L'angoisse vue par les comportementalistes

Les psychologues comportementalistes se sont peu intéressés à l'origine des angoisses. Ils s'opposent en ce sens à la médecine, d'une part, qui pose l'hypothèse d'une maladie sous-jacente, et aux psychanalystes, d'autre part, qui, ainsi que nous venons de le voir, considèrent l'angoisse comme le signe extérieur, le symptôme de conflits se déroulant dans le psychisme.

Pour les comportementalistes, toutes conduites normales ou pathologiques (dues à une maladie) résultent d'un apprentissage. Ils ont donc développé le traitement des peurs en relation directe avec des situations concrètes objectives. D'abord réservé aux phobies, leur champ d'application s'est largement étendu aujourd'hui, ainsi que nous l'avons expliqué dans l'article consacré au behaviorisme.

Phobie

Les phobies surviennent en général au cours de la vie. Elles touchent n'importe lequel d'entre nous. Les phobies sont des films catastrophes que nous nous projetons sur nos écrans intérieurs. Leur catalogue est vaste et varié. Elles provoquent des peurs très vives, des angoisses irraisonnées, disproportionnées avec le danger que peut faire courir en réalité l'objet qui les provoque.

La peur n'est pas un sentiment réservé à nos contemporains. Elle existe depuis toujours. Déjà, au Vᵉ siècle avant J.-C., Hippocrate avait tenté de l'analyser et de la comprendre. On lui doit, à cet effet, le premier ouvrage médical traitant de ce sujet. Il faudra attendre le XVIIᵉ siècle pour que de nouvelles publications paraissent.

Mais la phobie, qui tire son nom du terme grec *phobos* (peur, terreur), n'est pas une frayeur comme les autres. Elle se caractérise par une terreur dont l'intensité dépasse de loin la peur que l'objet pourrait raisonnablement provoquer. En réalité, que peut nous faire une araignée dans le pire des cas ? Elle est somme toute moins dangereuse qu'une guêpe ou qu'un frelon. Et pourtant elle provoque, chez ceux qui la redoutent, un affolement irraisonné, disproportionné avec le danger qu'elle représente. La peur phobique a de telles dimensions qu'elle rend difficile la vie d'une personne. Le phobique est quelqu'un qui a vraiment très peur, donc qui souffre.

Le concept de phobie a mis très longtemps à conquérir son autonomie par rapport aux idées obsédantes. Ainsi Ph. Pinel (1745-1826), célèbre psychiatre, la rangeait en 1793 dans la catégorie des manies sans délire. De son côté, J.-E. Esquirol (1772-1840), non moins connu, la classait en 1819 parmi les obsessions particulières qu'il appelait des monomanies.

C'est à Westphal en 1871 que l'on doit d'avoir donné le premier à ce type d'effroi le nom de baptême de *phobie*, dans sa description de l'agoraphobie dont le sens le plus général renvoie à la peur de se déplacer dans un espace découvert (en grec *agora* désigne la place publique). Ce terme de phobie, dès lors, ne devait cesser de se décliner.

La phobie peut toucher n'importe qui d'entre nous. Il n'y a pas de catégorie socioprofessionnelle qui soit vraiment plus épargnée que d'autres. Les personnalités, les intellectuels tout comme les commerçants, les artisans, les cadres ou les ouvriers peuvent souffrir de phobie. D'ailleurs il y en a pour tous les caractères puisque Freud en a lui-même dénombré deux cents. L'agoraphobie, la claustrophobie (peur d'être enfermé) et la zoophobie (phobie des animaux) figurent sans doute parmi celles que l'on rencontre le plus fréquemment.

Comment explique-t-on les phobies ?

Deux écoles s'opposent quant à l'origine des phobies. Certains auteurs, partisans de l'acquis, affirment que ces peurs surviennent au cours de notre vie à l'instar de nombreuses autres affections. Toutefois elles ne sont pas dues à des microbes non plus qu'à des virus, mais sans doute à des événements. Alors deviendrait-on phobique à un moment donné ?

D'autres, tenants de l'inné, pensent que nous naissons avec un patrimoine phobique qui se serait transmis de génération en génération. En effet, il est des phobies communes à l'homme, quelle que soit la latitude sous laquelle il vit le jour. Ainsi tous les enfants du monde craignent le noir, la séparation d'avec leur mère, les étrangers…

De plus certaines peurs, comme celles des serpents, du vide, de l'obscurité, de l'eau… existeraient en nous à l'état latent. Il faut se souvenir de la célèbre expérience qui consiste à placer un bébé sur une plaque de verre. Elle montre combien l'enfant a peur du vide sans jamais avoir fait encore la moindre chute.

Ces comportements innés, un peu à l'image de ceux des animaux qui se méfient instinctivement de leurs prédateurs avant même de les avoir rencontrés, auraient servi à prémunir l'homme contre les dangers d'une sélection naturelle, selon l'anthropologue Seligman (1873-1940).

Les psychanalystes, en particulier Freud, ont longtemps été les seuls à s'être penchés sur le problème des phobies. Partisans farouches de la théorie sexuelle, ils puisent dans l'inconscient et dans les pulsions (poussées) les causes de ces terreurs.

Le cas le plus célèbre est sans doute celui du petit Hans, relaté par Freud dans son *Analyse d'une phobie chez un petit garçon de cinq ans* (1909). Le célèbre analyste n'a rencontré qu'une seule fois Hans. L'enfant a été analysé par son père médecin et convaincu par la théorie du maître.

Ce petit garçon, dont le portrait sera forcément réducteur ici, est tiraillé, à trois ans, entre l'amour qu'il éprouve pour sa mère d'une part, et l'agressivité qu'il ressent à l'égard de son père d'autre part, en tant qu'obstacle à son désir pour sa mère. On retrouve ici la relation triangulaire du *complexe d'Œdipe*, et ce que vit Hans n'a jusque-là rien d'inquiétant.

Or ce petit garçon deviendra bientôt le spectateur d'une scène banale : il voit un cheval uriner, mais en même temps il est frappé par la taille du sexe, du « fait-pipi » de l'animal. Quelque temps après vient se juxtaposer à cette vision celle de la chute d'un cheval tombé « comme mort » dans une rue de Vienne.

C'est à ce moment-là que se déclenche la phobie de Hans. Il a peur d'être mordu par un cheval. Hans, témoin de ces deux spectacles de la vie au moment où il est déchiré par son conflit intérieur, conjugue l'image des deux chevaux avec celle de son père. Il associe la première au pénis de son père qui est grand et puissant comme le cheval. Il unit la seconde à son désir de se débarrasser de son papa pour lui prendre sa femme et la garder pour lui tout seul.

Mais Hans sait, malgré son jeune âge, que ses sentiments sont coupables. Il se met à avoir peur du châtiment. Dès lors il expulse de sa conscience les véritables raisons de sa peur, à savoir la haine du père et la redoutable punition à laquelle ce sentiment l'expose. Il va *déplacer* sa terreur sur des animaux qui symbolisent son père : les chevaux.

Hans a donc converti le danger interne, la castration que son père aurait pu lui infliger en raison des sentiments du petit garçon pour sa mère, qu'il double d'une habitude d'onanisme (masturbation), en danger externe, moins terrorisant, car il laisse des périodes de repos quand Hans ne se trouve pas au contact des chevaux. De plus cela lui permet de continuer à mériter l'amour des parents. Ainsi, pour la psychanalyse, phobies et sexualité sont réunies. Mais dans *Inhibition, symptôme et angoisse* (1926), Freud apporte quelques nuances à cette vision :

> **« J'ai prêté jadis à la phobie le caractère d'une projection en ce qu'elle remplace un danger pulsionnel intérieur par un danger perceptif extérieur. L'avantage de cette substitution est que l'on peut se défendre contre le danger extérieur en le fuyant et en évitant de le percevoir, tandis que la fuite ne sert à rien contre le danger qui provient de l'intérieur. Cette remarque n'est pas fausse, mais elle ne va pas au fond des choses, car la revendication pulsionnelle n'est pas en elle-même un danger, bien au contraire, elle n'en est un que parce qu'elle entraîne un véritable danger extérieur, celui de la castration. Donc dans le cas de la phobie on n'a, au fond, que la substitution d'un danger extérieur à un autre danger extérieur. »**

Il y a donc phobie quand le *Moi* est menacé d'un danger. Alors l'angoisse précède et provoque même le refoulement, l'expulsion de la conscience de la véritable raison de la peur. La phobie aurait donc pour rôle de diminuer l'angoisse. En d'autres termes, la personne, effrayée par ses pulsions sexuelles, tiraillée par un conflit intérieur, se réfugierait dans une peur externe moins dangereuse et plus acceptable par le *Moi* et par le *Surmoi*, gendarme de la morale.

La valse des phobies

« J'ai peur du vide » ; « La foule m'angoisse » ; « Je ne peux toucher à une plume » ; « Je panique à l'idée de tomber malade », « La vue d'une araignée me fait dresser les cheveux sur la tête » ; « Rien que de penser au rat, au serpent, j'ai des frissons plein le corps »... Voilà le cortège des plaintes des phobiques qui, par ces mots, laissent libre cours à leur terreur. Pourtant on rencontre rarement des serpents dans les rues ! Et l'araignée ou le moustique ne sont pas bien nuisibles. Quant à l'espace, il ne fait pas courir grand risque ! Ne parlons pas de la plume ! En ce qui concerne le vide, nous ne le fréquentons en général que sur un balcon bien scellé propre à supporter largement notre poids. Donc les phobies sont des fantasmes catastrophes, des films purs fruits de notre imagination, que nous nous projetons sur notre écran intérieur.

Le catalogue des phobies est vaste et varié. Nous nous bornerons, dans cet ouvrage, à un panorama des plus fréquentes d'entre elles.

L'agoraphobie

L'agoraphobie est sans doute la plus courante des phobies. Elle touche les femmes de façon préférentielle, mais elle n'épargne pas non plus les hommes.

Que redoute l'agoraphobe ?

L'agoraphobe redoute souvent les lieux publics : théâtres, restaurants, cinémas... Mais il craint aussi farouchement les lieux vastes comme les places, les larges avenues, surtout si elles ne sont pas bordées d'arbres qui jouent le rôle d'une bouée de sauvetage sur laquelle s'accroche le regard. Tout espace dégagé suscite son angoisse. Ne parlons pas des paysages plats de la Beauce ! Ce n'est certes pas là que l'agoraphobe viendra couler des vacances sereines. Les transports lui posent

> **Sur un contresens fréquent**
>
> Il arrive qu'un mot en vienne, quand il est utilisé par une personne peu cultivée, à signifier exactement le contraire de son sens exact. C'est le cas de *phobie*.
>
> *Phobie*, nous l'avons vu, se rapporte à une répulsion violente et, dans certains cas, un peu tapageuse. Or le mot est parfois pris dans le sens de « vive attirance », de « goût très fort », de « passion ». La personne maîtrisant mal sa langue dira : « Il a la "phobie" des papillons » pour dire de quelqu'un qu'il est passionné par ce domaine. Mais, ce disant, elle exprime exactement le contraire de ce qu'elle veut dire.

également problème : train, métro, avion sont source d'angoisse. En voiture, les embouteillages affolent l'agoraphobe surtout s'ils surviennent sur une autoroute. Bref l'agoraphobe est terrorisé par des lieux divers, peu propices à la fuite dans le cas où il estime qu'une menace pèse sur lui. Car il a tendance à se sentir seul, fragile, coupé de ses repères affectifs, et la foule qui l'entoure lui paraît indifférente, donc incapable de le sécuriser comme le ferait une personne qu'il aime ou qu'il estime et en qui il placerait toute sa confiance.

Comment réagit l'agoraphobe ?

Lorsqu'on a peur de quelque chose, on l'évite. Les agoraphobes adoptent très vite cette attitude. Les uns restent volontiers dans le cocon sécurisant du foyer, mais à condition d'avoir une présence près d'eux. D'autres, que les contraintes professionnelles obligent à sortir, à prendre la voiture, vont éviter soigneusement la place, le carrefour terrorisant où ils auront rencontré l'angoisse. Ils n'hésiteront pas à allonger leur trajet de quelques kilomètres, et même de plusieurs heures, pourvu que la route choisie ne provoque pas de malaise.

L'agoraphobe met en œuvre toutes les ruses possibles pour éviter les angoisses. Il a peur de la peur. On imagine combien l'agoraphobie est invalidante dans la vie de tous les jours. Certains éprouvent des paniques aussi brutales que vives avec des tremblements, des contractures, des sueurs, des fourmillements dans les pieds, les mains, le visage, une sensation d'étouffement et parfois même une douleur dans la poitrine que, dans l'affolement, on prend pour les prémices d'une crise cardiaque. L'agoraphobe a alors peur de mourir au beau milieu de l'indifférence générale.

Pour l'agoraphobe, la compagnie d'un ami, d'un conjoint, représente une aide précieuse contre l'angoisse. Faute de mieux, quelques agoraphobes utilisent des subterfuges pour se sécuriser. Cela va du comprimé de tranquillisant au verre de vin pour se donner du courage, en passant par la canne, le parapluie, le mouchoir, le chien… qui servent à conjurer la peur.

Cette façon d'agir confine à la magie, voire à la superstition. Ces objets ne suppriment d'ailleurs pas totalement l'angoisse, ils la diminuent tout au plus. Mais l'agoraphobe s'y montre fort attaché, au point qu'il se sent complètement perdu, démuni et même très inquiet si jamais cet objet, au pouvoir particulier contre l'angoisse, vient à disparaître. Quand ces défenses magiques prennent une grande importance, l'agoraphobe imagine son « objet-fétiche-paraphobique » même s'il est absent, c'est l'origine des obsessions-phobies.

La claustrophobie

La claustrophobie se caractérise par la peur de rester prisonnier, de ne pas pouvoir sortir d'un lieu, de ne pas être libre de ses mouvements. Elle ressemble en ce sens à l'agoraphobie dont elle est en quelque sorte une proche cousine.

Dès lors le claustrophobe aura tendance, dans les lieux publics, à se placer près de la sortie. De cette façon, en cas de problème, il pourra s'échapper très vite.

Tout claustrophobe qui se respecte ne s'engouffrera pas au fond d'un wagon de métro aux heures de pointe ; il restera de préférence près de la portière, quitte à gêner le passage et à se faire allègrement bousculer par les voyageurs.

Le claustrophobe évitera les ascenseurs ; monter les escaliers est bon pour le cœur ! Il a horreur de la climatisation, non pas qu'il craigne moins que les autres le froid ou le chaud, mais il ne supporte pas que l'on ne puisse ouvrir fenêtres ou portières. Dans sa voiture, il éprouve le besoin de respirer. Aussi, quel que soit le temps, il baisse la vitre et met dans les courants d'air ceux qu'il conduit.

Nous venons d'envisager la claustrophobie dans son sens propre, sous un aspect matériel. Ce trouble existe aussi au sens figuré. Les chaînes qui nous ligotent dans la vie peuvent recouvrir divers aspects. On peut ne pas supporter les contraintes horaires que l'on subit comme une atteinte à la liberté. Certains claustrophobes vont jusqu'à redouter les liens du mariage et préfèrent l'union libre qui laisse une échappatoire. D'autres encore redoutent de signer quoi que ce soit, car ils ont très peur de s'engager, c'est-à-dire de ne plus pouvoir se mouvoir en toute liberté.

Cet élargissement de l'idée d'enfermement a l'inconvénient de diluer la notion, et il est peut-être préférable de se limiter au sens strict du terme : tendance à éprouver un fort malaise quand on se trouve dans un lieu clos.

Les phobies d'animaux

Les phobies d'animaux sont multiples. Viennent en tête la phobie des rats, des souris et celle des serpents. D'après les psychanalystes, c'est plus la queue de nos rongeurs et la forme du serpent que l'animal lui-même qui serait en cause. Symbole phallique par excellence, la queue connote pour certains la pénétration.

D'ailleurs certaines dames terrorisées par les souris grimpent sur une chaise ou sur une table et poussent des cris de frayeur en serrant fermement les jambes devant un animal aussi petit. Le rat, il est vrai, a la réputation de se faufiler dans les orifices. Il suscite encore l'angoisse en tant qu'animal du dessous, des souterrains de la vie comme de notre esprit. Il est aussi associé au temps et à la mort. Ce petit rongeur couperait symboliquement le fil de la vie à la manière de l'une des trois Parques — divinités du destin — de la mythologie antique.

Si l'on côtoie très peu les rats, les serpents ou les souris, nous croisons plus souvent des chats et des chiens. Ces animaux familiers, tendres amis de l'homme, font dresser les cheveux sur la tête de certains. Ne parlons pas de la peur des pigeons qui, si elle étreint le Parisien, risque de le rendre très malheureux, car ces oiseaux sont légion dans les rues de la capitale.

Les insectes ne sont pas épargnés. Le phobique ne pourra pas en prendre un dans sa main, même le plus inoffensif qui soit. Il ne pourra pas non plus dormir dans une chambre où une araignée attend patiemment un moucheron au cœur de sa toile. Il aura tout de suite l'impression de la sentir grimper sur le lit. Il s'imagine une araignée sournoise qui, à peine la lumière éteinte, viendra lui chatouiller le visage. Certains redoutent les chauves-souris, pauvres petits animaux victimes d'une mauvaise réputation. En effet elles compagnonnent dans l'imaginaire avec la mort et les vampires ! De quoi faire frémir !

En fait, on a la phobie des animaux que l'on a l'occasion de rencontrer dans la réalité ou dans l'imaginaire des contes de fées, des histoires racontées par une mamie délicieusement abandonnée aux souvenirs de sa propre enfance. C'est l'éternelle filiation du bestiaire imaginaire.

On entend rarement, sous nos latitudes, parler de la phobie des girafes ou de celle des pingouins ; ce qui, somme toute, serait moins gênant que celle des chiens, des araignées ou des pigeons. Certains phobiques ne peuvent même pas voir l'animal qui leur fait horreur sur une photo ou sur un écran de télévision. D'ailleurs, affirment d'autres, « rien que d'en parler, j'en ai la chair de poule », ceux-là, au moins, n'ont pas peur des volatiles !

Il n'est pas possible de dresser l'inventaire exhaustif des phobies tant elles sont nombreuses. Toutefois, parmi elles, il faut mentionner celle de la maladie (infarctus cardiaque, cancer…) tout comme la phobie de rougir face à une personne ou à un groupe ou encore d'avoir l'air de mal s'exprimer.

Est-ce que l'on peut soigner une phobie ?

Parfois l'agoraphobie se guérit spontanément. Elle disparaît comme elle est venue, sans prévenir, mais elle peut réapparaître et engendrer une rechute.

Plusieurs méthodes existent pour se libérer des phobies.

La psychanalyse

Le psychanalyste considère la phobie comme un symptôme de quelque chose d'autre, plus profond, plus caché et que l'on peut retrouver notamment au cœur des angoisses de l'enfance. Il va donc aider à retrouver l'angoisse originelle, celle qui a été refoulée et déplacée sur un autre objet, ainsi que nous l'avons envisagé en abordant le cas du petit Hans. Mais il s'agit moins d'une recherche intellectuelle rationnelle ou d'une libération émotionnelle (sorte de catharsis) que d'un sens retrouvé de la question de pulsions à l'égard de certains objets sources de conflit à propos de la vie, de la mort, du plaisir…

La médecine

La médecine recourt aux médicaments, notamment les tranquillisants, qui ont pour but de détruire l'angoisse. En réalité ces produits agissent sur les signes extérieurs de la peur en diminuant les tremblements, les « boules » dans la gorge, les palpitations… Mais il faut veiller à ne pas en devenir dépendant. Certains, en effet, paniquent littéralement quand ils s'aperçoivent qu'ils ont oublié leur boîte de pilules, avant même d'éprouver le moindre symptôme de leur phobie. Parfois même l'illusion d'un produit efficace calme, par sa représentation, l'effet angoissant de la phobie : « Regarde saint Christophe et fonce ! » C'est une sorte « d'effet placebo ».

Selon certains médecins, la prescription d'antidépresseurs s'avère efficace. Ils luttent à la fois contre la dépression et contre la phobie.

Les médecines douces

Parmi les médecines douces, on compte l'acupuncture (méthode de soin chinoise qui consiste à planter des aiguilles dans des points précis du corps) et l'homéopathie (qui traite par doses infinitésimales obtenues par dilution).

L'acupuncture comme l'homéopathie ont des actions sur l'anxiété. Certes la médecine traditionnelle voue à ces méthodes une éternelle querelle parce qu'elle doute de leur valeur scientifique. Mais, en ce qui nous concerne, nous laisserons le phobique choisir lui-même le traitement qui lui sied le mieux. Loin des guerres entre écoles, ce qui compte pour lui, c'est le résultat, et on le comprend.

La psychologie comportementale

La psychologie comportementale (voir « Behaviorisme ») repose sur le conditionnement. Si vous êtes phobique, votre imagination vous a conduit à avoir peur de certains lieux, de certaines situations. La psychologie comportementale propose, en quelque sorte, une rééducation à rebours.

Le plus souvent, le psychologue comportementaliste va déjà vous apprendre à vous relaxer, ce qui n'est pas une mince affaire pour le phobique. Puis il va vous amener, en suivant l'itinéraire de l'imagination, à envisager dans votre esprit la situation qui provoque l'angoisse.

Mais attention, il va procéder par étapes, progressivement. Il vous conduira donc petit à petit de la situation la moins stressante à la plus angoissante. Ainsi l'agoraphobe pourra s'imaginer d'abord la route qui lui fait le moins peur, il passera ensuite en imagination par le carrefour qui l'angoisse, enfin il se verra au cœur des embouteillages sur une autoroute, loin de toute voie de sortie.

Mais, comme la « désensibilisation » en imagination ne suffit pas, le malade devra, en suivant le même mode de la progression, affronter, en réalité cette fois, les situations qui provoquent cette terreur.

Certes la peur ne disparaîtra pas complètement dès le début. Il faudra alors renouveler les efforts sans se décourager, car l'esprit, toujours un peu « têtu » dans ces cas-là, ne cède pas facilement. Le phobique devra alors faire preuve de persévérance, s'exposer à la situation que son monde fantasmatique avait perçue comme dangereuse, par exemple s'arrêter dans un endroit où la nature s'étend à perte de vue.

Qu'il ouvre au contraire tout grand ses yeux. Il sera bien obligé de constater que rien ne lui arrive. Le psychothérapeute comportementaliste conseille de s'exposer ainsi plusieurs heures à la situation stressante et de renouveler cette expérience, cette « immersion » selon le terme utilisé par certains auteurs, un peu à la manière des étudiants en anglais qui vont en Grande-Bretagne pour s'obliger à ne plus parler français. Mais ce sera tout de même plus difficile pour le petit Français qui a la phobie d'une grand-mère anglaise type « Mac Mische [1] ».

D'autres thérapies se proposent de venir en aide aux phobiques. On compte parmi elles la gestaltthérapie dont les principes sont largement développés dans l'article qui lui est consacré. Les autres thérapies de groupe reposent essentiellement sur des discussions, entre les différents membres, à propos des difficultés rencontrées, des émotions ou des sensations éprouvées au cours de ces situations stressantes.

1. Dans *Le bon petit diable*, par la comtesse de Ségur.

Stress

Le « stress » fait partie intégrante de notre vie. Il n'épargne personne, car il est un des effets de la vie moderne.

Parfois il se traduit par des troubles de l'organisme.

Si l'on ne parvient pas vraiment à l'éviter, on peut du moins recourir à des moyens simples qui nous permettent de gagner des forces et de nous préserver contre les adversités suscitées par une vie de plus en plus trépidante.

« Je suis tendu » ; « J'ai du mal à contenir mon agressivité » ; « Je me sens mal dans ma peau » ; « J'en ai marre » ; « J'ai envie de tout laisser tomber », toutes ces remarques, que nous prononçons tous un jour ou l'autre, constituent le cortège de plaintes que nous souffle le stress.

Le terme *stress*, passé dans le langage courant pour désigner une agression portée à l'individu et entraînant des réactions de l'organisme, est en réalité un phénomène complexe qui n'a pas encore dévoilé tous ses mystères.

Nous sommes tous concernés par le stress. Et s'il fait partie intégrante de notre société industrialisée et trépidante, il appartient également à la vie elle-même, il en est un des éléments constitutifs.

L'incontournable stress !

Même si nous ne nous souvenons pas de notre naissance, c'est-à-dire de notre passage d'un monde protégé au monde aérien, nous pouvons affirmer que nous subissons là notre premier stress. Le ventre maternel, lieu douillet et confortable, atténue les agressions de l'environnement. Il apporte également sa ration de bien-être et de plaisir : sécurité et nourriture à volonté. Mais il faut le quitter ! Dès lors commencent les premières difficultés. Et l'agression de la vie débute avec le passage plus ou mains périlleux à travers les os du bassin de la mère, les contractions des muscles de l'utérus et les manipulations du médecin accoucheur.

À peine a-t-il accosté le rivage de la vie aérienne que bébé connaît les premières crampes de la faim, les premiers plaisirs de la tétée, mais aussi les premières frustrations, parce que ses besoins ne sont pas toujours satisfaits comme il l'entend ; et le sevrage. Ces aspects ont été largement développés dans les pages consacrées à la sexualité.

Plus tard ce seront les transformations corporelles de l'enfant devenant adulte qui constitueront la source essentielle du stress chez le jeune.

Le stress et la vie quotidienne

Les situations de stress s'accumulent tout au long de notre vie.

Au cours de notre enfance, après avoir surrnonté les difficultés de la séparation d'avec la mère, celles de la faim, de la propreté..., la société se charge de nous imposer ses lois, de nous infliger des stress.

Tout d'abord c'est l'école qui, en nous éloignant du cocon familial, crée une cassure avec la vie protégée que nous avons menée jusque-là dans notre foyer. Il suffit, pour s'en convaincre, d'assister à la première rentrée scolaire des tout-petits bien souvent en larmes. On comprend alors combien l'école, cet univers inconnu, représente pour eux une peur terrible. Il faut reconnaître également que la plupart d'entre eux s'y habituent très vite.

À cette épreuve viennent s'ajouter les contraintes de la discipline alors que l'on a plutôt envie de s'ébattre dans la nature.

Quelques années plus tard commence l'époque du stress des examens puis de l'emploi, de la compétition ou du chômage, de la course à l'argent, de l'endettement...

Enfin, sur le plan personnel, il faut aborder la vie de couple avec ses joies mais aussi ses difficultés, puis accepter l'arrivée d'un nouveau venu, son enfant, source de bonheur, mais aussi intrus.

Parfois il faut faire face à des accrocs plus durs que la vie place sur notre route. Il peut s'agir d'un divorce, d'un deuil ou d'une maladie qui représentent autant de périodes de turbulences où nos émotions, notre sensibilité mises à rude épreuve nous laissent dans certains cas désemparés.

À cela ajoutons toutes les agressions auxquelles nous restons soumis à longueur de journée : les obligations diverses, les contraintes horaires, les difficultés des transports, les bruits, les contrariétés, mais aussi peut-être les médias qui divulguent en série les mauvaises nouvelles, la publicité génératrice de besoins qu'on ne parvient pas toujours à satisfaire, les spectacles de violence, ceux de la vie comme ceux de la création cinématographique ou télévisuelle.

Puis, lorsque l'âge s'installe, il arrive qu'on se sente rejeté, exclu, inutile. On a du mal à admettre la rupture avec des habitudes qui ont été les nôtres durant une grande partie de notre parcours.

Tel est, schématiquement, le cycle de la vie dans notre société, cycle orchestré par les stress successifs qui s'imposent à nous tous d'une façon plus ou moins marquée selon les cas ou les situations. Mais plus subtils sont les stress qui provoquent les désillusions à la mesure des illusions, les déceptions provoquées par une réalité éloignée de celle que l'on imaginait, les incohérences là où est attendue l'harmonie, les paradoxes des vérités apparemment contraires à celles auxquelles on croyait.

Comment peut-on définir le stress ?

C'est à un médecin autrichien, émigré au Canada, Hans Selye, que l'on doit, en 1936, l'explication de ce phénomène particulier, le stress. Toutefois le terme stress était déjà utilisé avant les travaux de Hans Selye. Réservé à la physique, il désignait les tensions et les déformations que provoque une force appliquée à un corps physique.

Hans Selye a observé le déroulement du stress sur des rats en bonne santé à qui il a inoculé des extraits de glandes. Il constate alors que, quelle que soit la nature de l'hormone injectée, les réactions dans l'organisme des rongeurs restent toujours les mêmes. Puis, pour confirmer cette découverte, Hans Selye a l'idée de plonger des rats dans un bain d'eau froide. Il obtient les mêmes résultats sur le plan organique.

Hans Selye tire alors de ces expériences une conclusion capitale et qui devait connaître un grand retentissement dans le domaine médical : l'organisme ne donne pas des réponses spécifiques liées à l'agresseur. Au contraire, devant des agresseurs différents, les réactions corporelles demeurent identiques. C'est ce que Hans Selye nomme le *syndrome d'adaptation* ou *stress*.

Le stress est donc une réaction générale à des stimulations aussi différentes que : un bruit, un éclair lumineux ou un virus par exemple, une émotion, une dépression, une contrainte, un choc, un déséquilibre, la chaleur, le froid…

Comment se manifeste le stress ?

Selon Hans Selye, le stress comprend trois phases qui sont la réaction d'alarme, la période de résistance, le stade d'épuisement.

Au cours de la réaction d'alarme, qui ne dépasse pas 24 heures, l'organisme identifie l'agresseur puis il met en marche toute une série de réactions biochimiques.

C'est un peu comme lorsqu'un voleur pénètre dans une maison équipée d'un système d'alarme. Il déclenche la sirène qui hurle ses notes stridentes, avertissant propriétaire et voisinage de l'effraction.

Les réactions biochimiques sont, dans un premier temps, propices à l'individu comme la sirène est favorable au propriétaire. Elles augmentent l'acuité intellectuelle, diminuent la douleur, et, dans la mesure où il y a une meilleure irrigation sanguine des muscles et du cerveau, la personne concernée est prête à supporter une activité plus intense.

La période de résistance, quant à elle, peut durer très longtemps en fonction des stress successifs qu'un individu peut subir tout au long de sa vie. Elle se caractérise par deux attitudes possibles : celle de la fuite face à l'agresseur ou celle de l'affrontement.

La phase d'épuisement apparaît lorsque l'organisme ne parvient plus à résister aux différentes agressions. Il ne peut plus fonctionner normalement. Alors apparaissent des maladies diverses, la plupart du temps chroniques, constituant les réponses du corps aux stress auxquels nous soumet la vie.

Des études récentes tendent à démontrer qu'il existe un lien entre le stress et le système immunitaire dont le rôle consiste à défendre l'organisme, à élever une barrière contre les maladies infectieuses.

Quels liens peut-il exister entre une agression, un stress et une réponse du système immunitaire ? Nous venons de voir que le stress entraîne une réponse générale de l'organisme quel que soit le facteur qui l'agresse. On pense que, parmi les réactions de l'organisme, il en est qui proviennent du système immunitaire. Elles seraient vraisemblablement dues au fait que ce système fabrique les mêmes hormones que certaines cellules du système nerveux.

Aussi quelques chercheurs n'hésitent-ils pas à penser que le système immunitaire destiné normalement à informer notre cerveau de la présence invasive d'éléments étrangers (virus, microbes, cellules...) et à obéir aux ordres de ce dernier en livrant un combat contre la maladie « infectieuse », jouerait également un rôle, qu'on ne lui connaissait pas jusque-là, dans les maladies d'origine psychosomatique (c'est-à-dire celles qui sont en relation avec des phénomènes affectifs, de ce qu'on pourrait appeler des « traumatismes intrapsychologiques »).

Certains auteurs parlent de « bon stress » ou de « mauvais stress ». D'autres, au contraire, affirment que cette distinction n'a pas de raison d'être puisque les stress varient d'un individu à l'autre en fonction de sa sensibilité, de sa situation ou de sa nature : nous ne sommes pas tous dotés du même patrimoine d'outils pour lutter contre les agressions de notre environnement.

Quoi qu'il en soit, on peut aisément constater que, dans notre civilisation moderne, où les agressions se bousculent, nos moyens de répit s'épuisent plus vite, mais naissent aussi, de ce fait, de nouvelles capacités d'adaptation. Les sociétés développées, fortement urbanisées, ont coupé l'individu de son cadre naturel, et beaucoup d'entre nous ne parviennent plus à contrôler la situation, ce qui rend difficile notre adaptation.

Quelles sont les conséquences du stress ?

Les conséquences du stress sur l'organisme dépendent de son intensité. Les chocs brutaux les plus graves risquent, si l'on n'intervient pas, de mettre la vie en péril. Les stress mineurs peuvent, avec une aide médicale appropriée, disparaître rapidement. En revanche, l'accumulation de petits stress successifs entraîne toute une panoplie de désordres différents dans l'organisme, allant des « patraqueries » aux « réactions catastrophiques » selon les terrains et l'intensité des traumatismes.

Le stress et le système nerveux

Lorsque nous nous sentons stressés au volant de notre voiture, par exemple au moment où un automobiliste nous refuse la priorité, nos muscles se crispent, se tendent, parfois même nos mâchoires se serrent. Outre l'envie de l'insulter que nous réprimons, nous éprouvons souvent un pincement à l'estomac. Au contraire, face à certaines peurs, nos muscles se dérobent et nous ne parvenons plus à bouger.

Le stress et les hormones

Une agression, un stress entraîne une décharge de certaines hormones dans notre organisme, qui ont des effets nocifs : telle jaunisse immédiate, telle apparition d'un diabète subi lors d'une grande frayeur, d'un grand choc affectif.

Le stress et l'angoisse

La nervosité, l'agressivité, voire l'angoisse, sont autant de manifestations du stress. On rabroue son entourage pour la moindre peccadille, on perd sa gaieté, sa jovialité, on devient même pessimiste. La vie n'a plus la même saveur et le sommeil fuit. Il s'ensuit parfois une perte d'appétit, mais certains, à l'inverse, « se vengent » sur la nourriture. Il convient alors de s'en remettre à son médecin qui offrira un traitement précieux mettant à l'abri de la dépression.

Le stress et les maladies allergiques

Chez certaines personnes, les émotions provoquent de l'eczéma, c'est-à-dire une affection de la peau qui se manifeste généralement par des rougeurs, la présence de petites vésicules et des sensations de démangeaison.

Parfois le stress se traduit par l'apparition d'un asthme ou d'une maladie respiratoire qui se manifeste par crises avec toux et intenses sensations de manque d'air.

Le stress et les maladies digestives

L'accumulation de stress peut déboucher dans certains cas sur des ulcères (sorte de plaies des muqueuses ou de la peau difficiles à cicatriser) de l'estomac. Parfois les contrariétés entraînent une diarrhée ou une colite (inflammation du colon, c'est-à-dire du gros intestin) qui se manifeste particulièrement dans les moments de nervosité.

Le stress et les maladies cardiovasculaires

Ce n'est un secret pour personne ! Le stress peut entraîner des maladies comme l'hypertension, l'artériosclérose ou certains troubles cardiaques. Ils résultent bien souvent d'une vie trépidante, d'un surmenage.

Le stress et les migraines

Le stress figure sur l'éventail des causes multiples des migraines. Ces maux de tête sont la traduction physique d'agressions, mais aussi d'inquiétudes, de difficultés d'ordre psychologique ou affectif.

Il est bien entendu que ce panorama à travers les troubles organiques dus au stress n'a aucunement la prétention de tenir lieu de diagnostic. Sans tirer de soi-même des conclusions hâtives à ses troubles, il faut sagement s'en remettre à son médecin.

Existe-t-il des moyens d'éviter le stress ?

Nous avons vu que le stress est difficilement dissociable de la vie moderne dont il constitue la toile de fond. Aussi convient-il de s'armer de forces, afin que les agressions n'engendrent pas des effets négatifs tels que ceux que nous venons d'évoquer.

Ne pas succomber aux tentations de la vie moderne !

Il faut bannir de nos habitudes tout ce qui favorise le stress. Cela concerne l'ensemble des drogues et des excitants en général. L'alcool, dans lequel certains vont noyer un chagrin, puiser « un coup de force » ou un « réconfort » avant d'aborder une difficulté, risque d'entraîner facilement des habitudes, des excès dangereux. Il n'est pas question ici de « faire de la morale » puisque nous savons tous que la modération est de règle ! Mais l'alcool nous expose à la dépendance, donc, comme la drogue, au stress d'un manque qu'il est censé corriger.

Il en est de même pour le tabac qui, outre les dégâts qu'il occasionne sur l'organisme, provoque un stress de manque important lorsque l'on veut se délivrer de cette habitude. Le stress de manque gagne en violence lorsqu'il s'agit de drogue « dure ».

Attention aux médicaments ! Certains semblent vite devenir indispensables et ne nous mettent pas à l'abri de l'accoutumance. Il ne faut pas hésiter à s'en ouvrir à son médecin.

QUELQUES COURANTS

20. Gestalt

21. Behaviorisme

22. Psychodrame et psychologie sociale

Gestalt

Le gestaltisme est une théorie de la forme. Il s'agit d'un système psychologique qui prend pour point de départ la perception visuelle. À cet effet, de nombreuses expériences ont été réalisées dans ce domaine, en particulier sur les « illusions d'optique », démontrant notamment que la forme répond à des lois.

La gestaltthérapie, avec Perls en tête de ligne, envisage le comportement humain comme une succession de gestalt. *Elle se fixe pour tâche de reconstruire une globalité, une « totalité », de réunir en une unité toutes les parties d'une personnalité qui a tendance à se morceler.*

« Mes yeux me trompent ! », « C'est encore une illusion d'optique », « Ce tableau est en trompe-l'œil »... Toutes ces réflexions ponctuent régulièrement notre quotidien. On ne peut pas se fier à ses yeux. L'information qu'ils nous communiquent est souvent douteuse. Ils nous induisent, dans certains cas, en erreur. Nous en avons d'ailleurs tous fait l'expérience un jour. La ligne d'horizon que l'on perçoit pourtant nettement dans le ciel semble « reculer » au fur et à mesure que nous avançons.

Nous avons aussi parfois des difficultés à distinguer des couleurs. Qui n'a pas hésité entre le noir et le bleu marine, par exemple ? Sur route, une voiture que l'on pense voir se précipiter sur nous à la sortie d'un virage roule en réalité bien sur la file qui lui est réservée. Nous pourrions continuer à donner des exemples de ce genre à l'infini. Ils émaillent notre vie de tous les jours, et leur nombre est illimité.

Le *gestaltisme* est une théorie de la forme. On lui donne encore le nom de *gestaltthéorie*. Il s'agit d'un système psychologique qui prend pour point de départ la perception visuelle, laissant la part belle aux illusions d'optique. Aussi nous a-t-il semblé judicieux de ne pas entrer de plein fouet dans cette théorie, mais plutôt de l'aborder en procédant à un tour d'horizon à travers les différentes approches de la perception.

Sur les chemins de la sensation et de la perception

Sensation et perception sont deux termes utilisés couramment pour désigner la connaissance que chacun d'entre nous peut avoir de l'univers.

« Je sens le froid ; une odeur, le sucré, l'amer, l'âcre, le piquant, le chaud… », « Je perçois un son, un objet… »

Si l'on devait donner un ordre hiérarchique à la sensation et à la perception, on classerait la première dans la catégorie de l'élémentaire. En effet la sensation s'assimile au biologique. Il s'agit d'une réaction à l'environnement d'un organe sensoriel. Elle n'appartient pas au domaine de la connaissance. Toutefois, dès que nous exprimons verbalement une sensation, à partir du moment où nous disons ce que nous ressentons, nous l'interprétons. Notre langage se fait en quelque sorte le traducteur de nos sensations.

Certes la sensation ne s'assimile pas à un savoir. Elle ne correspond pas non plus à une photographie fidèle du monde extérieur. Pourquoi ? Parce qu'elle traverse le filtre de notre subjectivité, de notre personnalité. Or nous ne réagissons pas tous de la même manière.

Une boisson brûlante pour l'un ne l'est pas forcément pour l'autre. Certaines personnes apprécient le café fumant tandis que d'autres attendent que la boisson se refroidisse avant de tremper leurs lèvres dans la tasse. Il en va de même pour de multiples sensations, y compris pour la douleur. Les médecins savent bien que nous ne lui résistons pas tous de façon identique. Ils connaissent parfaitement l'inégalité qui nous divise devant elle.

Une sensation fait écho à un excitant donné. Mais elle ne le reproduit pas dans son intégralité. C'est ce que démontre le philosophe Bergson (1859-1941) en soulignant qu'en « *une seconde, la lumière rouge, qui a la plus grande longueur d'ondes et dont les vibrations sont par conséquent les moins fréquentes, accomplit quatre cents millions de vibrations. Il faudrait vingt-cinq mille ans pour les saisir isolées.* » À la faveur de cette démonstration, il devient aisé de comprendre que la sensation correspond à une synthèse mentale. Notre esprit contracte, résume en un ensemble plus restreint ce qui lui serait impossible d'envisager dans sa totalité décomposée.

Enfin, si chaque individu filtre les sensations, nos organcs des sens, quant à eux, se livrent à une sorte de tri ; c'est pourquoi nous n'avons conscience que d'un nombre réduit de choses parmi toutes celles qui nous entourent.

Mais, en réalité, notre expérience de l'univers semble être celle de la perception. Nous évoluons dans un monde constitué d'objets. Lorsque nous admirons la mer, nous ne disons pas : « J'ai la sensation du bleu », mais bien plutôt : « Je vois la mer. » C'est dans cet ordre d'idées qu'il faut comprendre la phrase du philosophe Husserl (1859-1938) :

« Toute conscience est conscience de quelque chose. »

Ainsi la sensation n'est-elle pas une réalité psychologique, mentale, mais au contraire une idée, une hypothèse. Cela signifie que, lorsque je regarde un vase décoré d'un motif de couleurs, j'ai dans un premier temps la sensation de certaines lignes, de ses nuances que j'interprète puis que j'organise, pour enfin parvenir à la perception de l'objet.

De plus la perception nous permet de positionner les objets dans l'espace. Lorsque nous sommes dans une pièce, nous distinguons ceux qui se trouvent près de nous de ceux qui se situent plus loin. Pourtant l'évaluation de la distance n'est pas quelque chose de purement donné. Nous ne possédons pas cette capacité à la naissance. On ne peut l'assimiler à une impression sensorielle, puisque le message lumineux se trouve en contact direct avec la rétine.

Ainsi la distance n'appartient-elle pas à la palette des sensations au même titre que le sucré ou l'amer par exemple. L'évaluation de la distance résulte d'un jugement, d'une interprétation des données sensibles que nous recevons de notre environnement.

Cela est d'autant plus vrai lorsqu'un objet appartient à notre patrimoine de connaissances, autrement dit quand nous l'avons engrangé dans notre mémoire. Si notre regard nous trompe, nous fait prendre, par exemple, un objet pour plus gros qu'il n'est dans la réalité, notre expérience, la connaissance que nous en avons, rétablit aussitôt les proportions.

C'est pourquoi l'évaluation de la distance dépend de notre savoir, de notre mémoire, en d'autres termes de l'expérience que nous avons du monde qui nous entoure.

Voici une petite anecdote racontée par le philosophe Alain (1868-1951), qui illustre parfaitement ce que nous venons de dire.

Alors qu'il s'était assoupi dans un train, Alain regardait sans trop de conviction à travers la vitre le paysage qui défilait sous ses yeux. Collines et prairies émaillaient un décor tranquille dans lequel les vaches paissaient en toute sérénité. Tout à coup, à côté d'un des ruminants, le philosophe vit une sorte de monstre à six pattes, noir, velu et d'une taille impressionnante. Saisi par le spectacle qui s'offrait à lui, Alain se frotta les yeux. Il distingua alors, à quelques centimètres de lui, une mouche immobile, posée sur la fenêtre du compartiment. À ce moment-là seulement, Alain put réaliser la distance qui le séparait de l'insecte et qui correspondait à sa grandeur apparente. Ainsi le jugement joue un rôle considérable dans notre façon d'appréhender l'espace.

À la lumière de cette approche envisagée par les intellectualistes, nous avons vu que la perception représentait une somme de jugements. Toutes les illusions des sens seront dès lors considérées comme des erreurs de jugement. C'est pourquoi, entre autres, il nous est très difficile de corriger un texte dactylographié dont nous sommes l'auteur.

En effet, malgré une relecture très attentive, nous projetons sur la page ce que nous savons avoir rédigé, c'est-à-dire le souvenir du texte que nous avons écrit.

Cela nous empêche bien malgré nous de discerner les fautes qui ont pu se glisser au cours de la dactylographie.

Cette distinction de la sensation à l'état pur et de la perception qui synthétise, qui englobe, se retrouve chez les peintres impressionnistes. Ces artistes qui, à la fin du XIXe siècle, représentent des paysages et jettent sur leurs toiles des petites touches en virgule, scandalisent le public habitué aux peintures lisses et aux œuvres d'inspiration historique ou mythologique.

Et comme la perception semble résulter d'une construction mentale complexe, les peintres impressionnistes — en dénouant cet ensemble, en faisant perdre à l'objet son unité, en le libérant des effets de la mémoire et de ceux du jugement — se donnent pour tâche le retour aux sensations pures.

Quand les formes imposent leurs lois

La psychologie de la forme est née d'études sur la perception et d'une réaction contre la psychologie du XIXe siècle qui avait mis l'accent sur l'analyse des faits de conscience et des conduites. La gestaltthéorie (le mot « forme » se dit en allemand *Gestalt*) est apparue en Allemagne au début du XXe siècle.

Déjà, à la fin du XIXe siècle, le psychologue viennois von Ehrenfels en pose les premiers jalons en publiant un mémoire sur la psychologie des qualités de forme : une mélodie est constituée de sons tout comme une figure comprend des lignes et des points. Ces éléments, qu'ils soient auditifs comme dans le premier cas, ou visuels comme dans le second exemple, possèdent une unité. Lorsque l'on écoute une musique, on en reconnaît le début, la fin, mais aussi les parties intermédiaires. Si l'on entend cette même mélodie sur laquelle quelqu'un a greffé des sons qui ne lui appartiennent pas, on est capable de les identifier. La musique comme la figure sont des formes.

Von Ehrenfels venait, par des exemples simples et d'une grande variété, de mettre le doigt sur quelque chose d'essentiel, à savoir qu'une forme ne se réduit pas à la simple addition des éléments qui la composent.

En effet, si l'on transmet les sons un par un auprès de personnes différentes, donc si on les additionne, si on en fait la somme, on n'obtient pas de mélodie. Pour retrouver la qualité de la musique, il faut que les sons soient perçus par un même individu, tout comme un fagot de bois ne peut exister que si on réunit par un lien un ensemble de branches.

Ainsi, pour les gestalthéoriciens, une forme est une organisation qui ne peut se réduire à l'addition, à la juxtaposition d'éléments. On obtient une mélodie en *organisant* des notes de musique, on fabrique un fagot en organisant des branches.

Certes cet exemple a été fort critiqué, mais il a le mérite d'avoir envisagé la forme comme un ensemble. La forme, selon les gestaltistes, s'apparente à une structure. C'est une « *organisation unitaire présentant une identité propre* ».

Comment les gestaltistes en arrivent-ils à de telles affirmations ? Par l'expérience. En effet, si l'on propose à des personnes différentes des figures non significatives, c'est-à-dire qui ne portent pas de nom ou que l'on ne peut reconnaître d'emblée, parce que constituées de lignes ou de points, qu'obtient-on ? On pourrait penser que les personnes en donnent des interprétations très variées. Il n'en est rien. La grande majorité des observateurs donnent une interprétation similaire des figures qu'ils ont sous les yeux, comme s'il existait pour tous les mécanismes perceptifs, pour tout ce que nous voyons, des règles, des lois. Elles appartiendraient au coffre-fort de notre cerveau, au patrimoine de notre esprit, et nous les appliquerions, du moins pour la majorité d'entre nous. C'est ce que les gestaltistes nomment les lois de l'organisation, c'est-à-dire de la forme. Les exemples qui suivent, empruntés à la perception visuelle, sont déjà célèbres.

La loi de proximité

Lorsque deux éléments se trouvent relativement proches, on les perçoit comme appartenant à une même figure.

Fig. 1

L'œil voit plutôt 5 colonnes étroites et un trait à leur droite que 5 colonnes larges.

plutôt que

Fig. 2

La loi de ségrégation

Imaginons des taches noires, irrégulières, sans forme particulière, dessinées sur une feuille de papier un peu comme sur la figure 3 :

Fig. 3

Que voit-on spontanément ? Deux amas de taches, deux groupes de taches, chacun possédant une unité. Certes les taches des deux amas se ressemblent mais elles ne s'agrègent pas : notre regard ne réunit pas les deux amas. Une ségrégation, une séparation s'impose à notre regard.

Mais, si l'on rapproche les deux amas entre eux et si l'on écarte les taches les unes des autres, l'impression de deux groupes distincts s'affaiblit. Cela nous permet de comprendre aisément que la proximité ou la distance des éléments entre eux jouent un rôle considérable.

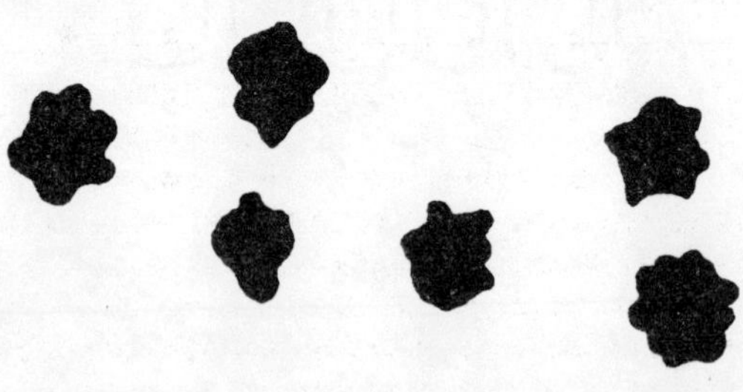

Fig. 4 - Affaiblissement de la perception des deux amas de taches.

Voici un autre exemple bien connu puisé dans les travaux d'un des fondateurs de la gestalttheorie, Wertheimer (1880-1943).

Observons des points a b c d e f g h i j distants de 2 et de 12 mm sur plusieurs lignes horizontales selon le schéma de la figure 5 :

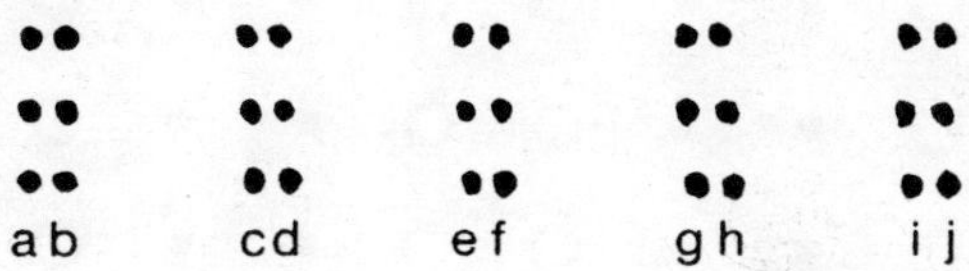

Fig. 5

Au premier coup d'œil, nous distinguons des groupes de deux points : ab, cd, ef, gh, ij. Il faut même faire un effort pour voir d'autres « groupes » comme a puis bc, de, fg, hi et j. De plus, la présence de plusieurs lignes accentue l'aspect de rangées de points disposées en forme de colonnes qui n'est pas sans rappeler celle de la première figure.

Mais, si l'on augmente l'espace qui sépare les points ab, cd, ef, gh, ij et si l'on réduit la distance qui existait entre bc, de, fg, hi, l'aspect de colonnes diminue, les groupes du schéma précédent apparaissent moins.

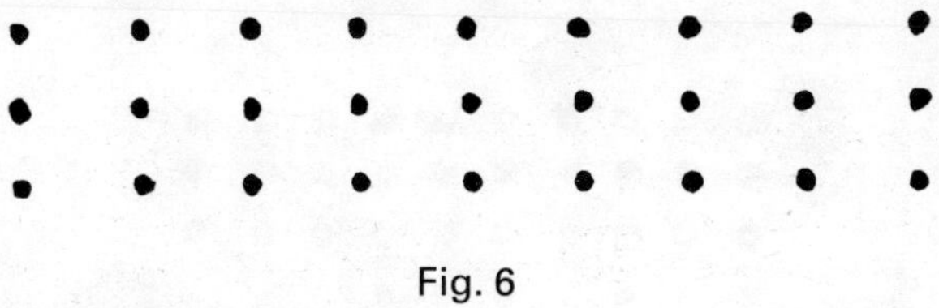

Fig. 6

De plus, si l'on remplace certains points par des cercles ou des croix, on recrée une tendance à unir entre eux, par la perception, les éléments semblables, comme le prouve la figure 7.

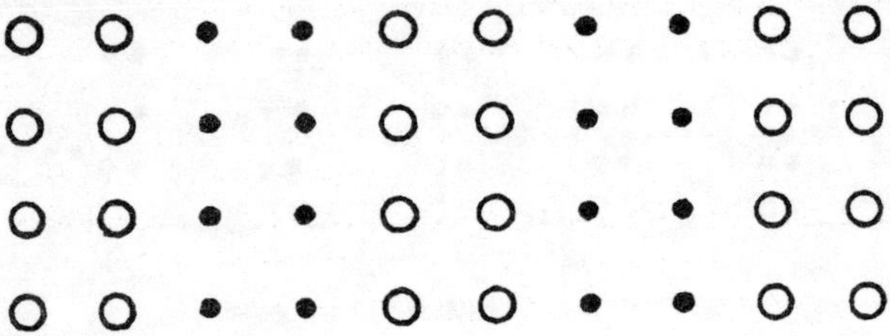

Fig. 7

La loi de la similarité

Lorsque des éléments se ressemblent, on les perçoit comme appartenant à une même forme. Sur la figure 8, on voit plus facilement des lignes horizontales de points plutôt que des lignes verticales. L'alternance des cercles et des points de haut en bas crée une rupture qui n'existe pas dans le sens horizontal.

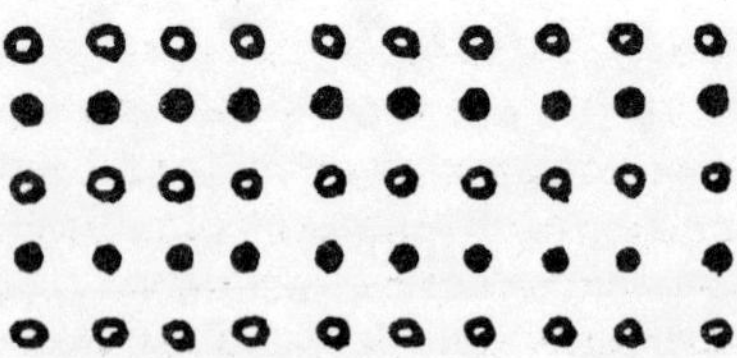

Fig. 8

La loi de continuité

Lorsque des éléments sont orientés dans une même direction, ils tendent à s'organiser en une forme. La figure 9 paraît la résultante des deux lignes de la figure 10 plutôt que de celles de la figure 11 qui, superposées, aboutissent au même résultat.

Fig. 9

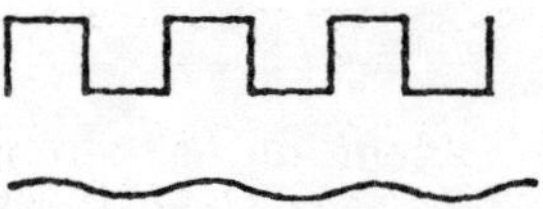

Fig. 10

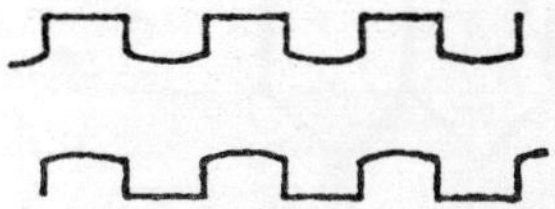

Fig. 11

La loi de la symétrie

Quand des figures possèdent entre elles un ou plusieurs axes de symétrie, on les perçoit plus facilement comme constituant un objet unique. Ce n'est pas le cas des figures asymétriques, ainsi que le prouvent ces exemples du psychologue américain Koffka (1886-1941).

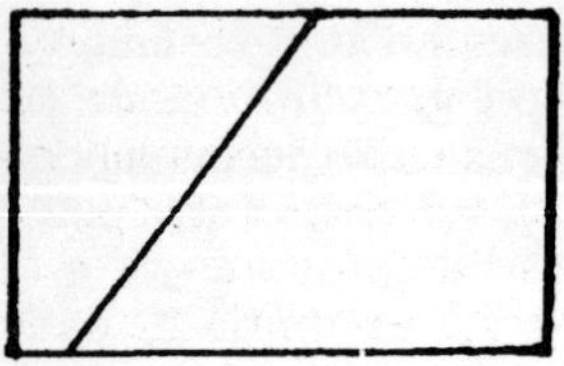

Cette figure est aisément perçue comme un rectangle.

Cette figure représente facilement un ensemble.

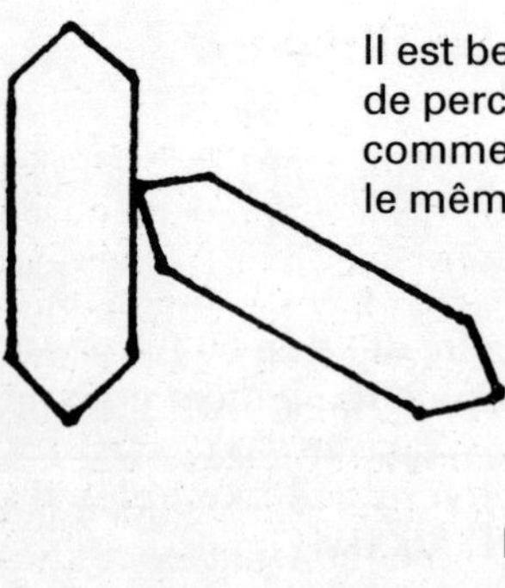

Il est beaucoup plus difficile de percevoir ces deux éléments comme un ensemble car ils n'ont pas le même axe de symétrie.

Fig. 12

La loi de la clôture

La clôture désigne des contours à la fois simples et complets. Dans le schéma 13, le premier coup d'œil nous révèle le rectangle et l'ellipse, soit deux figures qui se coupent. Un examen plus attentif pourrait nous amener à percevoir trois éléments : le rectangle, l'ellipse et la petite surface d'intersection centrale. Mais, comme celle-ci introduit des échancrures dans le rectangle et dans l'ellipse, l'observateur pressé l'ignore, car les mécanismes qui régissent notre perception évitent les interprétations donnant des tracés incomplets.

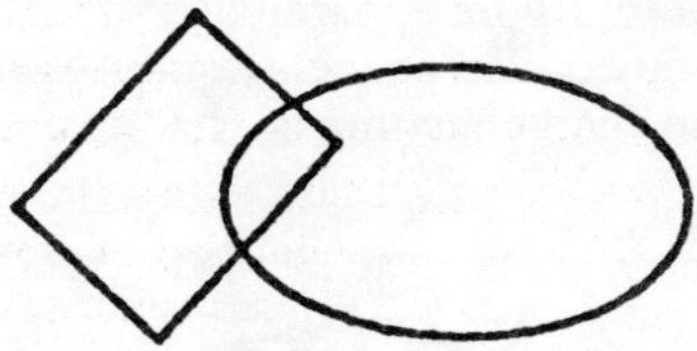

Fig. 13

Comment explique-t-on les illusions ?

Les illusions existent spontanément. Elles ne sont pas le fait d'un entraînement ou d'une connaissance. En revanche, l'éducation peut en diminuer la fréquence. C'est pourquoi elles sont plus fortes chez les enfants que chez les adultes, surtout lorsque le regard de ces derniers est expérimenté, comme celui du géomètre, de l'architecte ou du dessinateur… Même lorsqu'on sait qu'il y a illusion, on n'en est pas moins victime. C'est ce qui a fait dire aux gestaltistes que ce phénomène, tout en s'atténuant, résiste à la connaissance, au savoir et à la volonté.

Figure sur fond

Le fond et la forme sont en relation l'un avec l'autre. La forme s'impose à notre regard par rapport au reste du champ visuel qui constitue le fond. Rubin en 1921 définit le fond.

Dans le schéma 14, les deux parties qui le constituent apparaissent alternativement, tantôt comme des fonds, tantôt comme des figures. On aperçoit une croix formée, délimitée par des diamètres, c'est-à-dire des droites traversant le cercle en passant par le centre. Cette croix se détache sur un fond de cercles concentriques qui semblent se poursuivre sous la forme. La croix paraît comme en relief. Mais, si l'on continue à observer ce schéma, une autre figure apparaît alors brusquement. Une croix formée de cercles concentriques se détache, prend du relief sur un fond constitué de diamètres.

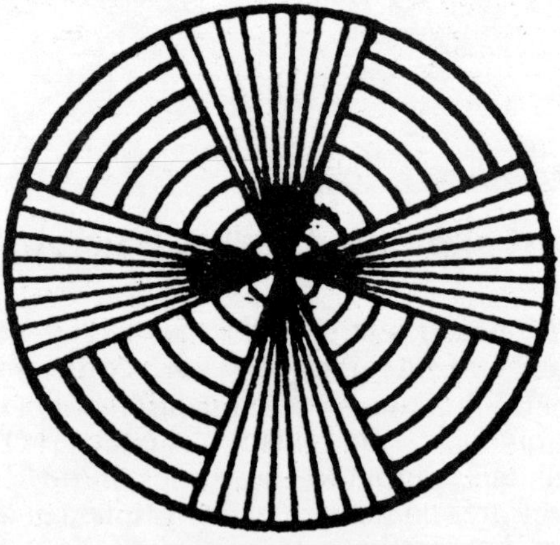

Fig. 14

Il en va de même pour ce dessin bien connu sur lequel on distingue tantôt deux visages se faisant face sur un fond blanc, ou un vase sur un fond gris.

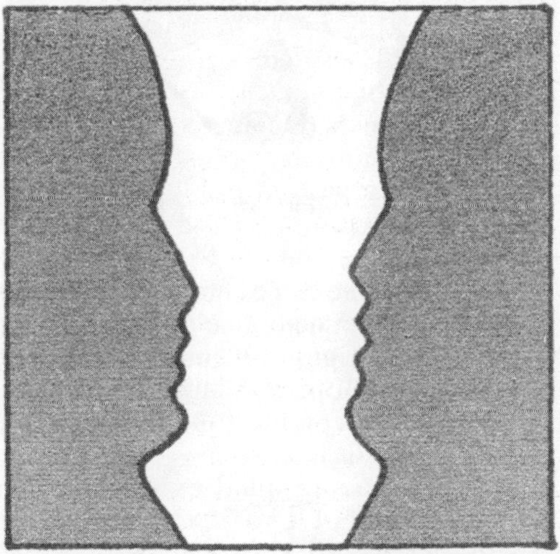

Fig. 15

Y a-t-il influence du fond sur la figure ?

Oui, dans certains cas cette influence se traduit par une illusion perceptive ou illusion d'optique. Ne dit-on pas qu'une figure « se détache » du fond. Cette expression imagée, bien connue, traduit judicieusement la pensée de Rubin. Dès lors la figure paraît plus proche de l'observateur que le fond. Qu'est-ce qui nous fait distinguer la forme du fond ? C'est la différence d'intensité qui existe entre les excitations, les stimuli qui proviennent du champ visuel. L'expérience de Rubin illustre parfaitement cette constatation. Imaginons un octogone (une figure de huit côtés) de papier blanc que l'on divise en huit secteurs formant deux croix, comme le montre la figure 16.

Fig. 16

Puis l'on découpe une de ces croix, représentée en noir sur la figure, il reste un octogone ajouré et une croix. Si l'on observe alors la figure obtenue, la nuit devant une fenêtre mal éclairée, on perçoit la partie découpée tantôt comme figure, tantôt comme fond selon qu'on la voit d'un noir plus ou moins intense.

Rubin constate encore qu'il existe une différence subjective entre l'objet et le fond. C'est ce que démontre également Ehrenstein en 1954.

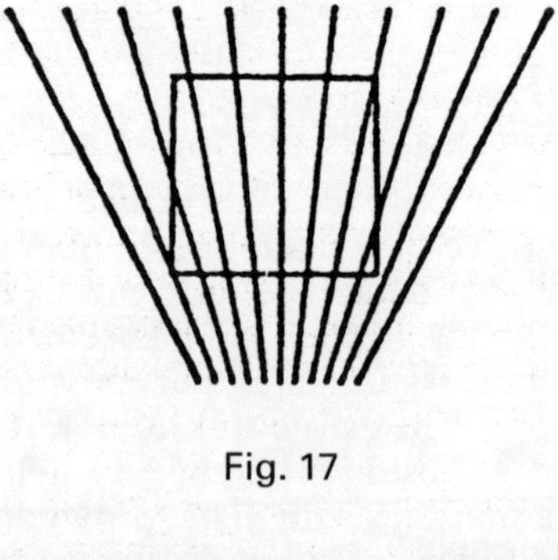

Fig. 17

Ce carré tracé sur des lignes disposées en forme de rayons semble avoir la forme d'un trapèze.

La gestalthérapie

Perls (1893-1969), psychologue américain d'origine allemande, fondateur de la gestalthérapie, a puisé ses explications du comportement humain dans les théories de la perception élaborées par les gestalthéoriciens. Partant du fait que la gestalt équivaut à un tout, à une entité de la perception, Perls envisage le comportement humain comme une succession de gestalts selon le cycle suivant : elles apparaissent dans notre vie, elles se réalisent puis elles s'effacent lorsqu'elles ne servent plus à rien.

À partir de telles conceptions, on comprend pourquoi la gestalthérapie se fixe pour tâche de « combler les failles de la personnalité », d'intégrer en chaque sujet les parties qui ont été sélectionnées, rejetées, mises à l'écart, pour édifier une globalité, « pour rendre à l'individu sa totalité ».

Perls conçoit deux types de gestalts : les gestalts de besoin et la gestalt du Soi.

Le premier type recouvre l'éventail des besoins primaires comme la faim, la protection ou encore la sexualité. Chacun d'entre nous se voit confronté à eux dans la mesure où ils font partie intégrante de la vie. L'organisme tend vers leur satisfaction. Toutes les fois qu'il y parvient, une gestalt s'achève.

Mais nous n'arrivons pas toujours à satisfaire nos besoins. Dans ce cas, la gestalt reste inachevée. Il s'ensuit alors chez la personne concernée un sentiment de dépit, de frustration, créant un obstacle à l'apparition d'une nouvelle gestalt. On n'est plus disponible à d'autres expériences, ce qui devient bientôt une source d'anxiété, voire d'angoisse (se reporter à Angoisse pour plus de précisions).

La gestalt du Soi représente les besoins que nous éprouvons pour nous réaliser. Ceci passe, selon Perls, par une large utilisation de nos facultés créatrices. Entendons-nous bien, cela ne signifie pas que la majorité d'entre nous, du jour au lendemain, va prendre la plume, le pinceau ou les partitions musicales pour s'embarquer sur le grand vaisseau de l'imaginaire, de l'expression artistique. En règle générale, l'utilisation des facultés créatrices se traduit par la façon dont on mène sa vie. C'est pourquoi les rapports qui s'établissent entre soi et les autres passent obligatoirement par une gestalt, celle du contact, que Perls place parmi les plus importantes.

Pas de croissance sans contact

Selon Perls, notre croissance a pour tremplin les gestalts qui jalonnent notre vie. Une gestalt succède à une autre tout au long de notre existence. Ce phénomène constitue le moteur de notre développement, la dynamique de la personnalité qui est en train de se construire. Et comme chaque gestalt prend en compte à la fois les besoins de l'organisme et ceux du mental, elle oblige à entrer en relation avec l'environnement puisque c'est lui qui donne les réponses à nos désirs. Il nous permet également de développer nos facultés de conscience et d'enrichir notre expérience.

Mais avoir un environnement ne signifie pas pour autant établir un contact avec lui. Si nous nous fermons à lui, il ne nous apporte plus rien.

Voici une situation empruntée au quotidien et qui illustre parfaitement ce que nous venons de dire. Quand nous sommes dans un café, des inconnus nous entourent. Nous ne cherchons pas, la plupart du temps, à lier conversation avec eux. Au contraire, nous nous enfermons dans un livre ou dans nos pensées. Les discussions porteuses de messages se transforment alors en un brouhaha incompréhensible, un fond sonore ponctué par le tintement des couverts. Nous ne voyons même plus les personnes qui se trouvent dans la salle. Dans ce cas, aucun enrichissement n'est possible puisque nous avons volontairement fermé les persiennes de la communication.

Or, pour que la croissance se déroule bien, tant sur le plan physique que mental, il faut qu'elle puisse tirer de l'environnement tout ce dont elle a besoin, un peu à l'image du fœtus puisant dans l'organisme de la mère les éléments nécessaires à sa formation. Le contact est donc la condition *sine qua non* de notre développement. Mais il convient également, de temps en temps, de se « retirer » en soi-même pour assimiler les expériences, pour les faire siennes, afin que puissent surgir d'autres désirs se traduisant par le besoin d'expériences nouvelles. La gestaltthérapie admet comme principe de base la croissance infinie de la personnalité. Ainsi, atteindre la maturité signifie avoir totalisé un grand nombre de gestalts.

Ne fuyons plus le réel

Perls constate que nous avons tendance, de façon naturelle, à éviter le réel. Nous nous coupons volontiers de l'univers de nos besoins et de celui de nos émotions. Nous prenons de la distance vis-à-vis de l'« ici et maintenant » et nous donnons trop souvent la préférence au passé comme au futur.

Cette attitude se traduit aussi bien par des réactions particulières, dans le quotidien, que par des tournures de langage derrière lesquelles nous dissimulons nos sentiments réels. Aussi, quand nous nous levons le matin avec la ferme envie de ne pas parler, nous « bougonnons », nous répondons par des « grognements » à l'interlocuteur importun afin de le décourager, au lieu de lui dire franchement que nous ne souhaitons pas discuter. Nous utilisons de faux prétextes : « Je suis pressé », « Ce n'est pas l'heure ». Nous nous retranchons derrière des exigences indépendantes de notre volonté.

Le langage est riche en tournures propres à cacher notre pensée. Il est plus facile, par exemple, de s'enfermer dans un jargon, de parler de l'autre au lieu de soi, d'employer des vérités générales, de censurer notre émotion… plutôt que d'avouer ce que nous « avons sur le cœur ». Il ne s'agit pas là, bien sûr, d'hypocrisie, mais plutôt d'une incapacité à affronter le réel. Quand on demande : « Tu n'aimerais pas aller en Grèce cet été ? » il faut traduire « J'aimerais aller en Grèce. » La phrase sous forme de vérité générale : « Quand on a fait l'expérience du cambriolage, on devient méfiant » doit se comprendre bien souvent par : « J'ai été cambriolé et maintenant je suis méfiant »…

Mais que propose la gestaltthérapie ?

La gestaltthérapie propose, par des jeux, des règles, de développer un meilleur état de conscience, de parvenir à une maturité. Elle travaille à la fois sur l'attitude de la personne, la façon dont celle-ci coupe le contact avec son environnement et sur son langage. La gestaltthérapie réapprend à vivre l'« ici et maintenant » en faisant prendre conscience au patient de la grande facilité avec laquelle il fuit le réel. Elle lui permet de se réaliser et de quitter le rôle social dans lequel il se fond et se dissimule en démontant les mécanismes de son langage. Il doit dès lors adopter des paroles qui sont en harmonie avec sa pensée.

La gestaltthérapie favorise l'achèvement des gestalts incomplètes. Mais elle aide aussi à accepter la frustration qui, bien souvent, engendre un sentiment douloureux auquel on a hâte d'échapper. Elle sait aussi prendre en compte les moments de retrait en soi.

Les jeux, les mises en situation et l'action sont la clé de voûte de la gestaltthérapie. Son but, par la reviviscence de l'« ici et maintenant », par le travail sur le langage et la responsabilité de ce que l'on est… consiste à recréer en un ensemble les parties dispersées de notre personnalité, un peu à la manière de l'enfant qui réunit en une image cohérente les pièces d'un puzzle.

Behaviorisme

Le behaviorisme désigne les comportements des hommes, mais aussi des animaux dans leur aspect objectif, observable. Il se plie aux règles du laboratoire et à celles de l'expérimentation, car il se veut scientifique avant tout.

Il refuse progressivement tout ce qui est subjectif, tout ce qui peut se rapporter à l'introspection.

Fondée sur le conditionnement, la thérapie, vue sous l'angle de la psychologie comportementale, passera essentiellement par les voies de l'apprentissage.

Elle se développe dans les milieux psychiatriques. D'abord réservée au traitement des phobies, de l'alcoolisme, du tabagisme... elle élargit son éventail d'action en intervenant sur les troubles mentaux (psychoses et névroses).

Le behaviorisme, tiré du mot américain *behavior* ou encore traduit de l'allemand *verhalten*, désigne le comportement des hommes comme celui des animaux dans son aspect objectif, observable.

Si le terme de « comportement » n'est pas propre à la psychologie puisqu'il a été utilisé en particulier par le savant et penseur Blaise Pascal (1623-1662), c'est le psychologue H. Pieron (1881-1964) qui, dès 1908, expose les principes de la psychologie objective.

Le behaviorisme se caractérise par une incontestable volonté de rigueur doublée d'un souci scientifique de la part de ceux qui l'ont choisi comme méthode d'approche des phénomènes. Aussi, au nom de la science positive, le behaviorisme va-t-il bannir de sa démarche, tel un épouvantail, tout ce qui peut avoir trait d'une part à l'introspection, c'est-à-dire à l'observation par soi-même de ce qui se passe à l'intérieur de son psychisme, d'autre part au subjectivisme (relatif au sujet pensant).

Déjà Auguste Comte avait, en son temps, durement critiqué l'introspection parce que, selon lui, elle n'offre aucune garantie scientifique. En effet, le sujet qui observe et le sujet observé ne font qu'un, ne représentant qu'une seule et même personne. Auguste Comte avait remis en question des idées comme celles de l'écrivain Montaigne (1533-1592) pour qui, notamment, on est le seul à se connaître vraiment :

> **« Il n'y a que vous qui sachiez si vous êtes lâche ou cruel ou dévotieux. Les autres ne vous voient point, ils vous devinent par conjectures incertaines. »**

Pour Auguste Comte, au contraire, l'homme ne peut fouiller tout seul en lui-même. Bien avant les psychologues du comportement, il avait déjà accordé peu de validité à l'observation de soi par soi-même. Pour bien comprendre ce que voulait dire cet auteur, nous prendrons l'image suivante : on ne peut être à la fois dans le train et se regarder partir en agitant son mouchoir sur le quai de la gare.

À partir de telles données, la psychologie scientifique s'ouvre les portes des laboratoires, se plie aux règles de l'expérimentation pour devenir contrôlable, vérifiable et renouvelable afin de pouvoir ériger en lois la panoplie des comportements humains sur lesquels les behavioristes portent le verre grossissant. Ce virage ainsi emprunté les oblige à ne plus envisager le psychisme en termes de conscience.

Dès lors on ne parle plus que d'organisme et de comportement. Parallèlement on assiste, au XIXe siècle, au développement des sciences physiques, à celui de la chimie et de la médecine qui obtiennent des résultats sur lesquels va peu à peu se construire l'édifice du behaviorisme.

Le behaviorisme naît dans une galaxie de contradictions

Le behaviorisme naît sur les bases jetées par le positivisme, ainsi que nous l'avons vu. Toutefois, au XIXe siècle, le subjectivisme tenait une place importante. Il orientait ses regards et ses recherches sur la pensée, sur les émotions ou sur les instincts, donc sur l'intériorité.

De son côté la psychanalyse cherche dans les profondeurs, dans les soubassements du psychisme, à démasquer les messages de l'inconscient.

Le behaviorisme, dans un tel contexte, fait l'effet d'un pavé dans la mare du subjectif. Son désir d'objectivité l'oblige à rejeter ce que les psychologues du comportement appelleront des « croyances ». Ceux-ci mettront également au banc des accusés l'importance attribuée par les psychanalystes à la sexualité. Ils feront face à la lutte acharnée qui va s'engager contre eux. Et ce n'est pas sans une ironie mordante qu'ils répondent aux attaques.

C'est ainsi que, en 1920, le psychologue américain Watson (1878-1958) ainsi que sa femme Rayner tournent en ridicule la théorie psychanalytique de la phobie (peur cristallisée sur certains objets ou encore leur représentation).

Pour donner du poids à leur thèse, ils n'hésitent pas à passer à l'expérience qui seule, pour eux, a valeur scientifique. Ils conditionnent Albert, un petit garçon de 11 mois, à avoir peur des rats blancs. Pour y parvenir, ils provoquent un bruit effrayant chaque fois que le bébé se trouve à proximité de l'animal. Puis ils étendent le conditionnement à tout ce qui porte une fourrure blanche. Albert ne peut plus supporter la vue du moindre pelage couleur de neige. Il a une phobie. Watson et Rayner voulaient démontrer que le petit garçon souffre d'un mal identique à celui de certains patients de psychanalystes, et ce mal vient de quelque chose de précis !

Mais il n'est pas question de laisser Albert dans cet état-là. Et sa « guérison » par la méthode scientifique tentera (en vain) de porter le coup de grâce à la psychanalyse. C'est alors que Watson et Rayner se proposent de libérer Albert de sa phobie par un conditionnement inverse. Pour cela ils mettent en présence du petit garçon des rats blancs afin qu'il surmonte sa peur. De plus ils associent les animaux à une stimulation agréable.

Tout au long de l'expérience, Watson et Rayner ont observé attentivement l'enfant qui, notamment, a sucé

La psychologie comme science

Le philosophe français Auguste Comte (1798-1857) présente la connaissance scientifique comme le résultat de la maturité de l'esprit humain. L'homme, dans ce domaine, ne peut établir de théories que lorsqu'il a plusieurs siècles d'histoire derrière lui. Il est vrai, d'ailleurs, que les premières interprétations des faits étaient anthropomorphiques : les hommes prêtaient aux éléments des sentiments humains. Ils projetaient leur psychologie sur la nature, un peu comme si elle représentait un miroir capable de leur renvoyer, par leur image projetée, un modèle explicatif.

Pour soutenir sa thèse, Auguste Comte se sert des arguments suivants : si l'on remonte assez loin dans le cours de l'histoire, les hommes justifiaient les phénomènes naturels par la théologie : la tempête, par exemple, provenait de la colère d'un dieu, sorte d'imaginaire idéal de l'homme. Il y avait autant de dieux ou de démons que de phénomènes inexplicables pour et par l'homme.

Plus on avance dans les siècles, plus on recherche des explications rationnelles. L'origine de la tempête devient « la vertu dynamique du vent ».

Puis, au XIXe siècle, l'approche moderne, positive, scientifique, cherche moins l'origine des choses que la description des faits, leur déroulement. Il s'agit avant tout d'observer objectivement les manifestations de la nature, de comprendre les liaisons qu'elles ont entre elles et auxquelles elles se trouvent assujetties. La science positive abandonne les causes au profit des lois. On proscrit aussi toute approche de la société fondée notamment sur les caractères historiques des phénomènes humains. À cette philosophie fera écho la psychologie expérimentale ou scientifique.

son pouce. Voici leur réaction. Ils critiquent Freud qui voit par ce geste l'excitation de la bouche, envisagée ici comme zone érogène, c'est-à-dire propre à provoquer du plaisir.

Pour Watson et Rayner, l'enfant suce son pouce tout simplement parce qu'il a moins peur lorsqu'il exécute ce geste. Enfin ils imaginent ce que diraient les partisans de théories freudiennes devant la phobie d'Albert vingt ans plus tard.

Selon Watson et Rayner, les psychanalystes ne manqueraient pas d'orienter leurs investigations sur ce trouble en amenant Albert à raconter un rêve. Puis, son analyse progressant, Albert avouerait qu'alors âgé de trois ans il avait essayé de jouer avec les poils pubiens de sa mère. Cette dernière l'ayant violemment écarté aurait provoqué chez l'enfant un traumatisme qui se serait traduit par une phobie.

Cette petite histoire donne le ton des hostilités entre les partisans de la psychologie scientifique et leurs adversaires.

Un virage en douceur

La psychologie expérimentale telle que nous venons de la décrire dans sa rigueur scientifique a connu des précurseurs que nous pouvons qualifier de plus modérés. Parmi eux, le psychologue allemand Wilhelm Wundt (1832-1920) et le physicien, mathématicien et philosophe Gustav Theodor Fechner (1801-1887). Tous deux vont conjuguer adroitement la psychologie avec les mathématiques qui font un mariage heureux en psychologie expérimentale. Fechner s'intéresse à l'étude de l'excitation sensorielle portant en particulier sur l'ouïe et l'œil. Appliquant les chiffres au comportement, il se fixe pour tâche de connaître et de quantifier les seuils sensoriels.

Le fondateur de la psychologie expérimentale est Wundt. En 1879, il ouvre à cette discipline les portes du premier laboratoire où les maîtres du behaviorisme vont pouvoir avancer leurs recherches. Très vite il compte de nombreux disciples. Il travaille surtout sur l'affectivité et sur les sens : le toucher et la vision. Il reste dans la lignée de Fechner comme dans celle de la psychophysique (qui associe psychologie et physiologie ou fonctionnement du corps) et il étudie avec précision le temps qui sépare une réaction motrice (entraînant un mouvement) d'une stimulation par la lumière ou par le son.

Bien que fondateur de la première école expérimentale, Wundt n'a pas tourné définitivement le dos à la philosophie ni à son approche de la conscience. Aussi ne rejette-t-il pas la méthode introspective consistant à comprendre ce que pense ou éprouve la personne. C'est donc autour du vécu, de l'histoire du sujet et dans un contexte scientifique qu'intervenait Wundt. L'intérêt du subjectif est tellement ancré dans les théories de ce psychologue qu'il affirme : « *Toute psychologie commence par l'introspection.* »

Mais déjà se dressent contre lui les oppositions de la part des défenseurs de l'objectif qui propulsent l'explication des phénomènes psychiques derrière des garde-fous du tangible, du concret, ceux du système nerveux.

Un modèle venu de Russie : Pavlov

C'est sur des résultats obtenus par Pavlov (1849-1936) que les psychologues du comportement jetèrent les bases de leurs recherches.

Qui est Pavlov ? Physiologiste russe, il étudie le comportement animal face aux sollicitations de l'environnement. Il marque une antipathie farouche à l'égard de la subjectivité et tourne le dos à la méthode introspective de Wundt, allant fouiller tout au fond de l'être. Pavlov a monté une expérience qui a pour maître mot le réflexe conditionné, et à laquelle, sans doute, il doit en partie sa célébrité.

Le *réflexe conditionné* provient de l'association d'un excitant extérieur, comme l'émission d'un son ou celle d'une lumière, à un excitant naturel, tel qu'un aliment, si l'on veut mesurer un suc digestif. On se rappelle très bien des expressions : « Je salive » ; « Ça me met l'eau à la bouche » que l'on prononce à la vue ou à l'évocation d'un aliment qui ouvre l'appétit, dans un moment de « fringale ».

Certes il ne s'agit pas ici de réflexe conditionné puisque l'augmentation de la salivation se produit spontanément d'une part, et peut, dans un autre contexte, ne pas avoir lieu : quand on quitte un restaurant dans lequel on vient de faire un repas copieux, s'imaginer des plats, même les plus fins, ne nous donne pas faim et ne risque pas, dans ces conditions, de nous faire saliver.

Revenons donc au réflexe conditionné. Si l'on poursuit l'association du même excitant extérieur et du même excitant naturel, on constate qu'au bout d'un certain temps l'excitant extérieur suffit à lui seul à provoquer le réflexe.

L'expérience de Pavlov est partie d'une simple constatation portant sur l'attitude des chiens. Il remarque que les animaux se mettent à saliver quand ils perçoivent le bruit de pas des personnes qui leur apportent leur nourriture. Alors Pavlov voulut comprendre ce phénomène d'une façon plus précise et le mesurer. Il a appris à un chien à répondre, en salivant, au son d'un métronome. Pour cela il faisait concorder le bruit — qui est un stimulus neutre ou encore *conditionnel* — avec la présentation d'un plat de poudre de viande — stimulus *inconditionnel*, cette fois. Dans les premiers temps de l'expérience, le chien ne salivait que devant la poudre de viande : il donnait une réponse *inconditionnelle*. Puis la salivation apparut au seul son du métronome. On dit que la réponse est *conditionnelle*. Pavlov approfondit ses recherches sur le réflexe conditionné (ou *conditionnel*), sur ses modalités d'apparition comme celles de sa disparition. Son ouvrage, *Les Réflexes conditionnés*, fut traduit en français en 1937.

Le chien n'est pas le seul animal sur lequel s'est portée l'étude du réflexe conditionné. L'expérience fait ressortir combien le lien qui existe entre l'adaptation d'un être et son milieu est étroit. Il est si intime que le moindre changement provoque une nouvelle adaptation. Pour en vérifier la valeur, l'expérience du réflexe conditionné a été faite sur des animaux très inférieurs, puis sur l'homme.

Il s'agissait ainsi de balayer tout un éventail d'individus pour vérifier si tous pouvaient se soumettre au réflexe conditionné. Ainsi a-t-on renouvelé un travail similaire sur les planaires (petits vers plats munis d'un système nerveux très rudimentaire). Bien que la palette des comportements de ces animaux soit très réduite, on remarque qu'ils ont tendance à lever la tête à la lumière. Si l'on associe à cette lumière un choc électrique, ils relèvent la tête, ou bien ils contractent le corps beaucoup plus souvent. Si l'on supprime le choc électrique, de nouveau leurs réactions à la lumière diminuent. Ils relèvent moins souvent la tête.

Si la difficulté de l'expérience repose chez les planaires sur la pauvreté de leur comportement, chez l'homme, en revanche, c'est la complexité des mécanismes de contrôle des réactions qui pose question. Car, pour le behaviorisme, il s'agit d'expliquer l'homme de l'extérieur, en partant des réactions de son organisme comme de ses comportements. On en tire ainsi des lois scientifiques qui permettent de connaître et de prévoir la réponse à un stimulus donné.

Le couple stimulus-réponse : S-R

On peut définir le stimulus comme un message issu d'une énergie physique, capable de faire réagir des récepteurs spécifiques particuliers. Par exemple, un son ne provoque pas d'excitation sur l'œil mais sur l'ouïe, et inversement une lumière ne produit aucune réaction auditive.

Il existe donc obligatoirement un lien entre le stimulus et la réponse, le premier donnant forcément naissance au deuxième, le « provoquant », le « suscitant », le « produisant », un peu à la manière de la pluie qui entraîne obligatoirement l'humidité. Cette règle, empruntée à la physique, a franchi la grande porte du domaine de la psychologie sous l'impulsion de Watson. Pour lui, le psychisme est comme une « case vide ». Watson tire un trait définitif sur la conscience, sur l'intériorité, et donc sur la psychanalyse et même sur Wundt philosophe, médecin, physiologiste, et finalement psychologue expérimentaliste.

On est bien loin, désormais, de la cave de l'inconscient de Freud dans laquelle sont engrangés des souvenirs oubliés, refoulés, mais bien vivants en nous et qui induisent nombre de nos comportements. Avec la psychologie expérimentale, on voit l'agencement de la maison sans entrer dedans, comme si elle était construite en verre, mais on ignore ce qui préside au décor.

Avec la psychanalyse, au contraire, la maison est à murs épais, à volets fermés. De l'extérieur, on ne peut pas deviner à quoi elle ressemble. Il faut entrer à l'intérieur pour pouvoir en parcourir les couloirs, en découvrir la disposition des pièces, la valeur des objets cachés ou choisis pour être montrés. Et de plus il faut, pour y parvenir, en posséder la clef.

Dans toute expérience qui se déroule selon la théorie « S-R », on met l'accent sur les relations qui existent entre les stimuli et les réponses. Il s'agit alors de savoir quel stimulus entraîne un réponse particulière. Et, inversement, on doit être en mesure de retrouver un stimulus à partir de la réponse qu'il a provoquée. Les psychologues du comportement sont un peu comme des mécaniciens experts, qui connaissent parfaitement les ressources d'un moteur et peuvent prévoir sa puissance et ses réactions.

Une expérience n'a de valeur que si elle est strictement contrôlée afin que des stimuli accidentels, comme un bruit, une odeur… ne viennent pas s'immiscer et la perturber, ce qui peut modifier la *réponse conditionnelle*. On évite, à ce titre, la présence de l'expérimentateur quand il risque de jouer le rôle de *stimulus conditionnel*.

Reprenons, pour comprendre, l'expérience de Pavlov et imaginons que ce soit toujours la même personne qui apporte la viande au chien. L'animal aurait pu saliver simplement en la voyant arriver, en la reconnaissant. Ainsi le son du métronome et ses effets, sur lesquels portait l'expérience, seraient-ils passés au second plan, voire n'auraient même joué aucun rôle. C'est pourquoi les psychologues du comportement préfèrent, pour la validité de leur expérience, utiliser des dispositifs automatisés, neutres.

Les requins de Pavlov

Les îles du Salut, au large de la Guyane, furent longtemps un bagne pour les sujets les plus coriaces, en dépit de leur aspect paradisiaque.

Quand un bagnard mourait, on le mettait dans un cercueil ouvert à l'une de ses extrémités. Une petite cérémonie religieuse, qu'accompagnait une sonnerie de cloche, saluait l'événement. Puis le cercueil était mis sur un plan incliné, le corps glissait, tombait dans l'eau et... servait de pâture aux requins.

Plusieurs années après la fermeture du bagne, il suffisait de faire sonner la cloche pour susciter un rassemblement de requins.

Les rats de Watson

À partir de 1907, Watson commence à observer les rats. Il découvre qu'à la suite d'un dressage à coups de stimuli électriques l'animal devient capable de distinguer le vert du bleu. On comprend alors que cette observation ait ouvert la voie à l'utilisation du conditionnement tel que nous venons de le décrire et du couple S-R. C'était aussi conforter les psychologues du comportement dans leur attitude antisubjectiviste, dans leur hostilité à l'intériorité. Leur position ne vient donc pas d'une simple idéologie, mais d'une expérience renouvelable, répétable, donc scientifique. Pas d'intuition ni d'empirisme dans l'école du behaviorisme, même si elle émane d'une analogie entre le comportement du rat et celui de l'homme.

Watson va plus loin. Partant du principe que tout comportement provient d'un stimulus extérieur, il va appliquer cette théorie au domaine de la pensée et des images. Pour lui, le comportement moteur (nos gestes) devient en quelque sorte la source des stimuli de la pensée et non pas l'inverse comme l'affirment les partisans de la vie intérieure. De même l'émotion provient de phénomènes d'ordre physiologique. Ces théories behavioristes issus des travaux de Pavlov ouvrent la voie à la thérapie comportementale.

Quels sont les principes thérapeutiques du comportementalisme ?

Les thérapies (méthodes de soins) comportementales représentent en quelque sorte le développement et l'évolution du behaviorisme. En effet, elles ont pour toile de fond les recherches de Pavlov et celles de Watson dont elles ne sont qu'une application spécifique.

Les thérapies comportementales, encore appelées *behaviourthérapies* en 1953 par Lindsley et Skinner (né en 1904) reçoivent leur nom officiel en 1972. Elles ont été employées par Eysenck (1952), Lazarus (1958) et J. Wolpe (1958).

Très vite acceptée dans les pays anglo-saxons et scandinaves, la psychologie expérimentale met beaucoup plus de temps à s'imposer en France où les psychanalystes et certains courants philosophiques lui barrent violemment le passage. Les thérapies comportementales franchissent pourtant allégrement nos frontières dans les années soixante lorsque J. Rognant (1964) élabore une méthode de traitement pour les exhibitionnistes.

Mais, déjà bien avant lui, Skinner avait emporté quelques succès en lançant le mouvement de « modification comportementale », mettant ainsi l'accent sur le fait que cette thérapie suppose une action dans le but de modifier un comportement pathologique dit « malade ».

Comment devient-on psychiquement malade ? Pour les psychanalystes, le malade est celui qui vit son état en fonction de l'équilibre dynamique des bénéfices qu'il tire de son état et dont le sens reste enfoui dans le psychisme à l'intérieur duquel il refoule, il engrange, pour les oublier, les poussées propres à mettre en péril son *Moi*.

À l'inverse, pour les psychologues scientifiques, nous adoptons un comportement malade par conditionnement, c'est-à-dire en l'apprenant en quelque sorte. Un comportement malade est donc appris. C'est un peu comme un conducteur qui aurait adopté de mauvaises habitudes au volant.

L'avantage de cette théorie réside dans le fait que l'on peut se débarrasser de la maladie par un déconditionnement. Il suffit, par exemple, de corriger le chauffeur, de lui montrer plusieurs fois le geste approprié à la conduite pour qu'il se débarrasse de ses mauvaises habitudes.

Et comme tout conditionnement est lié à l'environnement, il faut, pour le succès de l'opération, agir à la fois sur le patient et sur le contexte dans lequel il vit. Aussi, pour poursuivre notre comparaison, sera-t-on amené, dans certains cas, à changer de véhicule, à en choisir un de mieux adapté pour améliorer sa conduite.

Ainsi, pour Watson comme pour Skinner, la société représente un ensemble de conditionnements d'où sont issus des stimuli agissant sur le comportement de l'individu, mais la société est elle-même modifiable par des techniques scientifiques !

Les thérapies du comportement mettent donc avant tout l'accent sur l'apprentissage comme méthode de traitement. On peut les comparer à une sorte de « rééducation ». Lorsque nous nous cassons une jambe et que nous gardons un plâtre un certain temps, nous ne savons plus bien marcher. Par suite de l'immobilité, nous avons « acquis » une raideur qui donne au membre une mauvaise position lorsque nous voulons avancer. Le masseur décompose alors le mouvement, il nous réapprend la marche.

Les thérapies du comportement braquent l'objectif sur l'attitude inadaptée sans tenir compte de ses causes, ce qui ne manque pas de faire frémir les adeptes de la psychologie clinique. De la même manière, le kinésithérapeute contribue à la rééducation de notre jambe, sans prendre en compte le fait que la fracture se soit produite à la ville ou à la campagne. Les thérapies du comportement utilisent des techniques déjà testées en laboratoire, ce qui leur permet de s'octroyer le label scientifique et par conséquent, pour elles, d'efficacité.

Enfin le psychologue comportementaliste fixe, avant

d'entamer le traitement, des buts qui sont mesurables. Ils constituent autant de preuves, de gages de l'efficacité de la thérapie, tout comme la rééducation se mesure à la longueur du trajet que l'on est capable de faire et d'augmenter au fur et à mesure des soins.

Longtemps la psychologie du comportement a été réservée aux phobies (peur de certains objets, situations...), à l'alcoolisme, à la toxicomanie, au tabagisme... Elle tend à étendre l'éventail de ses domaines, en psychiatrie notamment, dans le traitement des psychoses — trouble mental qui recouvre l'ensemble des délires, manies, démences... dont la caractéristique est la non-conscience et la conviction délirante — et des névroses (moins graves que les psychoses, car il peut s'agir d'un malaise passager dont le patient est de toutes façons conscient).

En quoi consiste la thérapie comportementaliste ?

La thérapie comportementaliste repose avant tout sur le couple stimulus-réponse et sur une récompense que l'on appelle, ici, *renforcement*. En effet, dans tout apprentissage il faut une motivation, mais aussi une récompense finale. Si la *réponse* est correcte, on donne une récompense, il s'agit là d'un *renforcement positif*. Si la réponse est incorrecte, on inflige alors une punition. Il s'agit généralement d'un choc électrique qui représente alors un *renforcement négatif*.

La thérapie comportementaliste débute par un entretien entre le psychologue et le patient. Il convient alors de comprendre et d'analyser les plaintes de ce dernier, d'identifier la situation ou le stimulus à l'origine du comportement malade ou du moins indésirable, de relever les circonstances qui le maintiennent tout comme les éléments tendant à l'estomper.

Il s'agit de reconnaître quels changements dans l'environnement pourraient être susceptibles de réduire, voire de gommer, le comportement malade. On définit le « symptôme cible », celui qui est à modifier, afin de programmer le but du traitement. Mais tous les psychologues du comportement ne se prêtent pas au jeu de l'entretien.

Partant du principe que la société constitue un ensemble de conditionnements à l'origine de stimuli propres à induire le comportement de quelques-uns, le psychologue va alors structurer son comportement face à son patient afin d'agir, de cette façon, sur le comportement de ce dernier. On pourrait le comparer très schématiquement à l'instituteur qui, voulant obtenir un certain type d'attitudes de ses élèves comme la ponctualité, va lui-même donner l'exemple en étant toujours très à l'heure en classe. Très souvent la méthode de traitement choisie est le déconditionnement. Ce principe a été notamment introduit par Wolpe dans les années 1958-1969.

Dans le « modelage », la personne atteinte d'une phobie doit examiner un sujet non phobique, manipuler le stimulus qui provoque l'anxiété. Par exemple, une personne qui souffre d'une peur irraisonnée des araignées observera quelqu'un qui touchera ces insectes, qui les laissera courir sur lui jusqu'à ce qu'elle puisse le faire à son tour.

Dans la méthode dite de « cessation d'anxiété », on « punit » par un choc électrique la personne qui veut éviter le stimulus à l'origine de son angoisse, par exemple l'araignée. Le stimulus craint est associé à la cessation de la punition, d'où la fin de l'anxiété.

Dans « l'immersion » ou « l'implosion », il s'agit de faire évoquer au malade le plus de situations génératrices d'anxiété possible tout en l'empêchant de les éviter.

Dans « l'extinction », on supprime le *renforcement*. Pour bien comprendre ce phénomène, imaginons qu'un chien ait été conditionné à saliver lorsqu'on allume une lampe. Si l'on continue à brancher la lumière en arrêtant de lui donner un morceau de viande en récompense, on s'aperçoit que la salivation diminue progressivement.

Le traitement ne peut commencer que s'il existe un

accord parfait entre le psychologue et son patient. Une fois la thérapie entamée, des contrôles sont effectués régulièrement afin de suivre le processus de guérison. Les principes de base constituent « les critères de vérité », clef de voûte de la thérapie comportementaliste. Elle exclut la voie du hasard ou celle de l'autorité de l'expérimentateur. En effet, l'emploi abusif des techniques comportementalistes peut aller jusqu'au lavage de cerveau (conditionnement très violent ayant recours en particulier à des chocs électriques affectant le cerveau et dont le but est de provoquer mécaniquement un changement de conviction).

Le lavage de cerveau

Pavlov était un « libéral » et il n'avait ni prévu ni voulu l'application qui fut faite de ses théories aux êtres humains.

Au cours de ses expériences, il découvrit que, lorsqu'un chien était soumis à des stress répétés et intensifs, au bout d'un certain temps son cerveau se mettait en grève, se sabotait pour ainsi dire.

Ces découvertes furent ensuite utilisées pour la « rééducation » des prisonniers politiques. Sous l'action de multiples et fréquentes agressions, leur psychisme perd ses capacités de résistance. L'individu devient parfaitement manipulable et, parfois, bien conditionné, se met à défendre les positions qu'il combattait auparavant.

La psychologie expérimentale et l'enfant qui « fait pipi au lit »

Certains enfants font pipi au lit bien au-delà de l'âge normal. Les psychologues du comportement présentent une solution très simple à ce problème et d'une grande efficacité, selon les auteurs concernés. Une sonnette se déclenche dès que les draps se mouillent. Elle réveille ainsi le bambin. Cette méthode permet à la fillette ou au jeune garçon de percevoir, au bout de quelque temps, la pression exercée par la vessie avant d'uriner. Cette pression a ici la valeur d'un *stimulus conditionnel*, propre à habituer l'enfant à se réveiller et aller aux toilettes quand il en a envie.

Voici maintenant le traitement d'une phobie des chiens tirée de la revue l'*Encéphale* (1973).

La peur des chiens est un phénomène qui existe. Le « meilleur ami de l'homme » que l'on croise à heures régulières dans les rues de nos villes ou dans nos campagnes peut, dans certains cas, faire frémir. C'est ce qui est arrivé à une jeune fille âgée de 17 ans. Elle éprouvait une telle peur qu'elle ne pouvait plus sortir dans la rue seule, de crainte de rencontrer un représentant de la gent canine.

Cette jeune fille, qui avait tenté de se suicider deux mois avant sa première consultation, parle de ses difficultés scolaires. Dans la description de sa famille, elle évoque sa sœur aînée de deux ans et son père qu'elle qualifie d'intelligent, mais incapable de la comprendre. Quant à sa mère, elle n'a jamais eu l'occasion de se confier à elle réellement. Elle se rappelle, par ailleurs, avoir eu peur de son grand-père à l'âge de deux ans. Elle a fait, à 8 ans, une première tentative de suicide à la suite du décès de sa grand-mère. Puis, à 15 ans, surgissent des soucis esthétiques. Elle se livre alors à une deuxième tentative de suicide parce qu'elle se trouve laide. Deux ans plus tard, c'est la cure d'amaigrissement, puis c'est l'échec scolaire et la troisième tentative de suicide.

Quand la jeune fille commence l'histoire de sa phobie, elle avoue avoir d'autres peurs, mais celle des chiens la paralyse. Enfin on constitue une hiérarchie des situations dans lesquelles la phobie se manifeste afin de les classer dans un ordre croissant. Comme elle a moins peur des petits chiens que des gros, on lui présentera d'abord un chiot, puis un caniche, un chien plus gros et enfin un chien-loup.

Dans un premier temps, et selon la hiérarchie que nous venons de citer, on propose à la jeune fille des images de chien dans les positions suivantes :

— endormi,
— au réveil,

— se dressant sur ses pattes,
— en train de jouer,
— en train de faire le beau.

Dans un second temps, toujours suivant la même hiérarchie, elle doit observer des représentations de chiens dressés derrière une vitre et la regardant, ou bien en train d'aboyer.

Dans un troisième temps, on lui présente, toujours selon une hiérarchie identique, des images de chiens :
— sur le trottoir opposé,
— traversant la rue,
— se rapprochant d'elle.

À la fin, elle doit flatter l'animal et lui donner un sucre.

L'amélioration se fait très vite. Dès la troisième séance, la jeune fille peut sortir seule. À la septième séance, après un voyage à la montagne, elle déclare avoir trouvé là-bas des saint-bernard « gentils tout plein ». À la neuvième séance, elle rechute. À la onzième et dernière séance de déconditionnement, l'amélioration est très nette.

Quand elle revient, deux ans plus tard, donner de ses nouvelles au laboratoire, elle a réussi son baccalauréat, entamé des études de médecine et se consacre à de nombreuses activités scolaires. Elle n'évoque même plus les chiens. L'année suivante, après un échec universitaire, elle revient, parle des problèmes qu'elle rencontre dans ses études et sur le plan affectif. Elle évoque une manifestation phobique à l'égard d'un gros chien croisé au cours de l'été. En dépit de ce reliquat, quand elle rêve de chiens, ils ont l'aspect de bons amis. Elle se souvient, par ailleurs, que son grand-père, qui lui avait fait très peur pendant son enfance, vivait dans la certitude d'être la réincarnation d'un chien. Cette jeune fille marque dès lors bien peu d'intérêt pour son ancienne phobie. Elle est davantage préoccupée par ses projets d'avenir et n'envisage plus de se suicider pour avoir échoué à ses examens.

Qu'advient-il de la psychologie du comportement aujourd'hui ?

Aujourd'hui la psychologie du comportement semble s'ouvrir aux influences de stimuli internes. Certains auteurs comme Hull (1884-1952), Skinner, Tolman (1886-1959) ont ainsi étudié les effets de la faim, ceux de la sexualité ou encore des motivations, par exemple, sur les comportements des animaux.

Hull note que plus un rat a faim, plus il est motivé pour acquérir un nouvel apprentissage, c'est la loi du *renforcement*. Elle n'est pas sans rappeler la « loi d'effet » décrite par Thorndike (1874-1949) et dans laquelle le psychologue explique que les relations entre le stimulus et la réponse sont favorables lorsqu'un besoin est satisfait, et contrariées dans le cas inverse.

On commence, par ailleurs, avec Tolman, à réintroduire une dimension psychologique qu'il nomme les « comportements molaires », ceux du behaviorisme finaliste. C'est aussi l'ouverture à des domaines comme celui du langage et des motivations.

Psychodrame et psychologie sociale

Le psychodrame, dont la paternité revient au psychologue Moreno, vise la recherche de la vérité sur soi-même alors que plusieurs personnes sont réunies.

Fondé sur l'effet libérateur du théâtre, le psychodrame puise ses sources dans la psychologie sociale, qui se refuse à concevoir les individus isolément mais comme des éléments constituants d'un groupe, et dans la sociométrie (méthode d'analyse des groupes).

C'est en jouant leur propre rôle que les acteurs du psychodrame parviennent à la prise de conscience nécessaire à la connaissance d'eux-mêmes.

L'efficacité du psychodrame ne tardera pas à le parer des couleurs de la thérapie. Il comprend trois étapes : la phase préliminaire, le jeu proprement dit et la phase du commentaire.

Dans notre souci de nous connaître nous-même, de découvrir notre personnalité, de nous comprendre, nous adoptons souvent des démarches individuelles : tests, analyse de l'écriture, des traits du visage… sont autant d'échos de notre *Moi*. Mais lorsque nous butons, quand des obstacles s'élèvent sur notre chemin de la connaissance, quand l'initiation à soi-même devient difficile, nous nous en remettons au psychologue ou au psychanalyste qui nous aide à désherber, à débroussailler le terrain vague de notre vie afin de retrouver, voire de retracer, le sentier sur lequel la marche redevient possible.

Mais l'individu est-il vraiment concevable sans la société ? Quels sont les liens qui les unissent ? Est-ce l'homme qui agit sur la société ou bien est-ce la société qui façonne l'être humain ? C'est à toutes ces questions que se propose de répondre la psychologie sociale ou groupale. Les tenants de cette discipline relativement récente prêchent pour une « interaction » permanente entre l'homme et la société ; aussi ont-ils orienté leurs recherches et leurs travaux dans ce sens.

La psychologie sociale : une histoire récente

La psychologie sociale voit le jour en France avec Auguste Comte (1793-1857). Il est le premier à avoir utilisé ce terme. Sa philosophie positiviste l'amène à soutenir la thèse que le social tient, par rapport à l'individu, un rôle prépondérant. Position un peu excessive sur laquelle des auteurs français comme Durkheim, philosophe de la conscience collective (1858-1917), et Tarde (1843-1904) apporteront quelques nuances.

C'est aux Américains que l'on doit les premières approches scientifiques des conduites sociales avec notamment William McDougall (1871-1938).

Il faudra attendre les travaux de Kurt Lewin, psychologue de l'école de Berlin émigré aux États-Unis (1890-1947), pour analyser, au verre grossissant, la dynamique des petits groupes.

La modernité de Kurt Lewin consiste à ne pas considérer la société comme une simple addition d'individus. À l'exemple des gestaltistes qui, dans la perception, ne séparaient pas le fond de la forme, Kurt Lewin refuse de décomposer la structure sociale, le tissu qui unit la société, en éléments réduits. Il préfère avoir d'elle une vision globale dans ses multiples dimensions. Motivé par un souci de coller au réel, il opte pour les travaux du terrain.

Il ne peut donc que s'insurger contre le behaviorisme, cette psychologie scientifique. Si elle gagne par sa rigueur certaines de ses sympathies, Lewin lui reproche de séparer l'individu de son cadre naturel et de l'enfermer dans un laboratoire. Enfin, puisque les phénomènes sociaux ne peuvent s'appréhender que de l'intérieur du groupe, l'expérimentateur en devient, grâce à Lewin, un des membres. Avec ce novateur, on se situe aux antipodes de la théorie freudienne. Certes le maître de la psychanalyse s'est intéressé aux phénomènes sociaux, à la psychologie des foules abordée par le médecin sociologue Gustave Le Bon (1841-1931) au début du siècle, mais Freud les explique par l'inconscient, cette cave profonde dans laquelle chacun d'entre nous stocke des informations qui sombrent dans un oubli seulement apparent.

Lewin fait-il cas de l'individu ?

La psychologie sociale n'exclut pas l'homme. Elle ne le gomme pas, elle ne le fond pas dans un anonymat au sein du groupe. Toutefois elle jette sur l'être humain un regard différent de celui de la psychologie individuelle.

Lewin éclaire l'homme sous le phare de diverses sciences. Il puise dans la physique son idée de « champ psychologique » qui résulte de plusieurs « forces » agissant au niveau de la conscience. Un individu peut éprouver le besoin de se déplacer mentalement, en esprit, d'une région à une autre, ce qui est appelé « locomotion mentale ».

Prenons un exemple qui nous aide à comprendre ces données quelque peu abstraites : une personne suit une conversation ; elle se situe dans une région que nous nommerons *a*. Puis, petit à petit, elle se met à penser à autre chose sans que ses interlocuteurs s'en aperçoivent : son esprit se déplace de la région *a* à la région *b* grâce à la « locomotion mentale ». La psychologie est donc pour Kurt Lewin quelque chose de mobile. C'est cela qui modifie l'individu et son milieu. L'homme se meut d'une région à l'autre à travers des espaces. Il se dirige de cette manière vers des objets, des désirs qui vont dans le sens de la satisfaction de besoins. Mais l'homme ne peut accéder qu'à des régions qui lui sont comme réservées, possibles. C'est ce que Lewin nomme « l'espace vital ».

Kurt Lewin emprunte également à l'algèbre la notion de force positive et de force négative qui provoquent des conflits lorsqu'elles s'opposent. Si une force positive pousse le sujet à désirer quelque chose et qu'une force négative, une « barrière » comme une contrainte sociale, par exemple, l'en empêche, alors un conflit se déclenche.

Qu'appelle-t-on dynamique de groupe ?

À partir de 1938, Kurt Lewin étend sur le petit groupe sa conception de l'homme. Pour ce psychologue, le groupe, comme l'individu, comprend des « forces », des « champs », des « conflits », des « tensions ». Le groupe et le milieu forment un tout, un ensemble, une structure, un champ dynamique, c'est-à-dire un système de forces en équilibre dont les éléments sont en *interaction* constante. Si l'on intervient sur un élément du groupe, c'est toute sa structure, tout son équilibre que l'on remet en question. En effet, on bouleverse le système de forces qui le régissent.

Le système d'interdépendance propre à un groupe à un moment donné en explique le fonctionnement, c'est-à-dire sa conduite interne comme son action sur la réalité extérieure. C'est là que réside le système de forces du groupe qui tantôt le fait agir, tantôt le freine, le paralyse, d'où le terme de « dynamique de groupe ». Par ailleurs le groupe possède sa psyché avec ses valeurs, son « esprit » autour duquel gravitent ses membres comme des satellites tournent autour d'une planète selon les lois de l'attraction.

À travers l'étude des groupes restreints, que nous avons réduite à l'essentiel, Lewin a réussi à éclairer certains mécanismes des conduites sociales.

Face aux réalités de son environnement, l'individu parvient à s'adapter. Il réussit à éviter quelques contraintes, mais il ne peut pas échapper à certains conditionnements. Ainsi, tiraillé entre les aspirations, les exigences que lui souffle sa liberté d'une part, et le moule de la norme sociale d'autre part, l'homme tente, par l'adaptation sociale, de trouver un juste équilibre.

Qu'en est-il des changements sociaux ? L'observation des petits groupes a permis à Lewin de mettre en relief que tout, dans la société, est en perpétuelle évolution, en mutation constante. Pour Lewin, le facteur déterminant du changement social reste bien sûr le « climat » étroitement dépendant de l'autorité qui s'est installée au cœur du groupe.

Lewin avait même imaginé changer la société américaine. Cette ambition démesurée mettait en réalité le doigt sur l'une des limites de la psychologie sociale. Si l'autorité s'exerce de l'extérieur, et c'est le cas du pouvoir politique économique... elle reste sans effet sur le groupe parce qu'il ne peut plus changer par lui-même, c'est-à-dire par sa propre dynamique.

Aujourd'hui la psychologie sociale rayonne sur divers domaines : dans le milieu du travail où elle améliore le rendement par une plus grande compréhension des hommes ; dans le secteur de la créativité ; dans la résolution des problèmes liés à la délinquance, à la scolarité, à la famille (tensions, divorce...), dans la conduite des groupes et des réunions... Elle a également une visée thérapeutique et elle intervient dans la guérison de certains troubles par une meilleure connaissance de soi et des autres.

La sociométrie

Tout le monde connaît l'organigramme, ce schéma qui visualise les divers services d'une entreprise et leurs rapports mutuels.

La sociométrie, inventée par Jacob Moreno (1892-1974), est une méthode d'analyse des groupes qui ressemble, par certains aspects, à l'organigramme. Elle permet de comprendre l'individu dans son groupe, c'est-à-dire dans un réseau de relations entre les différents membres qu'il côtoie. Mais, avant de pousser plus avant nos investigations, essayons de comprendre comment Moreno est venu à la sociométrie.

Né à Bucarest (Roumanie), Moreno devient psychiatre à Vienne (Autriche) puis, en 1925, il émigre aux États-Unis. On rapporte que Moreno aurait jeté l'ancre dans les eaux de la psychologie sociale à la suite d'une crise métaphysique et religieuse.

Pour cet éminent psychiatre, Dieu est surtout créativité. Moreno part du postulat que l'homme ne se réalise pas vraiment dans la vie quotidienne. Enserré dans le rôle social qu'il s'est attribué, l'individu vit un peu comme s'il avait enfilé un vêtement trop étroit. Pour parvenir à la créativité, donc un peu à l'image de Dieu, l'homme doit se libérer de ses chaînes, symbole des forces sociales qui se manifestent dans tout groupe. Ce sont donc ces forces sociales que Moreno, comme son contemporain Kurt Lewin, se propose d'étudier.

Moreno découvre le sociogramme à la suite d'une enquête effectuée en 1931 à la prison de Sing-Sing. Les questions posées aux détenus étaient d'une grande simplicité. Elles tournaient autour des thèmes : « Avec qui voudriez-vous cohabiter ? accomplir un travail ? » Les résultats de l'enquête permirent de déduire que les relations entre les individus se situent en termes de sympathie, d'antipathie ou d'indifférence qui rapprochent ou éloignent les membres d'un groupe, les « atomes sociaux » (qui se meuvent dans un champ d'attraction et de répulsion). En fonction de ces relations, Moreno établit les forces sociales (les échanges verbaux, affectifs...) qu'il représente sous la forme d'un diagramme ou d'un *sociogramme* permettant de visualiser la cohésion, l'harmonie d'un groupe. Ainsi le sociogramme ne peut se réaliser qu'à la suite d'une enquête.

Cette méthode, outre son intérêt évident dans la compréhension du groupe, montre le clivage qui existe entre les liens tissés dans un groupe imposé, au sein du travail par exemple, et les liens formés dans un groupe désiré. De là à la notion de *leader affectif*, il n'y avait qu'un pas à franchir pour la psychologie sociale.

En effet cette discipline remet en question le stéréotype du chef correspondant à la notion de commandement. Elle lui préfère l'idée d'un leader dont les attitudes et les actions restent en interaction avec le groupe, et dont le statut résulterait de la dynamique de ce même ensemble.

Pour Moreno, la créativité est le ferment de la vie. L'homme ne peut évoluer, changer, qu'avec le concours de son imagination. Cette optique ouvre la voie au psychodrame. Il éclaire les personnes qui s'y prêtent sous le phare de la vérité.

Le psychodrame, une psychothérapie de groupe

Le psychodrame vise la recherche de la vérité sur soi-même alors que plusieurs personnes se trouvent réunies. Cet éclairage se réalise par l'intermédiaire des uns et des autres grâce à l'improvisation. On est bien loin de la psychanalyse et du long tête-à-tête entre le psychologue et le patient. Le but du psychodrame est de permettre aux protagonistes de se libérer, de s'extérioriser.

Moreno a créé son premier « théâtre spontané » à Vienne en 1921. Il le baptise lui-même : *psychodrame*. Dans ce terme fusionnent la psychologie et le théâtre.

L'effet libérateur du théâtre n'a pas été découvert par Moreno. Déjà Aristote, philosophe grec (384-322), voyait dans la tragédie la « catharsis » ou délivrance, notion que Racine au XVIIe siècle reprendra sous le terme de « purgation ». Qu'entendaient ces illustres auteurs ? Il s'agissait, pour le spectateur, de se « purifier » des passions, des instincts, en les regardant incarnés par un personnage fictif.

La novation de Moreno réside dans le fait d'avoir étendu la « catharsis » aux acteurs mêmes. Pour que cette « purification » ait lieu, il convient que l'acteur n'apprenne pas un texte écrit comme on a coutume de le faire au théâtre. En effet, rares sont les troupes qui, à l'image de la commedia dell'arte par exemple, se distinguent dans l'improvisation.

Dans le psychodrame, l'acteur doit être le créateur de

son propre rôle. Ainsi son engagement s'en trouve-t-il approfondi. Il réveille « l'enfant qui sommeille en lui » comme en chacun d'entre nous.

Quel rôle Moreno fait-il jouer à ses acteurs ?

Moreno fait interpréter à ses acteurs des scènes de leur vie personnelle : leur drame, leurs interrogations, leurs désirs, leurs conflits. Cette scène spontanée a la vertu de mettre en lumière les problèmes psychologiques des protagonistes qui, en jouant leur propre rôle, passent par une prise de conscience. Ainsi, progressivement, le psychodrame se pare-t-il des couleurs de la thérapie : on se soigne en groupe, on résout ses problèmes de communication, de relations sociales en jouant la comédie qui, sous l'effet de l'improvisation, devient aussi vraie que la vie.

Le psychodrame est, en quelque sorte, la décalcomanie de la vie. Mais il est indispensable, dans cette pure création, de prendre un rôle imaginaire dans lequel on se projette, plutôt qu'un rôle stéréotypé résultant du conditionnement et qui risque de nous faire passer au large de la délivrance, de la compréhension du *Moi*, de sa personnalité.

Il n'est pas question de ressembler à son rôle. Il faut au contraire que le rôle nous ressemble. Le psychodrame, par la création et l'improvisation, figure un miroir de nous-même. C'est un peu comme si nous regardions notre image reflétée dans une immense glace.

Ce théâtre de l'inconscient — car, sous le jeu de l'action, la conscience perd le contrôle de la situation — se rapproche d'une façon paradoxale de la psychanalyse, non pas dans la méthode, mais dans l'expression de ce qui se trouve enfoui dans la cave de notre esprit, tout au fond de nous-même.

Pour Moreno, les conduites sociales sont des carcans dans lesquels l'homme a du mal à se mouvoir. D'après cette vision des choses, l'homme doit se façonner à cette enveloppe rigide, trouver la position qui lui fasse le moins mal.

Ici Moreno s'oppose à Lewin pour qui l'adaptation sociale demeure la règle d'or des rapports entre la réalité de la vie et les comportements que nous adoptons pour y répondre. Pour Moreno, le rôle se définit en termes d'interaction du sujet avec son entourage. Chacun d'entre nous occupe une place à l'intérieur de son groupe comme chaque étoile a une situation qui lui est réservée au sein de la constellation.

Moreno distingue les sujets polaires, les leaders, les isolés, les exclus qui, dans la dynamique du groupe, occupent un espace-temps bien à eux. La vie est en quelque sorte une vaste scène de théâtre sur laquelle nous nous agitons, nous parlons, nous faisons vibrer nos émotions avec des partenaires plus ou moins choisis, plus ou moins appréciés.

Comment se déroule un psychodrame ?

Dans le psychodrame, les acteurs ne se trouvent pas livrés à eux-mêmes. Dans le don spontané tout entier d'eux-mêmes au jeu dramatique, ils sont accompagnés de deux thérapeutes qui observent, aident le groupe et analysent.

Le psychodrame comprend trois phases :

— Une phase préliminaire, « préparatoire » pendant laquelle le groupe discute, « s'échauffe » un peu, à la manière du sportif qui prépare ses muscles avant la performance. C'est le moment où les protagonistes de la future pièce vont rompre la glace, repousser leurs craintes de se dévoiler. Les psychologues aident à établir les contacts. Ils mobilisent le groupe, lui font prendre conscience des enjeux des rôles que chaque membre s'apprête à tenir.

— Le jeu proprement dit. Au cours de cette phase, les membres du groupe interprètent les rôles auxquels ils s'étaient préparés. Les psychologues peuvent donner la réplique à condition qu'elle reste sobre, pertinente, afin de faire avancer l'action, d'entraîner les acteurs dans un jeu de plus en plus personnel. Ceux-ci doivent s'impliquer vraiment, s'extérioriser, revivre des émotions, des attitudes à travers leurs rôles, condition *sine qua non* de la libération.

— La troisième phase est celle du commentaire au cours duquel se produit un échange sur la scène qui vient de se dérouler. Avec l'aide du meneur, chacun fournit ses interprétations, révèle ce qu'il a appris sur lui, dévoile ses émotions, analyse les interactions entre les membres du groupe lors de la représentation, afin de prendre conscience de ce qu'il est et de faire progresser la thérapie.

Aujourd'hui le psychodrame n'a rien perdu de sa valeur thérapeutique ou pédagogique. Il a acquis ses lettres de noblesse dans la résolution des conflits du couple, de la famille, voire des enfants dans le cadre de la scolarité. Le psychodrame prépare des personnes à aborder certaines tâches professionnelles. Il aide également à découvrir l'expérience du groupe, à comprendre les attirances, les rejets, les tensions que chacun est à même d'éprouver. Il nous apprend donc, grâce au « groupe diagnostic », à mieux contrôler nos réactions…

Plusieurs théories ont également donné lieu à des psychodrames. On pense à l'*analyse transactionnelle* inventée par le psychiatre Berne (1910-1970) qui est une méthode de traitement basée, notamment, sur la relation humaine et la personnalité et à la *gestaltthérapie* que l'on doit à Perls (voir à *Gestalt*)… Ces théories peuvent s'appliquer à des techniques bien différentes de celles du psychodrame tel qu'on le connaît. Autour de ces dernières, un sujet « joue » une situation, se trouve des auxiliaires auxquels il distribue des rôles, des protagonistes qui l'accompagnent dans le déroulement de la scène.

TECHNIQUES D'ÉVALUATION

Tests

Les tests sont des épreuves scientifiquement élaborées et validées à partir d'un matériel clinique.

On distingue des formes appropriées aux adultes d'une part et aux enfants d'autre part. Ils comprennent des épreuves de niveau destinées à mesurer le quotient intellectuel (QI), des tests de personnalité (dits projectifs), des tests d'efficience cognitive portant sur des épreuves faisant notamment intervenir le raisonnement.

La méthode des tests mentaux apparaît aux environs des années 1880. Elle doit cette dénomination au psychologue américain James McKeen Cattell (1860-1944).

Longtemps la méthode des tests mentaux, qui troquera son nom contre celui de tests psychologiques, fut réservée aux mesures de l'intelligence et des aptitudes dans le cadre de l'éducation et de l'orientation professionnelle. À partir de 1917, les États-Unis furent les premiers à élargir le champ d'action des tests mentaux en les utilisant pour le recrutement dans l'armée. Dès lors les tests mentaux, ainsi que ceux de la personnalité, allaient se lancer glorieusement dans des sphères plus nobles comme celles de la médecine.

Comment définir les tests mentaux ?

Nous nous rangerons pour cela derrière l'explication du docteur Pichot, psychiatre contemporain :

> **« On appelle test mental une situation expérimentale standardisée servant de stimulus à un comportement. Ce comportement est évalué par une comparaison statistique avec celui d'autres individus placés dans la même situation, permettant ainsi de classer le sujet examiné, soit quantitativement, soit typologiquement. »**

Ainsi il est indispensable que les personnes soumises à des tests mentaux se trouvent toutes dans une situation rigoureusement identique, utilisant le même matériel dans un laps de temps égal. De son côté l'expérimentateur doit suivre les mêmes conditions d'observation pour chaque sujet afin de pouvoir juger l'épreuve de façon objective. Les réponses seront évaluées selon des règles statistiques strictes. Il faut réunir toutes ces conditions pour rendre les tests standards. En tant qu'instrument de mesure, les tests mentaux doivent répondre à plusieurs facteurs dont :

La fidélité

On dit qu'un test est fidèle lorsque, proposé au même sujet à deux reprises en des temps différents et relativement éloignés, il donne des résultats identiques. Deux procédés servent à vérifier la fidélité : la constance, quand une personne obtient les mêmes résultats à une épreuve identique proposée quelques mois plus tard, et l'homogénéité. Pour cela il suffit de diviser le test en deux parties équivalentes et de comparer les résultats obtenus. La plupart du temps, la discrimination s'établit entre les questions paires et impaires.

La sensibilité

Lorsque l'on doit passer des tests, on se pose bien des questions : « Est-ce que je serai capable de les coinprendre ? », « de les résoudre ? » ; « Qu'attend-on de moi ? »... Ce moment d'interrogation, de doute, face à tant d'inconnues, ne reste pas sans effet sur nous. Il jette le trouble dans notre esprit et risque de nous gêner pendant la passation du test un peu à l'image d'un bon élève qui perd ses moyens au moment de l'examen. Ce facteur « sensibilité » tient compte d'éventuels écarts, de modifications des résultats qui peuvent être provoqués par l'émotivité, l'anxiété, la fatigue, l'appréhension...

Les tests représentent un vaste sujet qui fit couler beaucoup d'encre. Certains s'affirment comme des inconditionnels des tests. Selon eux, l'entretien avec le psychologue est insuffisant pour découvrir la personnalité ou les capacités d'un individu. En effet, on a tous tendance à maintenir, malgré soi, le rôle que l'on joue dans la vie. Les partisans des tests pensent que, grâce à ces épreuves, on peut découvrir l'être derrière le paraître.

En revanche, ceux qui contestent ce point de vue voient dans les tests « un viol », « un abus » ; « ils ne sont pas fiables, on peut ne pas être sincère » ; « ils sont truqués » ; « on les utilise pour tout, à tort et à travers »...

La palette des arguments est vaste ! Mais l'objet de cet article ne consiste pas à relancer ce houleux débat. Toutefois nous pouvons constater que notre société élargit, voire généralise, l'utilisation des tests, notamment dans la sélection du personnel. Leur multitude et leur variété ne nous permet pas d'en dresser une liste exhaustive, loin de là. Il s'agit ici d'en examiner quelques-uns, les plus célèbres et les plus courants d'entre eux, d'en comprendre l'objectif et aussi d'apprendre à déjouer certains « pièges ».

En route à travers la jungle des tests !

Les tests d'intelligence

« *On ne naît pas intelligent, on le devient* », affirmait le célèbre psychologue Piaget (1896-1980). « *L'intelligence, c'est ce que mesure mon test* », déclarait dans une boutade le psychologue français Binet (1857-1911).

Si la définition de l'intelligence s'avère toujours difficile, dans la mesure notamment où il existe plusieurs types d'intelligence, elle ne se limite pas à la culture ou à la connaissance (de mauvais élèves peuvent avoir un bon QI), pas plus qu'à des savoir-faire.

Qu'appelle-t-on l'âge mental ?

La cotation ou « âge mental » a été introduite par Binet. L'âge mental est une mesure permettant d'évaluer un niveau de développement intellectuel. Pour cela on soumet un enfant à des tests et à des questions qui sont normalement résolus par les enfants du même âge que le sujet.

Dans le cas où l'enfant réussit à faire les exercices qu'on lui propose, on dit que son âge mental est égal à son âge chronologique. L'âge mental peut également être inférieur ou supérieur à l'âge réel, selon que l'enfant ne répond pas à toutes les questions ou, au contraire, s'il résout des épreuves qui sont normalement proposées à des enfants plus âgés que lui.

Qu'est-ce que le fameux QI ?

Le QI ou *quotient intellectuel* proposé en 1912, juste après la mort de Binet, par le psychologue allemand Stern, s'obtient en confrontant l'âge mental d'un enfant à son âge réel. Pour cela on établit le rapport suivant :

$$\frac{\text{âge mental} \times 100}{\text{âge réel}}$$

Dans le cas où le résultat obtenu reste au-dessous de 100, on conclut que l'âge mental de l'enfant est inférieur à son âge réel.

Si, au contraire, le calcul du QI donne un chiffre dépassant le 100, cela signifie que l'âge mental de l'enfant est supérieur à son âge chronologique.

Les psychologues considèrent quelques barrières comme significatives : au-dessous de 80, on parle d'enfants peu doués. En revanche, s'ils franchissent les 130, ils sont doués de façon exceptionnelle.

Le QI subit-il des variantes au cours de la vie ?

On considère que le QI calculé sur un enfant d'au moins 6 ans ne varie pas, ou presque pas, au cours de l'existence, excepté, par exemple, lorsque l'enfant rencontre des difficultés familiales qui risquent d'entraver son développement intellectuel.

Le QI n'est-il réservé qu'aux enfants ?

Le QI n'est pas réservé qu'aux enfants. Binet et son collègue Simon (1873-1961) se sont également intéressés aux adultes. Des tests, destinés au départ aux enfants, subirent des modifications de façon à pouvoir être utilisés pour les adultes.

Mais la notion de QI, pour l'adulte, perd de sa valeur. En effet, on le calculait en prenant arbitrairement 15 ou 16 ans pour âge chronologique. De plus, le niveau intellectuel de l'adulte ne reste pas constant. On note un déclin, lent mais certain, à partir de 25 ans. Quant à l'âge mental de l'adulte, il a bien peu de sens.

Pour tester l'intelligence de l'adulte, il faut des problèmes appropriés comme par exemple l'échelle d'intelligence de Weschler Bellevue publiée en 1939 par Weschler, psychologue américain qui l'a mise au point.

Cette échelle propose 11 épreuves qui balayent un grand nombre d'aptitudes tant de l'enfant avec la WISC (Weschler Intelligence Scale of Children) que de l'adulte avec la WAIS (Weschier Adult Intelligence Scale). C'est ainsi qu'il faut résoudre :

→ Des épreuves cotées d'information faisant appel à des connaissances courantes dans des domaines aussi variés que la littérature, la politique, l'histoire, la géographie. « Quelle est la distance Paris-Londres, qui a employé pour la première fois l'expression "rideau de fer" ? »

→ Des épreuves cotées de compréhension faisant appel au « bon sens ».

→ Des épreuves cotées de mémoire.

→ Des épreuves cotées d'arithmétique exigeant un petit calcul mental proche de ceux qui existaient, il y a quelques années, à l'école primaire.

→ Des épreuves de similitude qui demandent de trouver l'élément commun existant entre deux mots. Par exemple, entre « pull-over » et « jupe », il faut répondre « vêtement » ; entre « fauteuil » et « chaise », il convient de trouver « siège » ; entre « voiture » et « train », on attend « moyen de transport ».

→ Des épreuves cotées de classement. On propose au sujet des images auxquelles il doit donner un ordre pour élaborer une histoire.
→ Des épreuves cotées de compléments d'images au cours desquels le sujet doit indiquer l'élément manquant. Si on lui donne un visage sans bouche, le sujet doit le signaler.
→ Des épreuves cotées dites « cubes de Kohs » qui demandent d'être capable de reconstituer des dessins à l'aide de cubes dont les facettes sont peintes avec des couleurs différentes.
→ Des épreuves cotées de construction d'objets que l'on connaît tous sous la forme de puzzle.
→ Des épreuves cotées faisant appel à des codes.
→ Des épreuves cotées de vocabulaire. Facultatives, elles consistent à donner une définition précise d'une quarantaine de mots qui sont proposés dans un ordre croissant de difficulté.

Les tests de performance

À vos dominos !

Ce jeu, qui a peuplé les loisirs de notre enfance, a inspiré Anstey. Ce psychologue eut le premier l'idée de bâtir un test à partir des dominos.

Même si vous n'êtes pas un joueur averti, l'échec au test ne vous guette pas ! Rappelez-vous que chaque domino est divisé en deux parties, une supérieure et une inférieure dont la valeur s'étend de 0 à 6. Par ailleurs les dominos se trouvent placés dans un ordre croissant allant de 0 à 6, la valeur qui succède au 6 est obligatoirement 0. À l'inverse, si les dominos sont ordonnés de façon décroissante, c'est-à-dire allant du 6 au 0, la valeur située après le 0 sera automatiquement le 6. Munis de ces quelques données élémentaires, vous êtes aptes à faire le test.

Mais en quoi consiste-t-il ?

Le test des dominos propose plus de 40 séries qui comportent toutes un domino blanc (c'est-à-dire muet). On vous demandera de mettre sur ce domino vierge les points qui vous paraissent convenir.

Pour y parvenir, il faudra porter toute votre attention sur la logique qui commande la série : on ne peut placer les points sur le domino blanc qu'en fonction de la progression qui régit les autres pièces de jeu. Attention, les parties inférieures peuvent ne pas suivre le même ordonnancement que celui des parties supérieures.

À quoi sert le test des dominos ?

Le test des dominos permet de mesurer l'intelligence. Si vous obtenez un bon score, votre QI est en général élevé.

Voici quelques exemples.

①

Essayez de remplir le domino blanc de la figure 1.

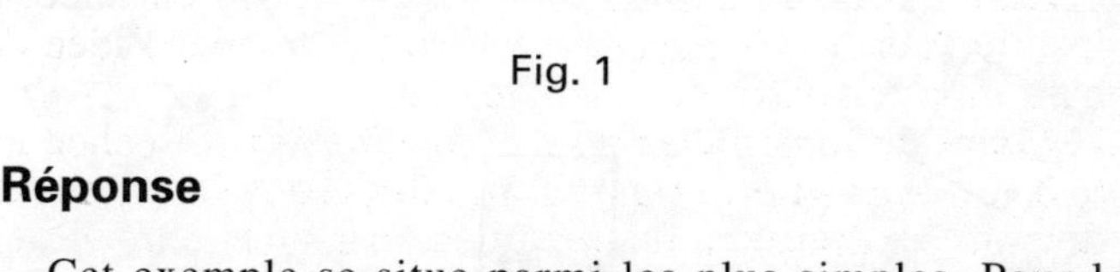

Fig. 1

Réponse

Cet exemple se situe parmi les plus simples. Pour le résoudre, il faut respecter deux temps.

Tout d'abord, observons les parties supérieures des dominos. Que constate-t-on ? Si l'on fait la somme des deux premiers dominos, on obtient le chiffre 5 : 2 + 3 = 5. Le 5 correspond au 3e domino. Le 4e domino est un 5, suivi d'un 3. Il est donc facile de trouver que la partie supérieure du domino blanc est le **2**. La seconde moitié de la série est en sens inverse de la première moitié. Pour obtenir son total de 5, lorsqu'on possède un 3, il suffit d'ajouter 2.

Quant aux parties inférieures, leur ordonnancement est le plus élémentaire qui puisse exister. En effet, les chiffres se suivent dans un ordre décroissant. La partie inférieure du domino blanc sera donc le **0**.

②

Essayez de remplir le domino blanc de la figure 2.

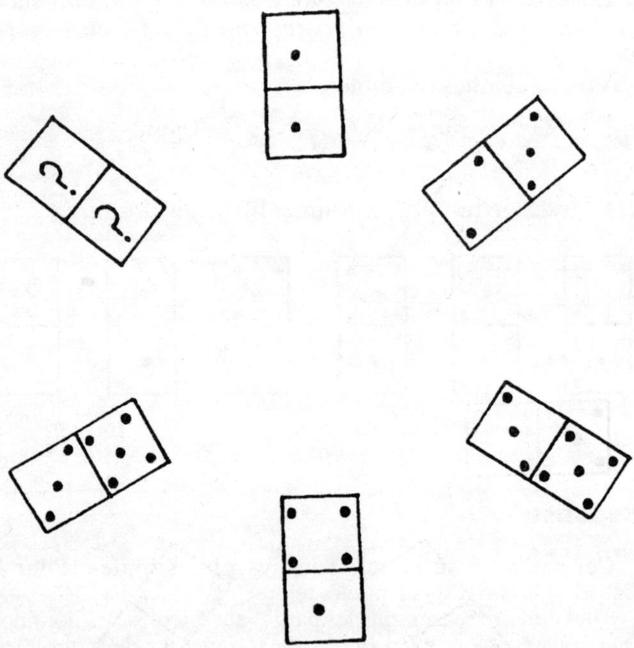

Fig. 2

Réponse

Observons les parties externes des dominos :
1-3-5-1-3

Il n'est pas difficile de comprendre qu'il y a répétition de la progression, donc la partie supérieure du domino blanc sera le **5**.

Penchons-nous maintenant sur les parties internes des dominos. Elles suivent un ordre croissant très simple 1-2-3-4-5, donc la partie inférieure du domino blanc sera sans aucun doute le **6**.

③

Tentez de trouver la réponse de la figure 3.

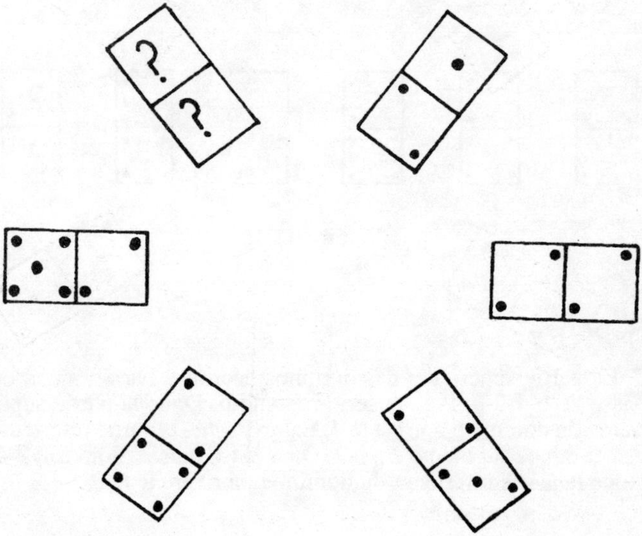

Fig. 3

Réponse

Cette série ne pose pas de problème pour un œil quelque peu perspicace.

Toutes les parties internes des dominos sont des 2. Il n'y a pas de raison pour que la partie interne du domino blanc ne soit pas à son tour un **2**.

Les parties extemes des dominos suivent un ordre croissant 1-2-3-4-5. Cela signifie que la partie externe du domino blanc est un **6**.

④

Essayez de remplir le domino blanc de la figure 4.

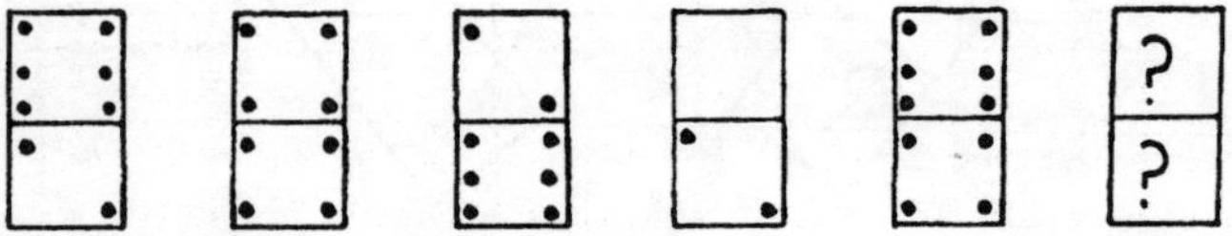

Fig. 4

Réponse

La partie supérieure des dominos décroît 2 par 2 ; ainsi, on passe de 6-4-2-0. Puis la série reprend 6. Donc la partie supérieure du domino blanc est le **4**. En revanche, la partie inférieure des dominos augmente 2 par 2. On a 2-4-6 puis de nouveau 2-4. Donc la partie inférieure du domino blanc sera le **6**.

⑤

Remplissez le domino blanc de la figure 5.

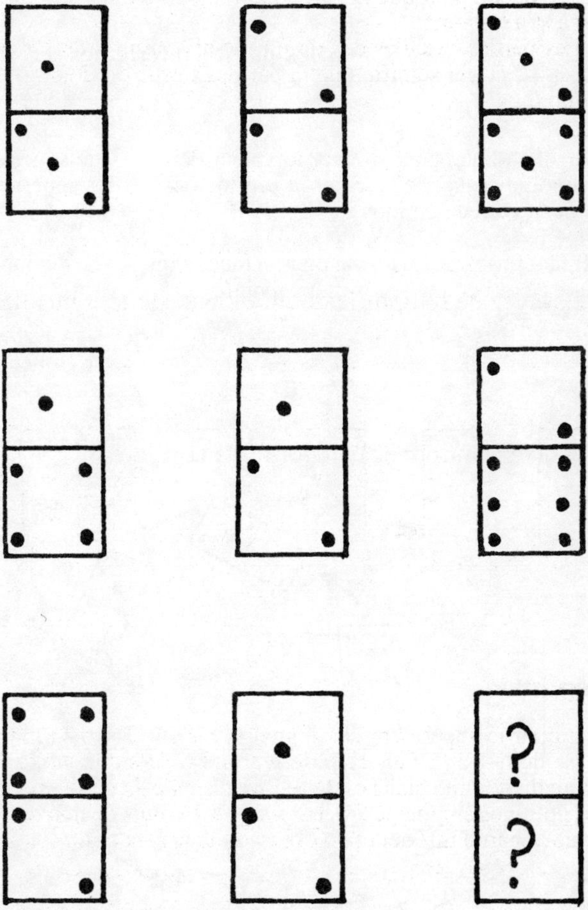

Fig. 5

Réponse

En observant la partie supérieure des deux premières lignes horizontales des dominos, on s'aperçoit que la valeur de celui de droite correspond à la somme des deux autres :

1 + 2 = 3

1 + 1 = 2

Il en est de même pour les parties inférieures des deux premières lignes horizontales :

3 + 2 = 5

4 + 2 = 6

Il suffit donc, pour trouver la valeur de la facette supérieure du domino blanc, de calculer la somme des parties supérieures des deux autres dominos :

4 + 1 = **5**

Il faut procéder de même pour la facette inférieure du domino blanc, ce qui donne le résultat suivant :

2 + 2 = **4**

⑥

Essayez de trouver la réponse de la figure 6.

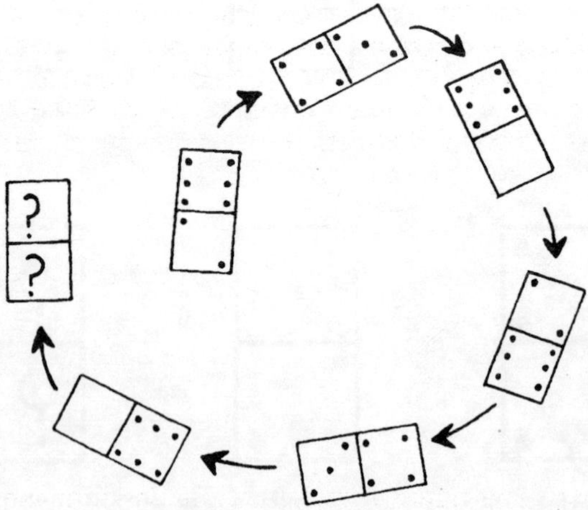

Fig. 5

Réponse

Dans les parties à l'avant du domino, les valeurs vont en décroissant de 3 en 3 ; 6, 3 ; 0 ; puis on reprend 6 ; 3 ; 0 ; donc la partie avant du domino blanc est le **6**. Quant aux facettes à l'arrière, elles vont croissant de 2 en 2 : 2 ; 4 ; 6, puis de nouveau 2, 4 ; 6, donc la partie arrière du domino blanc est le **2**.

Le test de Penrose et Raven

Il s'agit d'une échelle de raisonnement fondée sur l'existence de différents facteurs composant l'intelligence ; un facteur d'intelligence globale, verbale, des facteurs « g », étant considérés par l'Anglais Spearman, en 1902, comme étant l'élément dynamique de l'intelligence. Le test des « Progressives Matrices » conçu par Raye en 1938 en est un exemple.

Le test de Penrose et Raven comprend cinq séries de douze problèmes. On propose au sujet des planches de dessins qu'il doit observer. À chaque planche il manque un motif. Il s'agit alors de choisir entre plusieurs figures, n'ayant apparemment pas de lien entre elles, celle qui complétera logiquement les graphismes. Passé de façon individuelle ou collective, le test s'inscrit dans une progression du plus simple au plus complexe. Il demande, pour les séries les plus difficiles, de conjuguer la réflexion avec l'analyse et le raisonnement.

①

Observez la figure 7 et cherchez le dessin manquant à la série à l'aide des motifs qui vous sont proposés sous la planche.

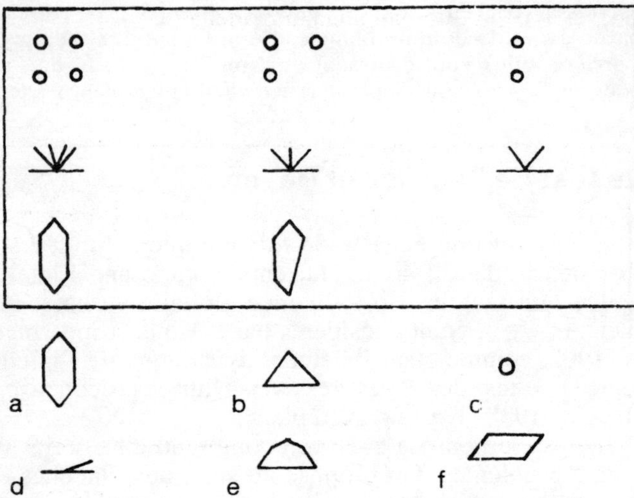

Fig. 7

Réponse

Pour trouver la solution, il faut orienter son observation dans le sens horizontal. On remarque alors, en balayant la planche de gauche à droite, qu'à chaque étape un élément du dessin disparaît. Ainsi on passe de 4 points à 3 puis à 2. De la même manière, les segments de la seconde ligne horizontale vont décroissant, allant de 6 à 5 puis à 4. De 6 côtés, nous n'en avons plus que 5. La figure manquante sera donc celle qui présente 4 côtés (**f**).

②

Observez la figure 8, et choisissez parmi les éléments proposés celui qui manque à la planche.

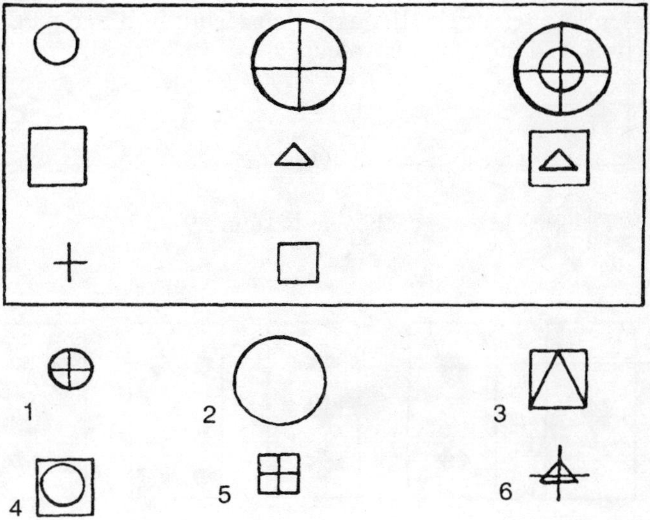

Fig. 8

Réponse

Si l'on observe bien les dessins dans le sens horizontal, on s'aperçoit que celui de droite résulte de la superposition des deux autres. À partir de cette remarque, il n'est plus difficile de trouver l'élément complétant la planche : le carré n° **5** traversé par deux perpendiculaires.

Le test MGM

Le test MGM figure parmi les plus célèbres des tests de performance. Il permet de mesurer l'intelligence logique de celui qui s'y soumet. Le matériel utilisé pour ce test n'est rien d'autre qu'un simple jeu de cartes.

Au cours des exercices, les cartes se trouvent disposées dans un certain ordre. L'une d'entre elles a volontairement été retournée. Il s'agit d'en identifier d'une part la couleur, d'autre part la valeur.

①

Trouvez la carte cachée de la figure 9.

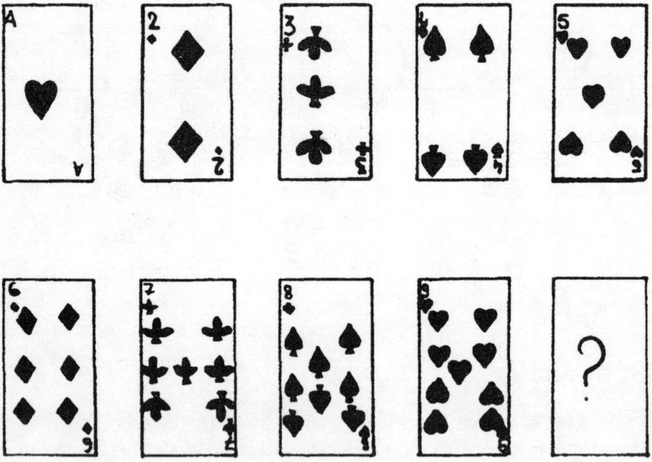

Fig. 9

Réponse

10 de carreau : dans cet exercice, on note une progression croissante de la valeur des cartes : 1 2 3 4 5 6 7 8 9 et 10.

De plus, il n'est pas difficile de remarquer le jeu d'alternance des 4 couleurs : cœur, carreau, trèfle, pique, puis de nouveau cœur, carreau, trèfle, pique, enfin cœur et carreau.

②

Tentez de trouver quelle est la carte retournée dans la figure 10.

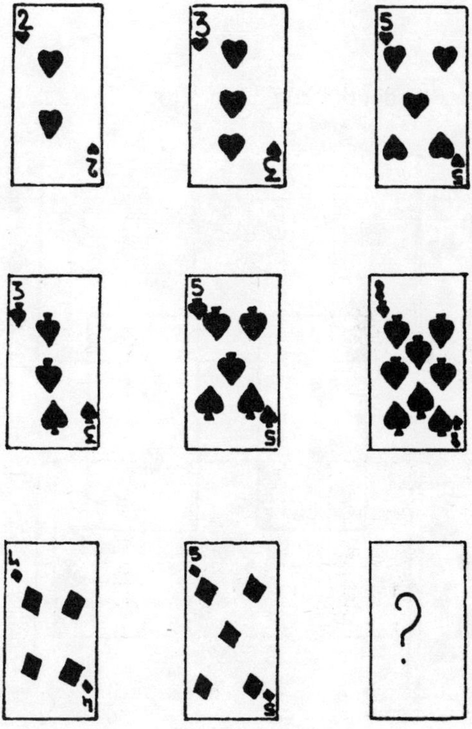

Fig. 10

Réponse

9 carreau : si l'on observe attentivement les cartes dans le sens des lignes horizontales, on remarque une constante dans les couleurs, donc la carte manquante est du carreau puisque les deux qui la précèdent sont de cette couleur.

Maintenant, regardons les cartes situées aux extrémités droites. Elles représentent la somme des deux précédentes.

Ainsi, on a sur la première ligne :	2 + 3 = 5
et sur la deuxième ligne :	3 + 5 = 8
donc sur la troisième ligne, ce sera :	4 + 5 = 9

③

Essayez d'identifier la carte retournée de la figure 11.

Fig. 11

Réponse

4 carreau : les cartes centrales sont égales à la soustraction des valeurs des cartes qui les entourent. De plus, deux couleurs seulement ont été utilisées selon une disposition symétrique, ce qui nous oblige à déduire que la carte manquante est du carreau.

Les tests de raisonnement

Pour réussir ces tests, il ne faut pas être dérangé. Toute interruption gêne la concentration et entrave l'exercice intellectuel auquel vous vous livrez.

Ne dépassez pas le temps préconisé pour chacun des tests. Répondez aux « épreuves » sur une feuille de papier en prenant soin de bien numéroter vos exercices afin de ne pas vous perdre au moment de la correction.

①

Complétez les suites de mots

Les lettres qui vous sont proposées ne figurent pas dans l'ordre. Chaque série contient deux mots. Un seul des deux vous est donné. À vous de trouver le mot manquant. Vous disposez de 10 minutes pour réaliser ce test.

1. UORDLALTEP – lourd
2. TACHESRO – chat
3. INPOTEUFLR – point
4. ONSIAMAUERUB – maison
5. VOINISPOUTEL – voisin
6. MRANICAREI – marin
7. NOJURALNLPAITE – journal…
8. IGACREIEVLRE – cigare
9. NISIARTEUQAP – raisin
10. EGAPLELBTA – plage
11. LAEPMCHNEI – lampe
12. OIERPAMEBJ – poire

Réponses

1. **plate**
2. **rose**
3. **fleur**
4. **bureau**
5. **poulet**
6. **craie**
7. **plainte**
8. **lièvre**
9. **paquet**
10. **table**
11. **chien**
12. **jambe**

Pour répondre correctement à ce test, il fallait regarder dans quel ordre se trouvaient les lettres constituant le mot proposé. Les lettres composant le terme à deviner étaient disposées exactement de la même manière. Il ne restait donc plus qu'à suivre le modèle.

    3 2 4 5 1   3 2 4 5 1
ex : U O R D L → A L T E P, etc.

②

Complétez les séries de nombres

1.	1213	4546	‖	6869	?		
2.	5	8		12	17	23	?
3.	2	5		9	12	16	?
4.	3	5		9	17	?	
5.	11	24		62	81	? 5	
6.	1562	2651		6245	?		
7.	17	26		35	44	?	
8.	52	46		40	34	28	?
9.	3	8		6	11	9	?
10.	24	510		714	9..		

Réponses

Pour répondre correctement à ce test, il fallait trouver la logique qui unissait chaque série de nombres.

1. **911912**. Procédez pour la partie à droite de la double barre en vous inspirant de ce qui est à gauche. Dans ce

cas, il convient de rajouter 3 à chaque chiffre qui compose les nombres en omettant les retenues.

$$\begin{array}{r} 1\,2\,1\,3 \\ +\,3\,3\,3\,3 \\ \hline 4\,5\,4\,6 \end{array}$$

2. **30.** Les nombres augmentent selon une progression constante + 3 + 4 + 5 + 6 + 7 ;
ce qui donne :
5 + 3 = 8 + 4 = 12 + 5 = 17 + 6 = 23 + 7 = 30.

3. **19.** Ici on a une alternance + 3 et + 4 ;
ainsi nous obtenons :
2 + 3 = 5 + 4 = 9 + 3 = 12 + 4 = 16 + 3 = 19.

4. **33.** Dans cet exercice, l'écart double régulièrement. On arrive à 3 + 2 = 5 + 4 = 9 + 8 = 17 + 16 = 33.

5. **95.** Il suffit de faire le total des deux chiffres qui composent le nombre et de commencer le nombre suivant par la somme du précédent
1 + 1 = 2 ; 2 + 4 = 6 ; 6 + 2 = 8 ; 8 + 1 = 9 à placer comme on vous l'indiquait, c'est-à-dire avant le 5.

6. **5426.** Il faut inverser l'ordre des chiffres pour trouver la bonne réponse.

7. **53.** La somme des nombres est égale à 8. De plus, on change de dizaine à chaque fois.
1 + 7 = 8 ; 2 + 6 = 8 ; 3 + 5 = 8 ; 4 + 4 = 8 ; 5 + 3 = 8.
Ou, il suffit d'ajouter 9 :
17 + 9 = 26 + 9 = 35 + 9 = 44 + 9 = 53.

8. **22.** Tous les nombres vont en décroissant de 6 en 6
52 – 6 = 46 – 6 = 40 – 6 = 34 – 6 = 28 – 6 = 22.

9. **14.** Les écarts qui séparent les nombres suivent une alternance + 5 – 2
3 + 5 = 8 – 2 = 6 + 5 = 11 – 2 = 9 + 5 = 14.

10. **918.** Chaque nombre comprend un chiffre suivi de son double :
2 × 2 = 4 ; 24
5 × 2 = 10 ; 510
7 × 2 = 14 ; 714
9 × 2 = 18 ; 918

③

Complétez les séries de lettres

Dans les séries qui suivent, il manque une à plusieurs lettres selon les cas. Avec un peu de concentration et de logique, on arrive à les retrouver relativement facilement :

1. ABDCEFHG…
2. AVBWCXD.
3. DECB HIGF LM…
4. ABCDYEFGHYI…
5. ABEFJK…

Réponses

Encore une fois, il faut repérer la logique qui régit l'ordre des lettres.

1. **IJLK.** Les lettres sont groupés par 4. La quatrième est intercalée entre la deuxième et la troisième. Ainsi, au lieu d'avoir ABCD, il est écrit ABDC. À la place de DFGH, il y a EFHG.
   Il était donc logique que le groupe de lettres à trouver soit IJLK au lieu de l'ordre alphabétique IJKL.
2. **Y.** Les lettres progressent selon l'ordre alphabétique. Si l'on considère qu'elles forment deux groupes, on a : A ; B ; C ; D puis V ; W ; X ; c'est donc bien le Y qui manque.
3. **JK.** Pour trouver la réponse, il faut lire les groupes de quatre lettres dans deux directions. Les deux premières lettres se déchiffrent de droite à gauche. Quant aux deux autres lettres, elles reprennent l'ordre normal de la lecture.
   DECB on lit BCDE
   HIGF on lit FGHI
   donc il manque JK
4. **JKL.** Ici, tout est simple puisque les lettres se trouvent dans l'ordre alphabétique. Entre les groupes de quatre lettres vient s'intercaler un Y.
5. **PQ.** Entre les couples de lettres, on saute volontairement 2 puis 3 puis 4 lettres. Ainsi entre AB et EF on a supprimé CD ; entre EF et JK, on a ôté GHI, donc il faut faire un bond de 4 lettres LMNO pour trouver PQ.

④

Les suites de chiffres et de lettres

Essayez de résoudre les petits problèmes suivants :

1. 3D 6H 9L 12P..
2. 3A 5D 8H IOK 130..
3. KI M2 03 Q4..
4. 18V 16T 14R 12P..
5. 5B 7E 4H 6K 3N..

Réponses

1. **15 T.** Les chiffres tout comme les lettres suivent une progression de 3 en 3 : 3 - 6 - 9 - 12 - 15
   D - H - L - P - T
2. **15 R.** Les chiffres comme les lettres suivent une progression
   + 2 ; + 3
   3 + 2 = 5 + 3 = 8 + 2 = 10 + 3 = 13 + 2 = 15
   A + 2 = D + 3 = H + 2 = K + 3 = 0 + 2 = R
3. **S 5.** Les chiffres progressent normalement et les lettres suivent l'ordre de l'alphabet en en supprimant à chaque fois une :
   1 ; 2 ; 3 ; 4 ; 5
   K M O Q S
4. **10 N.** Les lettres et les chiffres décroissent de 2 en 2 :
   18 ; 16 ; 14 ; 12 ; 10
   V T R P N
5. **5 Q.** Les chiffres suivent une alternative + 2 ; – 3.
   Les lettres progressent dans l'ordre alphabétique, mais on en supprime deux à chaque fois :
   5 + 2 = 7 – 3 = 4 + 2 = 6 – 3 = 3 + 2 = 5
   B ; E ; H ; K ; N ; Q

Les tests de compréhension verbale

Les tests de compréhension verbale les plus connus empruntent deux directions : l'identification de l'intrus ou l'interprétation de formules verbales. Voici quelques exemples.

①

Trouvez l'intrus

Il s'agit, dans une liste de mots, d'identifier celui qui n'appartient pas à la même famille sémantique (de sens) ou qui n'entre pas dans la même logique que les autres. Cette dernière possibilité concerne également les chiffres. Amusez-vous avec les petits tests suivants :

— choir, devoir, boudoir, asseoir, avoir ;
— carotte, navet, poireau, pomme, pomme de terre ;
— lapin, souris, cobaye, faisan, écureuil.

L'identification de l'intrus peut également porter sur les chiffres comme dans l'exemple suivant :

12 - 36 - 45 - 52 - 68

Réponses

Boudoir. C'est le seul mot qui n'entre pas dans la catégorie des verbes.

Pomme. C'est l'unique fruit figurant dans une liste de légumes.

Faisan. Cet animal n'appartient pas à la famille des rongeurs, contrairement aux autres.

45. Ce chiffre impair est l'intrus d'une série composée de nombres pairs.

②

Interpréter les formules verbales

Pour interpréter les formules verbales, on vous propose des proverbes et locutions d'usage courant (« *une éminence grise* ») : « *On a toujours besoin d'un plus petit que soi* ». « *Qui vole un œuf vole un bœuf* »... La liste est infinie et il n'est pas question de l'établir dans cet ouvrage. Avec chaque dicton, on joint plusieurs définitions. Il faut reconnaître la formule la plus proche de la maxime, celle qui en explique le mieux le sens. Ceci oblige à un effort d'interprétation.

Exemple :

Le texte fourni est : « *Il s'agit d'une manière très douce, du moins en apparence, de faire accepter ses décisions et de les imposer aux autres.* »

Réponse à trouver : « *Une main de fer dans un gant de velours.* »

Les tests d'intelligence sont nombreux et nous n'avons pas la prétention d'en dresser la liste ici. Tantôt collectifs, tantôt individuels, ils font appel à la perception visuelle tant sur le plan de la visualisation que sur celui de l'orientation dans l'espace ou encore de la vitesse perceptive en passant par les illusions d'optique. Les tests d'intelligence peuvent également mettre en œuvre des fonctions intellectuelles supérieures comme la déduction ou encore l'aptitude à raisonner du général au particulier, une des capacités importantes dans les devoirs de français notamment ; l'induction ou le raisonnement du particulier au général ; mais aussi le jugement permettant de choisir, parmi plusieurs possibilités, celle qui apporte la solution d'un problème.

Sur le plan verbal, les tests peuvent mesurer la fluidité verbale, c'est-à-dire la capacité à évoquer le plus de mots possible selon des contraintes variées comme un nombre de lettres imposé, l'utilisation d'un préfixe. Ils peuvent aussi mesurer la fluidité d'expression, c'est-à-dire l'aptitude à développer une idée, la compréhension, en trouvant notamment des listes de synonymes (mots ayant le même sens) ou d'antonymes (mots de sens contraire). On compte également parmi les tests d'intelligence les exercices d'association et ceux de mémoire.

Les tests de mémoire

On peut se demander, au premier abord, pourquoi les tests de mémoire appartiennent au cortège des tests d'intelligence ? La réponse est simple : on retient bien des informations avec la contribution de la réflexion. La répétition mécanique dans le plus pur style perroquet ne suffit pas. Qui, dans son enfance, ou au cours de ses années d'étudiant, n'a pas répété machinalement les termes d'une leçon en pensant à autre chose ? Dans ce cas-là, le lendemain, c'était le trou noir. Le cerveau doit donc être actif au cours de l'apprentissage. Ainsi les personnes dotées d'une bonne mémoire font-elles aussi intervenir le raisonnement.

Voici une liste de 20 mots. Vous disposez de trois minutes pour l'apprendre.

chat	assiette	cheval	carotte
navet	bleu	verre	violet
rouge	écureuil	jaune	coccinelle
tasse	bol	chou	poêle
endive	blanc	girafe	poireau

Si vous tentez d'apprendre « par cœur », tous les termes proposés, il y a fort à parier que trois minutes ne suffiront pas. En revanche, si vous prenez quelques secondes de réflexion, vous constatez la présence de quatre familles : celle des végétaux, puis celles des couleurs, des animaux, des ustensiles de cuisine. Cette remarque rend d'une part l'apprentissage plus aisé, d'autre part une restitution nettement plus confortable en procédant par élimination pour chaque famille. Ainsi, en structurant la liste, en lui donnant une logique, un fil conducteur, on se facilite la tâche.

Les tests de personnalité

Les tests de personnalité sont nombreux. Ils visent à l'exploration du sujet sous un angle qui n'est pas intellectuel.

Les tests de personnalité se divisent schématiquement en deux types :

— les **questionnaires** ;

— les **tests projectifs verbaux ou non verbaux**.

Le terme de « technique projective » a été imposé par le psychologue américain K. Frank en 1939 pour désigner des situations auxquelles un sujet se trouve confronté et dont les réponses révèlent sa personnalité.

Le matériel utilisé pour les tests de personnalité ne ressemble en rien à celui que l'on a rencontré dans les tests d'intelligence. Volontairement surprenant et dénué de structure, il incite celui qui se soumet aux tests à l'interprétation.

De plus, contrairement aux épreuves de performance, on ne parle pas en termes de bonne ou mauvaise réponse. Le sujet qui se livre à ces tests doit ressentir, interpréter et par là même se dévoiler. Il dit de cette manière plus facilement ce qu'il pense, il se livre avec aisance, par les images ou les dessins qu'on lui présente, ce qui ne serait peut-être pas le cas si on lui demandait brutalement de parler de lui. Nous allons, dans les lignes qui suivent, étudier quelques tests projectifs de personnalité en guise d'exemples.

Le test de l'arbre

C'est au psychologue suisse Charles Koch que l'on doit le célèbre test de l'arbre. En quoi consiste-t-il ? Il s'agit tout simplement de réaliser le croquis d'un arbre sur une feuille de papier et à l'aide d'un crayon. Il faut, la plupart du temps, exécuter trois dessins successifs qui soient différents les uns des autres. On proscrit d'emblée le sapin à cause de sa charge symbolique liée à Noël.

L'homme et l'arbre à l'unisson

L'arbre, dans l'univers de la psychologie, est le miroir de notre personnalité. Si certains le découpent en trois zones avec des racines figurant l'inconscient, un tronc symbolisant le conscient et un feuillage traduisant le fonctionnement intellectuel, d'autres s'en remettent à Pulver, ce qui donne schématiquement l'approche suivante :

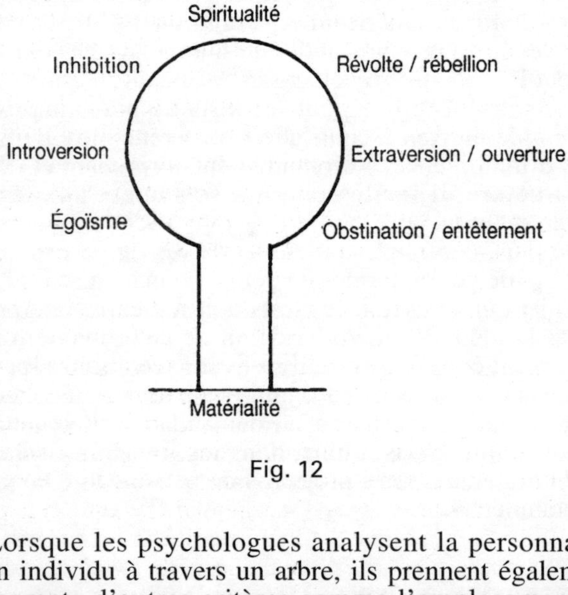

Fig. 12

Lorsque les psychologues analysent la personnalité d'un individu à travers un arbre, ils prennent également en compte d'autres critères comme l'emplacement du dessin sur la feuille. Une situation centrale dénote un bon équilibre. Déporté sur la gauche, l'arbre trahit une introversion (repliement sur soi) alors que la droite exprime l'extraversion (tendance à l'extériorisation), l'orientation vers l'avenir. L'arbre dessiné à la partie supérieure de la feuille de papier exprime l'instabilité, l'ambition, le désir de domination.

Le tronc : un témoin inébranlable

La forme du tronc n'est pas non plus innocente. Il est souvent de proportion égale à celle du feuillage. Quand sa hauteur dépasse celle des branches et des feuilles, cela traduit un intérêt marqué pour ce qui est concret, matériel, immédiat. Si la hauteur du feuillage est supérieure à celle du tronc, cela révèle une personnalité réfléchie, capable de contrôle.

Un tronc détaché du sol traduit un contact insuffisant avec la réalité. S'il penche vers la droite, il trahit un besoin de soutien. Une boursouflure sur la gauche à sa base symbolise un attachement au passé. La même « cicatrice » à droite signifie la méfiance, la crainte de l'autorité. Les entailles, les bosses peuvent révéler tantôt un sentiment de culpabilité, tantôt un traumatisme, des chocs affectifs ou des échecs qui restent encore vivaces dans la mémoire du dessinateur. En revanche, un tronc lisse, élancé, traduit un bel esprit d'entreprise.

La couronne

Le feuillage, toujours d'après les psychologues qui utilisent ce test, illustre le développement intellectuel d'un individu. Une hauteur conséquente traduit un bon niveau intellectuel et parfois même un goût prononcé pour l'art. Par contre, si la couronne, c'est-à-dire la partie supérieure de l'arbre, tient l'essentiel de la page, cela peut signifier une tendance à fuir la réalité, à lui préférer le rêve. Quant à l'absence de branches, elle révèle des difficultés de communication, des problèmes pour créer des contacts avec les autres. Les branches tombantes signifient la dépression.

L'interprétation de l'arbre et de ses liens avec la personnalité n'est pas aussi simple qu'il y paraît. Nous en avons brossé un portrait schématique. Il serait maladroit et même fautif d'analyser d'abord le feuillage puis le tronc par exemple, même si nous avons dû, pour des raisons de compréhension, séparer des étapes explicatives. Pour lire la personnalité d'un individu à travers le dessin d'un arbre, il faut mettre tous les détails que l'on perçoit en rapport les uns avec les autres, créer des relations entre eux pour enfin en décrypter les significations. C'est, ne l'oublions pas, le fait d'une grande expérience.

Le test de Rorschach

Le test de Rorschach doit son nom au psychiatre suisse Hermann Rorschach (1884-1922). Il est constitué d'une dizaine de planches représentant des taches d'encre noire ou de couleur. Rorschach les a réalisées en renversant de l'encre au centre d'une feuille de papier qu'il plia en deux afin d'obtenir une « figure » sensiblement symétrique. Il les a ensuite sélectionnées.

Lorsque l'on présente les planches au sujet, il en donne une interprétation qui est d'autant plus révélatrice de sa personnalité que les taches sont des représentations peu structurées — à part la symétrie — et non figuratives.

Une cotation permet de juger les réponses. Si les sujets donnent une interprétation portant sur l'ensemble de la tache, la réponse est globale et codifiée par la lettre « G ». Si la réponse est liée à la forme de la tache, le système de cotation correspond au déterminant. On le codifie par la lettre « D » ; « Dd » pour les interprétations qui sortent des sentiers battus ; « DH » si, au lieu d'interpréter la tache elle-même, le participant analyse les parties blanches. « F+ » correspond à la bonne forme, « F– » à la mauvaise forme. Une interprétation en mouvement est codifiée « K ». Une réponse suscitée par la couleur se voit attribuer la lettre « C ». Toute explication tenant compte des ombres et des nuances entre le noir et le blanc par exemple correspond au « E ».

Si le sujet imagine des animaux, le code attribué est le « A » ; « Ad » s'il ne s'agit que d'une partie d'un animal. Il est codé « H » pour toute réponse humaine, « Hd » pour une partie d'être humain, « anat », si sa vision est plutôt anatomique, « obj » pour tout objet, « sex » s'il décrypte des organes sexuels dans la tache d'encre, « Pl » pour toute vision de végétaux et enfin « Nat » s'il se réfère à la

Extrait de « Qui êtes-vous ? », Groupe Diagram (MS 5).

nature. Il mérite un « ban » s'il donne une réponse qui correspond à une fréquence d'apparition de 1 sur 6.

Certes nous avons simplifié, dans un souci de clarté, une cotation qui s'avère longue et complexe. Utilisé longtemps dans les hôpitaux psychiatriques, le test de Rorschach figure aujourd'hui en bonne place dans la sélection du personnel. Là encore l'analyse d'une telle épreuve nécessite un sérieux savoir-faire.

Le test du village

Dis-moi quel est ton village et je te dirai qui tu es !

Le test du village, extrêmement connu, a longtemps été destiné aux enfants. Proposé aux adultes, il figure parmi les épreuves de sélection du personnel parce qu'en le réalisant on s'investit suffisamment pour révéler sa vision de la société.

Le test du village a été mis au point par Arthus en 1939. Il comprend des pièces variées comme : une église, des écoles, des magasins, une gendarmerie, des maisons, des ponts, mais aussi des personnages, des animaux, des arbres…

On demande à la personne de construire un village sur une table carrée de 80 cm de côté.

Pas de limite de temps, on n'impose rien. Toutefois la plupart des sujets construisent leur village dans un laps de temps qui se situe entre quinze et 45 minutes.

Le comportement de la personne, pendant la construction du village, est soigneusement observé par le psychologue. Il s'ensuit des questions concernant le village lui-même. On peut demander, par exemple, où se situe la rue principale ? Quelle est votre maison ? Qui habite les maisons avoisinantes ?…

Pour interpréter cette épreuve, on distingue quatre zones. Si le village est déporté sur la partie supérieure gauche de la table, cela signifie une tendance au rêve, à échapper à une réalité que le sujet éprouve comme difficile. Si le village tend vers la partie supérieure droite, cela traduit un potentiel d'énergie. Si le village se trouve orienté vers la partie inférieure droite, cela indique une envie forte de voir ses désirs satisfaits. La partie inférieure gauche dévoile le repli sur soi.

Un village organisé autour d'une place centrale est le fait d'une forte personnalité. Mais, si la personne dispose les éléments en demi-cercle autour de la place, elle a tendance à tout centraliser sur elle. Les lignes courbes sont celles de l'émotion, les droites celles d'une personnalité souvent capable de se contrôler, de se dominer, de se raisonner.

Un village encombré de pièces multiples témoigne d'un état anxieux ou émotif.

En revanche, un village « désert », vide, révèle un manque d'imagination, un univers mental réduit et, dans certains cas, une vive angoisse.

Enfin, un village construit sur un mode symétrique exprime une nette tendance à se soumettre à l'ordre, aux règles établies, à se dissimuler derrière des principes rigides allant jusqu'à l'intolérance parfois.

Cette approche du village d'Arthus nous a permis de voir que de multiples facteurs entrent en ligne de compte dans l'interprétation qui deviendrait très vite erronée s'ils étaient considérés isolément.

Le TAT ou Thematic Apperception Test

C'est aux psychologues Morgan et Murray que l'on doit ce test en 1935. En quoi consiste le TAT ? On propose à la personne qui s'y soumet une série de planches représentant des photos, des dessins, des scènes où figurent des personnages. On lui demande d'inventer une histoire à partir de ce qu'elle voit.

Ce test tire sa validité du fait que le sujet s'identifie au personnage de son histoire. Un héros timide, hésitant, dévoile un comportement similaire dans la vie quotidienne ou même professionnelle.

En évoquant les besoins de son personnage, le sujet parle des siens, qu'ils soient primaires (nourriture, intérêt sexuel et tout ce qui touche à l'organisme…) ou secondaires (affection, ambition…).

Les histoires racontées par la personne permettent de déchiffrer ses « press », c'est-à-dire les forces extérieures qui peuvent l'influencer. On peut, par exemple, comprendre par l'élaboration des contes que la personne se sent agressée, rejetée, qu'elle manque ou non d'un soutien familial…

Chaque planche évoque des situations diverses qui peuvent tourner autour des thèmes du couple, de la jalousie, de l'ambition… Il y a bien souvent, d'ailleurs, un conflit sous-jacent.

En conséquence, la présence de personnages secondaires et le rôle qu'ils tiennent face aux diverses situations indiquent le comportement social de celui qui se prête au test, ainsi que sa capacité à communiquer, à tisser des relations. Le héros arrive-t-il à résoudre les conflits ? Fait-il preuve d'esprit de compétition ? d'initiative ? ou de passivité ? Domine-t-il la situation ? Se laisse-t-il aller à l'émotion ? Est-il enclin à l'angoisse ? à l'impulsion ? C'est à travers ces questions que s'interprète le TAT, non seulement par la narration, mais encore par l'atmosphère dans laquelle elle baigne comme par la qualité des rapports régnant entre les personnages.

L'interprétation du TAT est très complexe et délicate à résumer en quelques lignes parce que de nombreux éléments entrent en jeu. Toutefois ce test permet de déceler les structures profondes de la personnalité, en particulier par le biais de l'identification, en laissant apparaître des constantes à travers des situations différentes.

Un sujet dominateur, par exemple, dévoilera ce trait de caractère dans des planches portant sur la jalousie, sur l'ambition, sur le couple ou sur la réalisation de soi…

Ce test existe aussi pour les enfants. Dans ce cas, les êtres humains représentés sur les planches réservées aux adultes cèdent la place aux animaux auxquels les petits s'identifient volontiers.

La gamme de tests de personnalité est vaste et impossible à répertorier en totalité dans cet ouvrage. Ce panorama n'a pas la prétention de s'ériger en analyse psychologique — laissons ce minutieux travail à ceux dont c'est le métier — mais il tente de donner une approche claire des tests, autant que la simplification peut le permettre.

Enfin il convient de rappeler que les tests sont des épreuves scientifiquement élaborées et validées à partir d'un matériel clinique. Hors de ce contexte, ils ne peuvent donner lieu à des interprétations.

On distingue, sous forme appropriée aux enfants ou aux adultes : des tests de niveaux comprenant des épreuves pratiques et d'efficience verbale destinées à mesurer le quotient intellectuel (QI) ; des tests de personnalité ou tests projectifs, ils apprécient les composantes affectives et émotionnelles du *Moi* ; des tests d'efficience cognitive (de la connaissance), motrice, instrumentale. Ils mesurent le coefficient de développement (QD).

Morphopsychologie

La morphopsychologie est une méthode d'approche de la personnalité. Elle suppose une correspondance entre la forme et les traits du visage d'une part et la psychologie de l'individu concerné d'autre part. Elle peut avoir recours à des typologies, des classifications différentes selon les écoles. Le Dr Corman, qui dirigea l'hôpital psychiatrique de Nantes, et dont les fonctions de président de la Société française de morphopsychologie (créée en 1980) sont bien connues, donna son impulsion à cette discipline. On l'applique à différents domaines comme la psychologie, la communication ou encore la sélection du personnel.

L'étude du visage a vu le jour à la fin du XVIIIe siècle. De grands noms ont tenté d'élaborer la connaissance de l'être humain à travers ses traits. Cela va du pasteur suisse Lavater (1741-1801) à Louis Corman cité plus haut, en passant par Gall (1758-1828), le maître de la phrénologie (étude du caractère de l'homme d'après la forme de son crâne), Théodule Ribot (1839-1916), René Le Senne (1882-1954), Claude Sigaud (médecin), Jung (1875-1961). Mais c'est à Louis Corman que l'on doit la méthode la plus « scientifique ». C'est donc à cet auteur que nous ferons essentiellement référence.

La morphopsychologie est une méthode d'approche de la personnalité. Elle résulte d'un compromis entre la morphologie et la psychologie. Elle a pour objet de jeter un pont de compréhension entre soi et les autres. Utilisée aujourd'hui au cœur même du monde du travail, elle figure un outil précieux, encore que discutable, pour l'entreprise.

En effet, on peut se servir de la morphopsychologie pour connaître les aptitudes d'un nouvel employé afin de le placer au poste qui lui convient le mieux. Cela permet de valoriser les compétences de la personne embauchée et de choisir des responsabilités qui soient en harmonie avec elle. Mais elle est aussi utilisée dans la sélection du personnel. De plus, comme lorsqu'il s'agit de l'interprétation de la graphologie ou de celle d'un test, quelque chose demeure gênant pour l'individu. Jusqu'où va le droit d'investigation de la personnalité, même avec l'accord du sujet ?

Par ailleurs, la morphopsychologie ne s'inscrit pas dans le registre des sciences exactes ; c'est pourquoi on ne peut considérer son apport qu'au sein d'une panoplie d'autres méthodes. Enfin le visage évolue, se modifie, voire s'avachit, ce qui renforce le risque d'erreurs. Il suffit de comparer des photos prises à plusieurs années d'intervalle. Les enfants ne sont-ils pas cruellement stupéfaits lorsqu'ils découvrent, sur des photos de jeunesse, le visage des adultes de leur entourage ?

La plupart du temps, nous connaissons assez mal le visage de ceux qui nous entourent bien que nous soyons persuadés du contraire. Il suffit pour cela de nous livrer à une petite expérience. Fermons les yeux, projetons sur l'écran de notre esprit l'image d'une personne. On est alors très vite surpris de constater qu'il ne reste dans notre mémoire qu'une infime partie de ses traits, les autres sombrant dans une sorte de flou où l'approximatif reste de règle. Donc notre mémoire garde du visage des autres les caractéristiques qui nous permettent de les reconnaître, mais peut-être pas de les connaître…

Selon le Dr Corman, les formes de notre visage ne sont pas le pur fruit du hasard. Il s'est inspiré du Dr Sigaud pour qui le milieu jouait un rôle non négligeable dans la constitution de la morphologie du visage. Si l'individu grandit dans un milieu favorable, sa forme s'épanouit, « se dilate ». En revanche, dans un environnement nocif, on assiste à une « rétraction » de la forme. Le Dr Corman pose le doigt sur la dynamique, sur l'interaction qui existe entre la vie psychique d'une personne et sa morphologie.

Il n'y a pas de hasard dans les traits du visage

Les trois étages du visage

La partie supérieure du visage est celle de la pensée, de l'intellect. Elle comprend le front, les tempes et les yeux. Elle nous renseigne notamment sur la vie intellectuelle de l'individu, sur sa capacité imaginative, sur son éventuel sens pratique.

La partie médiane du visage demeure le siège de la vie affective. Elle englobe les pommettes, les joues et le nez. Elle représente un indicateur précieux en ce qui concerne nos émotions, nos sentiments et le rôle que tient notre affectivité dans nos relations avec les autres.

La partie inférieure du visage correspond à sa base. Elle réunit la bouche, le menton, la mâchoire et le cou. Elle nous informe sur notre vie instinctive mais aussi notre vitalité, notre volonté dans l'action en particulier.

Dans le cas où il n'existe pas de différence de proportions entre ces trois zones, on conclut que la vie psychique de la personne est équilibrée.

Mais il arrive que l'une des zones soit plus développée que les deux autres. On parle alors de « dominante » (dans certains cas d'ailleurs, la « dominante » est double) ou d'« expansion ». Ainsi Corman distingue :

— Le *type d'expansion cérébrale* : quand la partie frontale est la plus importante. La personne aura alors tendance à privilégier les activités intellectuelles au détriment de l'action ou des relations (figure 1).

— Le *type d'expansion affective* : ce sont alors le nez et les pommettes qui se trouvent développés. Ces personnes ont tendance à mettre leurs pensées au service de leurs sentiments (figure 2).

— Le *type d'expansion instinctive* : il se caractérise par une mâchoire large aux contours osseux et musculaires assez saillants donnant une impression de solidité. Ce sont des personnes pour qui l'action, le faire, tient une place prépondérante (figure 3).

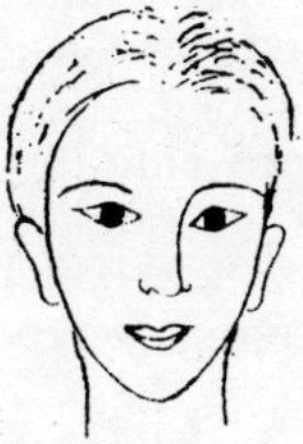

Fig. 1 : Type d'expansion cérébrale

Fig. 2 : Type d'expansion affective

Fig. 3 : Type d'expansion instinctive

À situation semblable, réactions différentes ! Dans le creuset de notre société bâti sensiblement sur le même modèle, la manière dont chacun vit les choses varie d'un individu à l'autre. Ainsi la morphologie se calquant sur la psychologie n'est pas identique pour les frères et sœurs qui, bien qu'élevés de la même façon, n'ont pas des réactions semblables.

Expansion - rétraction

Lorsque la personne tend à s'extérioriser facilement, quand elle est à l'aise dans les relations sociales, on dit qu'il y a expansion ou extraversion. Cette tendance a donc des effets sur la structure de sa morphologie.

Son visage s'élargit, s'arrondit, présente des lignes amples avec une ouverture des zones sensorielles (celles où siègent les organes des sens : yeux, nez, bouche). On parle alors de visage ouvert, il caractérise le type dilaté (figure 4).

Dans la vie, le dilaté est tourné vers les autres. Généralement sociable, il s'adapte facilement à son entourage. D'esprit souple, l'échange avec lui est facile. Agréable à vivre, il manifeste volontiers son optimisme et reste attaché aux valeurs familiales. Il se laisse un peu happer par toutes les sollicitations et sa volonté s'effrite facilement. Son aisance dans les contacts risque de le rendre quelque peu opportuniste. Doté d'un esprit pratique, il opte pour le contact, l'opérationnel. Ses actions et ses savoir-faire témoignent de son bon sens.

Lorsqu'une personne a tendance à ne pas s'exprimer, à moins qu'elle ne soit dans des conditions privilégiées, quand elle manifeste beaucoup de retenue dans ses rapports avec les autres, on dit qu'il y a rétraction ou introversion. C'est ce qui caractérise le rétracté (figure 5).

Son visage rétrécit, il a tendance à devenir étroit, il s'allonge. On voit facilement la saillie des os et celle des muscles. Les zones sensorielles se ferment avec des yeux qui paraissent petits, un nez généralement fin et des lèvres étroites la plupart du temps.

Dans la vie, les rétractés limitent volontairement leurs échanges et les réservent à quelques amis qu'ils sélectionnent soigneusement. Susceptibles et peu enclins à l'enthousiasme ou à la jovialité, ils ne se sentent bien que dans un environnement familier. Le milieu leur paraît souvent hostile, ce qui entraîne chez eux une attitude de vigilance, parfois de méfiance, et un sens critique bien affûté.

La force des rétractés réside dans leur capacité à rester seuls et à préserver jalousement leur autonomie. Ils savent se protéger contre les agressions de la vie et font preuve de prudence, car ils prennent le temps de la réflexion. Il leur arrive aussi de réagir avec un peu de retard.

Tenaces, ils mènent leurs projets à bien. Leur intelligence est plutôt abstraite, théorique, que pratique. Profonds, ils ne s'engagent en rien à la légère. Leur hypersensibilité les oblige parfois à un repli sur soi excessif Leur apparence froide et indifférente cache souvent leur timidité. Ces individualistes s'ouvrent avec les êtres qui méritent leur confiance. Ils peuvent faire preuve d'amitié profonde et vivre de tumultueuses passions.

Fig. 4 : Type dilaté

Fig. 5 : Type rétracté

Lorsque l'on observe des types, il faut également, avant de tirer des conclusions hâtives, prendre en compte les trois étages du visage et observer lequel est le plus dilaté ou le plus rétracté, ce qui nuance les portraits que nous venons de brosser.

Dans un souci de clarté, nous avons choisi là deux cas extrêmes. La morphopsychologie réserve à ceux qui s'y livrent tout un cortège de portraits intermédiaires. En effet il existe chez la plupart des individus un équilibre entre les deux tendances, l'une venant tempérer l'autre. Certaines personnes sont un compromis des deux types à proportions égales. Si leur visage s'épanouit comme celui du dilaté, leurs courbes perdent de leur arrondi et prennent du relief comme nous l'avons vu chez le rétracté. C'est ce que Louis Connan appelle la *rétraction de front*. Elle combine notamment l'adaptation facile, l'intelligence pratique et théorique.

Sthénie et asthénie

Les tendances vitales d'une personne s'expriment sur son visage. On parle alors de sthénie ou d'asthénie.

La sthénie du visage se manifeste par des traits toniques, des muscles et une peau fermes. On considère alors ces forces vitales comme viriles. Elles traduisent de la part de la personne une capacité à affronter les obstacles, à surmonter l'adversité, une énergie (figure 6).

L'asthénie du visage traduit les inclinations à la passivité plutôt féminines qui se manifestent par un relâchement de la peau donnant une expression de fatigue accentuée par la présence fréquente de cernes. Ces personnes ont tendance à démissionner devant l'adversité (figure 7). Toutefois elles parviennent souvent à leurs fins grâce à la séduction.

Encore une fois, il s'agit là de deux types extrêmes entre lesquels vient s'intercaler toute une palette de portraits pour qui la psychologie est moins tranchée.

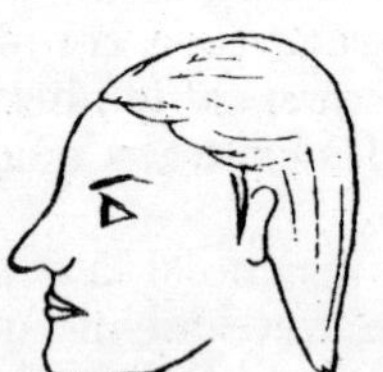

Fig. 6 : Type tonique

Fig. 7 : Type asthénique

La loi de la sensibilité

Lorsque nous sommes face à une personne gracile, au visage fin, aux contours bien dessinés et aux traits peu marqués, nous avons tendance, de façon intuitive certes, à la qualifier de sensible.

En revanche, lorsque nous rencontrons un individu massif au visage carré, aux traits épais, nous n'hésitons pas, instinctivement, à associer sa « lourdeur » apparente à celle de sa psychologie. C'est ce que Louis Corman définit par la loi de sensibilité.

Un cas particulier : le réagissant

Le visage présente deux parties : le grand et le petit visage.

Le grand visage correspond au grand cadre, c'est-à-dire au contour osseux et musculaire de la face. Il nous permet de lire les réserves d'énergie d'une personne.

Le petit visage recouvre les zones sensorielles, soit la bouche, le nez et les yeux.

La plupart du temps il existe un équilibre entre les deux visages. Mais parfois ce n'est pas le cas. Ainsi, lorsque le grand visage est moins développé que le petit, on a affaire au *réagissant*. Ce type doit son nom à l'ouverture d'esprit dont il fait preuve, à ses capacités d'adaptation fort développées. Mais, attention, il peut avoir tendance à se disperser.

Lorsque le grand visage l'emporte proportionnellement sur le petit, on a affaire au *concentré* qui manifeste moins de souplesse ou de faculté d'adaptation, mais plus de persévérance que le *réagissant*.

Il existe d'autres classifications, puisées notamment chez Hippocrate (médecin grec du Ve siècle avant J.-C.), revues et corrigées par l'école hollandaise avec Heymans comme chef de ligne et reprises en France par le philosophe Le Senne (1882-1954) dans son ouvrage : *Traité de caractérologie* (1945).

Ce système distingue les *nerveux* avec un front

prédominant qui donne à la face un aspect triangulaire ; les *sentimentaux*, dont la partie médiane du visage est plus développée. *Nerveux* et *sentimentaux* ont des traits fins. Le premier est très proche du *réagissant*, le second reste plus replié sur lui-même. Tous deux figurent cependant dans le registre des hypersensibles. Ils rejoignent par cet aspect les *colériques* et les *passionnés*. Proches des sujets sthéniques, les *colériques* restent plus ouverts sur le monde que les *passionnés* dont les zones sensorielles sont abritées.

Chez les *sanguins* et les *flegmatiques*, les visages lourds sont marqués de traits épais, ils passent au large de l'univers de la sensibilité.

Quant aux *amorphes* et aux *apathiques*, sujets passifs par excellence, ils présentent en général un visage long et mou, même si les premiers marquent une plus grande ouverture que les seconds.

Pour Jung, lorsque les énergies vitales sont orientées vers l'extérieur, la personne est *extravertie*. Dans le cas inverse, on a affaire à un sujet *introverti*. À la différence des auteurs que nous venons de citer, Jung se réfère au comportement des individus vis-à-vis de leur environnement pour définir leur caractère, et non à leur aspect physique.

Graphologie

La graphologie est une méthode d'investigation du caractère s'appuyant sur une observation attentive de l'écriture. Partant du fait que chaque individu possède sa propre graphie, les pionniers de cette discipline ont pensé qu'il y avait là un moyen de lire la personnalité.

Aujourd'hui les spécialistes cherchent à faire admettre la graphologie au rang des sciences. Aussi n'hésite-t-on pas à l'utiliser dans bien des domaines, notamment dans la sélection du personnel.

Qui d'entre nous ne réagit pas face à une écriture ? Lorsque nous recevons une lettre d'une personne que nous ne connaissons pas, nous sommes souvent tentés de jouer les graphologues amateurs. L'écriture constitue alors le premier moyen de communication entre le scripteur et nous. Aussi nous cédons volontiers aux impressions qu'elle nous livre de lui. Et si l'écriture nous séduit ou nous déplaît, nous répondons avec notre sensibilité en ayant d'emblée un avis favorable ou défavorable à l'égard de l'auteur de la missive.

Il n'y a pas deux écritures semblables ! Chaque individu possède la sienne, nous avons chacun notre façon de former nos lettres et rien n'est plus difficile que de vouloir imiter l'écriture d'un autre. C'est en cela qu'elle révèle notre caractère. La graphologie est une méthode d'investigation de la personnalité par l'étude de l'écriture.

La graphologie a une histoire

Le premier ouvrage d'interprétation de l'écriture signé Camiolo Baldo a vu le jour à Bologne en 1628. Il a tracé la voie à cette discipline, mais il est resté un peu trop littéraire. Au XVIIIe siècle, le Zurichois Lavater (1741-1801) a jeté des ponts entre la morphopsychologie et les traits de personnalité que révélait l'écriture. Le Français Hocquart au XIXe siècle, avec *L'Art de juger du caractère des hommes par leur écriture* (1816), donne une couleur plus scientifique à la graphologie. Mais les maîtres de cette discipline restent incontestablement l'abbé Michon (1806-1881), auteur du célèbre *Système de graphologie* (1875), qui établit des classes, des genres et des groupes dont la pertinence est encore reconnue aujourd'hui, et Crépieux-Jamin (1858-1940) dont l'essentiel de la méthode a, aujourd'hui encore, toute sa valeur. C'est sur elle que nous nous appuierons pour nous guider sur les chemins sinueux des mystères de l'écriture.

Initions-nous à la graphologie

Crépieux-Jamin et les graphologues qui sont à son école distinguent 7 aspects principaux dénommés genres : la *dimension*, la *direction*, la *forme*, la *continuité*, la *pression*, la *vitesse*, l'*ordonnance*. Si, dans un souci de clarté, les genres sont envisagés un par un, il reste évident qu'une bonne analyse graphologique fait la synthèse des signes pour obtenir un tout cohérent et adhérant à la réalité complexe de la psychologie humaine. En effet chaque signe peut donner lieu a une interprétation différente en fonction du contexte dont tout graphologue averti tient compte.

La dimension

La taille des lettres est le miroir du mode d'affirmation d'un individu.

Toute écriture présentant des lettres basses d'une hauteur supérieure à 3 mm est considérée comme grande. Elle traduit l'enthousiasme, l'imagination, le goût pour l'activité, un besoin de s'affirmer, une tendance à l'extériorisation. Parfois elle révèle l'orgueil, la vanité, l'envie d'attirer l'attention sur soi, le souci porté à sa « petite personne »…

L'écriture petite, en revanche, n'excède pas 2 mm pour

ce qui concerne les lettres basses. On la rencontre chez les personnes modestes, réservées, attentives, minutieuses. Elle peut également être le signe d'un repli sur soi. De plus, si l'écriture petite manque de régularité, on lira une tendance à la fourberie, à la mesquinerie.

La direction

C'est par l'étude de la direction, notamment, que l'on découvre la sensibilité d'une personne.

— *L'écriture verticale*

On dit qu'une écriture est verticale lorsque les lettres forment un tracé perpendiculaire avec la ligne de base. L'écriture verticale est bien droite. Elle ne penche ni d'un côté ni de l'autre. Elle dévoile le sang-froid, la fermeté, la stabilité, la maîtrise de soi et la volonté. Pour les personnes dont l'écriture est verticale, la raison l'emporte souvent sur les sentiments. Cela peut aller jusqu'à l'indifférence, voire la froideur et parfois même la dureté, sauf dans le cas où l'écriture droite se trouve enrichie de rondeurs ou de guirlandes qui viennent contrebalancer d'une note sensible la personnalité.

— *L'écriture inclinée*

L'écriture peut pencher de deux manières : sur la droite, on la nomme alors dextrogyre, ou sur la gauche, on l'appelle sinistrogyre.

L'écriture *dextrogyre* : lorsque l'écriture penche vers la droite, elle forme de ce côté un angle plus ou moins fermé avec la ligne de base.

Dans le cas d'une écriture peu inclinée, on a affaire à une personne sensible mais qui sait contrôler ses sentiments. Généralement l'écriture « normalement » inclinée sur la droite indique l'enthousiasme, la sensibilité, la passion, surtout si le trait est appuyé.

L'écriture *sinistrogyre* : lorsque l'écriture penche vers la gauche, elle forme un angle obtus sur la droite avec la ligne de base.

La personne qui possède une écriture inclinée sur la

gauche marque généralement une tendance à l'introversion, au repli sur soi. Elle manifeste souvent des difficultés à communiquer, à s'adapter à l'ordre établi, à se plier aux normes sociales. Si elle est sensible, elle le cache souvent par des attitudes défensives qui la rendent agressive, susceptible, voire acariâtre ou même asociable. Mais il ne faut pas porter un jugement négatif trop hâtif sur les personnes dont l'écriture s'oriente vers la gauche, car la plupart du temps on trouve dans leur graphie des éléments qui viennent tempérer ce sombre portrait. De plus il faut prendre en compte leurs conditions d'apprentissage.

La forme

L'éventail des formes d'écriture est vaste. Dans le cadre de cet ouvrage, nous n'étudierons que les principaux exemples : arrondie, anguleuse, simple, calligraphique, jointoyée. La forme dévoile l'esprit du scripteur.

— *L'écriture arrondie*
L'écriture arrondie se caractérise par une majorité de tracés courbes. Elle indique la gentillesse, la douceur. Mais, « teintée de lenteur », elle peut révéler la paresse, la nonchalance, la mollesse et parfois même la faiblesse. Il peut, dans certains cas, s'agir d'êtres influençables ou intéressés.

— *L'écriture anguleuse*
Dans l'écriture anguleuse, les courbes sont rares, voire absentes, et cèdent le pas aux angles. Sa forme plutôt pointue signe l'énergie, la volonté, la rigueur, la droiture. Elle peut, si elle figure dans un contexte négatif, révéler l'intransigeance, l'entêtement, le manque de tolérance, la dureté…

— *L'écriture simple*
Dans l'écriture simple, le scripteur a supprimé tous les ornements superflus, les traits secondaires, pour ne conserver que l'essentiel. On a alors affaire à des êtres

francs, simples, intelligents, capables d'un raisonnement pondéré et précis...

Mais si l'écriture simple est associée à la lenteur, on tombe dans la banalité, le manque de caractère, la transparence, l'indifférence.

— *L'écriture calligraphique*

L'écriture calligraphique est assez proche dans son aspect de celle que l'on apprend à l'école. Elle renvoie à des personnalités minutieuses, dociles, soumises aux conventions... Peu de fantaisie ou d'ambition viennent ponctuer la vie de ces individus plutôt tranquilles.

— *L'écriture jointoyée*

On reconnaît l'écriture jointoyée à ses ovales, à ses boucles bien fermées. Elle signifie la prudence, la réflexion, la discrétion... Elle peut également traduire la méfiance, l'égocentrisme, voire le mensonge ou l'hypocrisie.

La continuité

Quand on étudie la continuité d'une écriture, on examine d'une part la façon dont les éléments graphiques se trouvent liés les uns aux autres, notamment dans les mots, d'autre part l'aisance avec laquelle le scripteur forme ses lettres.

La continuité de l'écriture dévoile les capacités d'une personne à suivre une action.

— *L'écriture juxtaposée*

Dans l'écriture juxtaposée, les lettres sont séparées à l'intérieur d'un même mot. Ce type de graphie appartient généralement aux personnes sensibles, intuitives, ingénieuses, inventives... Avec un contexte qui ne serait pas favorable, l'interprétation donnerait l'individualisme, le goût pour l'isolement ou le raisonnement dénué de suite logique, de cohérence.

— *L'écriture liée*

On reconnaît l'écriture liée par la présence de mots écrits sans interruption. Elle est souvent associée à une inclinaison vers la droite et à la vitesse. Volonté, logique, rationalité, facilité d'adaptation et « suite dans les idées » caractérisent la personnalité des individus chez qui l'on trouve ce type d'écriture.

— *L'écriture aisée*

L'écriture aisée présente un tracé souple, sans marque d'effort. Doublée de simplicité, elle indique la franchise, la spontanéité et la souplesse dans l'activité... Sinon, l'aisance cède le pas à l'écriture « dégagée » signant la légèreté, la frivolité.

— *L'écriture inhibée*

L'écriture inhibée semble corsetée, contenue sous des gestes courts, discontinus, diminués.

Souvent associée à l'écriture basse, parfois à des ratures ou des signes d'hésitation, l'écriture inhibée traduit la maîtrise des émotions, le contrôle des élans. Mais parfois, selon le contexte, on y lit un repli sur soi, du pessimisme, des complexes d'infériorité, voire le mensonge, le tout pouvant être ponctué de phases d'extériorisation en réaction à une trop grande retenue.

La pression

Entre l'écriture légère et celle qui marque un tracé appuyé, il existe une multiplicité de degrés de pression qui varient en fonction du scripteur, de son dynamisme, de son énergie.

— *L'écriture légère*

On la reconnaît à ses traits minces, peu appuyés, donnant parfois l'impression d'avoir effleuré le papier. Elle dénote souvent la fragilité physique. Mais, doublée de rapidité, on a affaire à une personne cultivée, imaginative, ouverte aux activités artistiques.

— *L'écriture épaisse*

On la trouve chez les amoureux de la vie et de ses plaisirs. Doublée de lenteur, l'écriture épaisse signe la paresse, la lourdeur d'esprit.

— *L'écriture ferme*

Elle se caractérise par un tracé net, appuyé, un peu anguleux. Elle ne porte aucun signe d'hésitation. Cette écriture dégage une impression d'énergie qui trouve dans l'action, dans la vie professionnelle et intellectuelle, les moyens de s'exprimer. Volonté et force de caractère, sang-froid et sens pratique figurent parmi les principaux éléments de la personnalité des scripteurs à l'écriture ferme.

— *L'écriture molle*

On la reconnaît à son tracé arrondi et lent comme à ses mouvements monotones. L'écriture molle révèle un manque d'énergie, un esprit lent, apathique, peu enclin à l'effort, dénué de ténacité, voire paresseux.

La vitesse

— *L'écriture rapide*

L'écriture rapide suppose 160 à 200 lettres à la minute. En conséquence le tracé se trouve souvent simplifié et orienté vers la droite.

Elle indique une ouverture vers les autres, une confiance en soi, un besoin d'action animé par un esprit clair, objectif, dynamique.

— *L'écriture lente*

Une écriture lente suppose moins de 100 lettres à la minute. En conséquence elle comporte souvent des ornements superflus que le scripteur « prend le temps » de tracer.

Révélatrice souvent d'un manque d'esprit de décision, d'indolence, elle peut traduire également la réflexion, la patience, la réserve dans un contexte favorable.

— *L'écriture posée*

Elle suppose une moyenne de 100 à 130 lettres à la minute.

Les lettres sont bien formées. On ne note pas l'oubli d'accents ou de points.

L'écriture posée est celle des personnes calmes, prudentes, disciplinées, réfléchies, pas sujettes aux « coups de tête » ; elles mènent avec contrôle leurs activités.

L'ordonnance

On voit l'ordonnance d'une écriture lorsqu'on examine la présentation du graphisme. Elle traduit l'esprit d'organisation de la personne.

— *L'écriture ordonnée*

Très lisible, sans surcharge ni rature, il ne lui manque ni accent, ni point, *a fortiori* ni lettre ni mot.

Elle traduit un tempérament dominé par l'ordre, la simplicité, l'équilibre, la droiture, la méthode de l'ouverture vers les autres.

— *L'écriture condensée*

Elle présente peu d'espace entre les mots et les lettres et même les lignes.

Elle appartient aux personnes bavardes, impulsives, mais aussi ouvertes et sensibles.

— *L'écriture aérée*

L'écriture aérée se caractérise par la présence d'espace entre les lignes et les mots. Elle appartient aux personnes prévoyantes, aptes à la communication parce qu'elles sont dotées d'un esprit clair et intelligent.

La graphologie nous permet d'aller à la découverte de soi-même et des autres. Elle aide à mieux se comprendre, à se mieux tolérer. Aujourd'hui elle tient également une place de choix dans la sélection du personnel. En effet la majorité des offres d'emploi exigent l'envoi d'une lettre manuscrite afin de la soumettre à l'examen graphologique. Mais le spécialiste de l'écriture ne se contente pas d'examiner le texte, il se penche également sur la signature.

Dis-moi comment tu signes !

La signature représente l'image que nous voulons donner de nous-même. Certains auteurs affirment qu'elle résulte d'une construction délibérée — d'après eux, nous choisirions la signature que nous adoptons — ; d'autres, au contraire, prétendent qu'elle revêt un caractère spontané, révélateur de notre inconscient. Sans entrer dans cette polémique, nous nous contenterons de constater qu'elle constitue, pour le graphologue, une source précieuse d'informations.

La signature soulignée est celle que l'on rencontre le plus fréquemment. Elle dénote le besoin de prouver que l'on existe, la hantise de passer inaperçu et la conscience de sa propre valeur, surtout si le trait soulignant se détache du nom. Une signature soulignée de deux traits trahit l'envie de se faire remarquer.

La signature surlignée, c'est-à-dire avec un trait passant au-dessus du paraphe, indique la vanité mais aussi, dans certains cas, le désir de se protéger.

Les personnes qui entourent leur signature d'une ligne arrondie sont indépendantes, cherchent à se tenir à l'écart des autres. Parfois on peut interpréter cette manière de signer comme de l'égoïsme ou du narcissisme.

La signature dite en « lasso » révèle des êtres rusés, intrigants, qui « roulent » les autres.

La signature anguleuse trahit un caractère brusque, coléreux, cassant, exclusif...

Le nom enserré entre deux barres parallèles traduit la méfiance vis-à-vis d'un monde extérieur dont on se protège, avec pour corollaire le besoin de se raccrocher à des amarres rassurantes.

Ce panorama à travers quelques méandres de la graphologie a levé un voile discret sur cet art-science. Il n'a pas la prétention d'être exhaustif et encore moins de former à cette discipline aussi délicate que nuancée et réservée aux seuls spécialistes.

CONCLUSION

La psychologie est-elle une science ?

La science s'est progressivement dégagée de la magie. Pour l'esprit magique, le monde est habité par des volontés ; pour l'esprit scientifique, il est régi par des lois immuables.

Quand il essaie d'agir sur le monde, l'esprit magique va donc chercher à se concilier les bonnes volontés et à empêcher les mauvaises de nuire (et donc à « chasser les mauvais esprits »). À l'opposé, pour l'esprit scientifique, il n'est pas possible d'infléchir les lois de l'univers. Il faut donc, pour agir sur le monde, connaître ces lois et s'y soumettre. Selon la fameuse formule de Bacon : « *On ne commande à la nature qu'en lui obéissant.* »

En dépit des progrès de la science, l'humanité n'est pas passée d'une ère de la magie à celle de la science. L'esprit magique et l'esprit scientifique coexistent en nous. Et très souvent, comme le faisait remarquer Bergson, l'esprit magique se met en œuvre à partir du moment où la science ne peut plus rien.

Cette tendance au mélange des genres est particulièrement nette en psychologie. Il suffit d'entrer dans certaines librairies spécialisées pour constater la présence sur les mêmes rayons de livres de psychologie au caractère scientifique avéré et d'ouvrages se rapportant plutôt à la divination, comme ceux portant sur la numérologie ou l'astrologie.

Dans ce livre nous n'avons pas exposé notre point de vue, mais celui des auteurs dont nous parlons. Nous n'avons pas la prétention de séparer le bon grain de l'ivraie. Mais il va de soi — tant l'âme humaine est complexe — qu'il ne faut pas toujours admettre sans précaution les résultats de certaines « sciences ». C'est, par exemple, le cas de la morphopsychologie. Il peut paraître excessif de recruter son personnel en fonction de la forme du visage. Les conclusions des morphopsychologues peuvent prêter à discussion et paraître parfois ne pas aller beaucoup plus loin que le simple bon sens. Il n'en reste pas moins que cet effort d'observation et de classement conserve tout son intérêt et peut nous aider à mieux percevoir l'autre.

Il revient maintenant à chacun d'approfondir en fonction de ses goûts et d'apprendre à bien distinguer science et divination.

INDEX DES AUTEURS CITÉS

Nous ne citons dans cet index que les auteurs qui ont donné lieu à un développement relativement important. Nous n'incluons pas Freud auquel il est fait référence tout au long de l'ouvrage.

INDEX DES MATIÈRES TRAITÉES

Imprimé en France sur Presse Offset par

BRODARD & TAUPIN

GROUPE CPI

22799 – La Flèche (Sarthe), le 02-03-2004
Dépôt légal : mars 2004